KB086985

펼쳐 보면 느껴집니다

단 한 줄도 배움의 공백이 생기지 않도록
문장 한 줄마다 20년이 넘는
해커스의 영어교육 노하우를 담았음을

덮고 나면 확신합니다

수많은 선생님의 목소리와
정확한 출제 데이터 분석으로 꽉 찬
교재 한 권이면 충분함을

해커스북 중·고등
HackersBook.com

3연타 중학영단어 추가 학습자료

본 교재 무료 동영상강의

본 교재의 무료 강의를 들으며 단어를 보다 효과적으로 학습할 수 있어요.

방법 해커스영스타(star.Hackers.com) 접속 ▶
사이트 상단의 [무료강의/입시자료 → 3연타 무료인강] 클릭해 보기

* 유료 강의 60강 중 10강 무료 제공(오리엔테이션, DAY 1~3, DAY 16~18, DAY 46~48)

3가지 버전 MP3

단어 익히기 MP3 ㅣ 단어+뜻 함께 익히기 MP3 ㅣ 단어+뜻+예문 한번에 익히기 MP3

방법1

교재 각 Day 시작 페이지에 있는
QR 코드 스캔하기

MP3
바로 들어보기 ▶

방법2

해커스영스타(star.Hackers.com) 접속 ▶
[교재/MP3 → 문제풀이 MP3] 클릭
▶ 본 교재의 3가지 버전 MP3 클릭해 이용하기

단어테스트 제작 프로그램

내가 원하는 출제범위, 문제 수, 문제 유형 등을 선택하면 자동으로 단어 테스트지가 만들어져요.

방법 해커스영스타(star.Hackers.com) 접속 ▶
[교재/MP3 → MP3/자료] 클릭 ▶
본 교재의 단어테스트 제작 프로그램 클릭해 이용하기

단어테스트 제작
프로그램 바로 보기 ▶

무료 보카 암기 트레이너

방법 해커스북(HackersBook.com) 접속 ▶ 사이트 상단의 [교재학습자료] 클릭 ▶
[중등교재_중등 영단어_해커스 3연타 중학영단어] 클릭 후 보카 암기 트레이너 이용하기

동영상강의
20,000원
할인쿠폰

38A639F0F5B5B000

[이용 안내]
해커스영스타(star.Hackers.com) 접속 후 로그인 ▶ 사이트
우측 상단의 [나의 정보] 클릭 ▶ [나의 쿠폰] 클릭 ▶
[쿠폰/수강권 등록] 클릭 ▶ 위 쿠폰번호 등록 후 이용하기

* 등록 후 7일간 사용 가능

해커스! 3연타 중학영단어 학습 진도표와 함께 목표를 달성해 보세요

_____ 의 학습 진도표

목표와 다짐을 적어보세요.

나는 _____을 하기 위해

_____년 _____월 _____일까지 이 책을 끝낸다!

학습 플랜을 선택하세요.

☐ 하루에 Day 1개씩 두 달 안에 완성
☐ 하루에 Day 2개씩 한 달 안에 완성
☐ 하루에 Day _____개씩 _____안에 완성

학습을 마친 Day 번호를 색칠하면서 목표 달성도를 확인해 보세요.

1	2	3	4	5	6	7	8	9	10	11	12	13	14	15
16	17	18	19	20	21	22	23	24	25	26	27	28	29	30
31	32	33	34	35	36	37	38	39	40	41	42	43	44	45
46	47	48	49	50	51	52	53	54	55	56	57	58	59	60

구성 및 특징

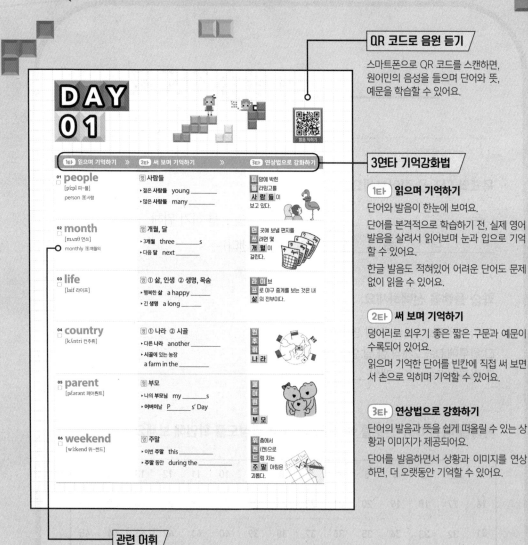

QR 코드로 음원 듣기

스마트폰으로 QR 코드를 스캔하면, 원어민의 음성을 들으며 단어와 뜻, 예문을 학습할 수 있어요.

3연타 기억강화법

1타 읽으며 기억하기

단어와 발음이 한눈에 보여요.

단어를 본격적으로 학습하기 전, 실제 영어 발음을 살려서 읽어보며 눈과 입으로 기억할 수 있어요.

한글 발음도 적혀있어 어려운 단어도 문제없이 읽을 수 있어요.

2타 써 보며 기억하기

덩어리로 외우기 좋은 짧은 구문과 예문이 수록되어 있어요.

읽으며 기억한 단어를 빈칸에 직접 써 보면서 손으로 익히며 기억할 수 있어요.

3타 연상법으로 강화하기

단어의 발음과 뜻을 쉽게 떠올릴 수 있는 상황과 이미지가 제공되어요.

단어를 발음하면서 상황과 이미지를 연상하면, 더 오랫동안 기억할 수 있어요.

관련 어휘

유의어, 반의어, 파생어 등을 함께 학습할 수 있어요.
유의어 앞에는 ⓤ, 반의어 앞에는 ⓐ으로 표시되어 있어요.

DAY 01

1타 읽으며 기억하기 » **2타** 써 보며 기억하기 » **3타** 연상법으로 강화하기

01 people
[píːpl 피-플]
person ⑲ 사람

⑲ 사람들
▸ 젊은 사람들 young _____
▸ 많은 사람들 many _____

피 땀에 박힌
플 라밍고들이
사 람 들이
보고 있다.

02 month
[mʌnθ 먼쓰]
monthly ⑱ 매달의

⑲ 개월, 달
▸ 3개월 three _____s
▸ 다음 달 next _____

먼 곳에 보낼 편지를
쓰 려면 몇
개 월이
걸린다.

03 life
[laif 라이프]

⑲ ① 삶, 인생 ② 생명, 목숨
▸ 행복한 삶 a happy _____
▸ 긴 생명 a long _____

라 이브
프 로 야구 중계를 보는 것은 내
삶 의 전부이다.

04 country
[kʌ́ntri 컨추뤼]

⑲ ① 나라 ② 시골
▸ 다른 나라 another _____
▸ 시골에 있는 농장
  a farm in the _____

컨 추
뤼 나라

05 parent
[péarant 페어뤈트]

⑲ 부모
▸ 나의 부모님 my _____s
▸ 어버이날 P_____ s' Day

페 어 뤈 트
부 모

06 weekend
[wíkend 위-켄드]

⑲ 주말
▸ 이번 주말 this _____
▸ 주말 동안 during the _____

위 층에서
켄 (캔)으로
드 럼 치는
주 말 아침은 괴롭다.

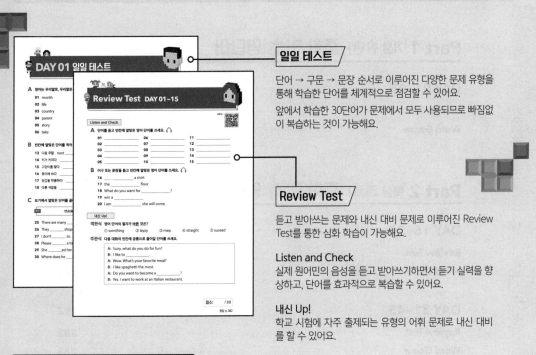

일일 테스트

단어 → 구문 → 문장 순서로 이루어진 다양한 문제 유형을
통해 학습한 단어를 체계적으로 점검할 수 있어요.

앞에서 학습한 30단어가 문제에서 모두 사용되므로 빠짐없
이 복습하는 것이 가능해요.

Review Test

듣고 받아쓰는 문제와 내신 대비 문제로 이루어진 Review
Test를 통한 심화 학습이 가능해요.

Listen and Check
실제 원어민의 음성을 듣고 받아쓰기하면서 듣기 실력을 향
상하고, 단어를 효과적으로 복습할 수 있어요.

내신 Up!
학교 시험에 자주 출제되는 유형의 어휘 문제로 내신 대비
를 할 수 있어요.

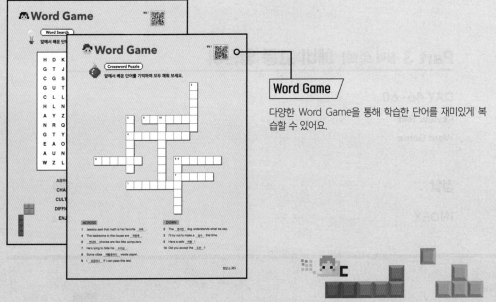

Word Game

다양한 Word Game을 통해 학습한 단어를 재미있게 복
습할 수 있어요.

목차

해커스 3연타 중학영단어

VOCABULARY

Part 1

기본 탄탄!
중학 기초 영단어

DAY 01~15

Review Test
Word Game

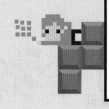

DAY 01

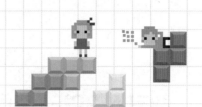

발음 익히기

1타 읽으며 기억하기 » **2타** 써 보며 기억하기 » **3타** 연상법으로 강화하기

---

01 people
[pí:pl 피~플]
person 명 사람

명 사람들
▸ 젊은 **사람들** young _____
▸ 많은 **사람들** many _____

피 망에 박힌
플 라밍고를
사 람 들 이
보고 있다.

---

02 month
[mʌnθ 먼쓰]
monthly 형 매월의

명 개월, 달
▸ 3개월 three _____s
▸ 다음 달 next _____

먼 곳에 보낼 편지를
쓰 려면 몇
개 월 이
걸린다.

---

03 life
[laif 라이프]

명 ① 삶, 인생 ② 생명, 목숨
▸ 행복한 **삶** a happy _____
▸ 긴 **생명** a long _____

라 이 브
프 로 야구 중계를 보는 것은 내
삶 의 전부이다.

---

04 country
[kʌ́ntri 컨추뤼]

명 ① 나라 ② 시골
▸ 다른 **나라** another _____
▸ **시골**에 있는 농장
　a farm in the _____

컨 추 뤼 나 라

---

05 parent
[pέərənt 페어뤈트]

명 부모
▸ 나의 **부모님** my _____s
▸ 어버이날 P_____s' Day

페 어 뤈 트 부 모

---

06 weekend
[wí:kend 위~켄드]

명 주말
▸ 이번 **주말** this _____
▸ **주말** 동안 during the _____

위 층에서
켄 (캔)으로
드 럼 치는
주 말 아침은
괴롭다.

---

07 story
☐ [stɔ́ːri 스토리]

몡 ① 이야기 ② (건물의) 층
▸ **이야기를 하다** tell a _____
▸ 5층 건물 a five-_____ building

슬픈 토이
스 토 리
이 야 기

08 take
☐ [teik 테이크]

동 ① 가져가다 ② (사진을) 찍다 ③ 받다
▸ 상자를 집으로 **가져가다** _____ a box home
▸ 사진을 **찍다** _____ a photo

테 이 크
가 져 가 다

09 get
☐ [get 겟]

동 ① 얻다, 받다 ② (어떤 상태가) 되다
▸ 직장을 **얻다** _____ a job
▸ **추워지다** _____ cold

겟 (갯)벌에서 조개를
얻 다

10 enjoy
☐ [indʒɔ́i 인조이]

동 즐기다
▸ 노래하는 것을 **즐기다** _____ singing
▸ 스포츠를 **즐기다** _____ sports

인 어가 된
조 이 가 수영을
즐 기 다

11 think
☐ [θiŋk 씽크]
thought 몡 생각

동 생각하다
▸ 다시 **생각하다** _____ again
▸ 넌 어떻게 **생각하니**? What do you _____?

씽 크 대에서
생 각 하 다

12 learn
☐ [ləːrn 러~언]

동 ① 배우다 ② 알게 되다
▸ 독일어를 **배우다** _____ German
▸ 소식을 **알게 되다** _____ the news

러 언 (런)던 사람들은 언제나
배 운 다

온 리 ── 리 브
오 직   살 다

You only live once.
인생은 오직 한 번뿐이다. (= YOLO)

13 find
[faind 파인드]

동 찾다, 발견하다
▸ 책을 **찾다** _____ a book
▸ 주머니에서 돈을 **발견하다**
_____ money in one's pocket

파인드
찾 다

14 write
[rait 라이트]
writer 명 작가

동 쓰다, 작성하다
▸ 펜으로 **쓰다** _____ with a pen
▸ 이메일을 **작성하다** _____ an e-mail

라이트
쓰 다

15 wear
[wɛər 웨어]

동 입다, 쓰다, 착용하다
▸ 셔츠를 **입다** _____ a shirt
▸ 모자를 **쓰다** _____ a hat

웨 어(Where)? 여긴
어 디? 일단 옷을
입 는 다

16 different
[dífərənt 디퍼런트]
difference 명 차이, 다름

형 ① 다른 ② 여러 가지의
▸ **다른** 색깔 a _____ color
▸ **여러 가지** 사이즈 _____ sizes

저기 있는
디 (되)게
퍼 런
트 럭은 참
다 른 느낌이다.

17 famous
[féiməs 페이머스]

형 유명한
▸ **유명한** 그림 a _____ painting
▸ 그는 **유명한** 가수이다.
He is a _____ singer.

페
이
머
스
유 명 한

18 important
[impɔ́:rtənt 임포~턴트]
importance 명 중요성

형 중요한
▸ **중요한** 날 an _____ day
▸ **중요한** 사람 an _____ person

임 금이
포 기한
턴 트 (텐트)는
중 요 한 가지였다.

19 really
[ríːəli 뤼~얼리]

부 정말로, 아주
▸ **정말** 미안해. I'm _____ sorry.
▸ **아주** 귀여운 강아지 a _____ cute puppy

뤼 (리)듬에 맞춰 얼음을
얼 리 던 사람이
정 말 로 있었다.

20 together
[təɡéðər 투게더]

부 함께, 같이
▸ **함께** 점심을 먹다 eat lunch _____
▸ 집에 **같이** 가자! Let's go home _____!

아이스크림
투 게 더 를
함 께 먹었다.

21 place
[pleis 플레이스]

명 장소, 곳 동 놓다, 두다
▸ 아름다운 **장소** a beautiful _____
▸ 식탁에 포크를 **놓다**
_____ a fork on the table

영화를
플 레 이 하기 전에
스 시를 먹고
장 소 를 정하자.

22 need
[niːd 니~드]

동 ① 필요하다 ② 해야 하다
명 필요, 욕구
▸ 시간이 **필요하다** _____ time
▸ 도움을 **필요로** 하는 in _____ of help

니 ,
드 라이버
필 요 하 지 ?

23 start
[staːrt 스탈~트]
유 begin 동 시작하다

동 시작하다, 출발하다 명 시작, 처음
▸ 달리기를 **시작하다** _____ running
▸ 이야기의 **시작** the _____ of the story

스 탈 트
시 작 하 다

24 use
[juːz 유~즈]
useful 형 유용한, 도움이 되는

동 **사용하다** 명 [juːs] **사용**
▸ 연필을 **사용하다** _____ a pencil
▸ 컴퓨터 **사용법**을 배우다
learn the _____ of a computer

유 인원이 바나나 껍질을
즈 려밟고 미끄러졌지만 도구를
사 용 해 일어선다.

25 visit
[vízit 비짓]

동 **방문하다** 명 **방문**
▸ 할머니댁을 **방문하다**
_____ my grandmother's house
▸ 단기간의 **방문** a short _____

비 가
짓 (지)굿지굿해서
방 문 하 지
않았으면 좋겠다.

26 walk
[wɔːk 워~크]

동 걷다, 산책시키다 명 걷기, 산책

▸ 집에 **걸어가다** _____ home

▸ **산책**을 하러 가다 go on a _____

워 크 북을 풀며
걷 다

27 live
[liv 리브]

lively 형 활기찬

동 살다
형 [laiv] ① 살아 있는 ② 생방송의

▸ 한국에 **살다** _____ in Korea

▸ **살아 있는** 동물 a _____ animal

리 비아와
브 라질에
살 다

28 like
[laik 라이크]

동 좋아하다 전 ~처럼

▸ 음악을 **좋아하다** _____ music

▸ 비가 올 것**처럼** 보인다.
It looks _____ it will rain.

라 이 벌끼리 서로
크 리스마스 선물을 줄 정도로
좋 아 하 다

29 only
[óunli 온리]

부 오직, 단지 형 유일한

▸ **오직** 다섯 명의 사람들만 왔다.
O_____ five people came.

▸ 나의 **유일한** 친구 my _____ friend

온 화한 날씨에 거
리 에 나왔는데
오 직 나뿐이었다…

30 back
[bæk 백]

부 ① 다시 ② 뒤로
형 뒤의 명 ① 등 ② 뒤

▸ 제발 **다시** 돌아와! Please come _____!

▸ **뒷**자리 the _____ seat

백 번
다 시

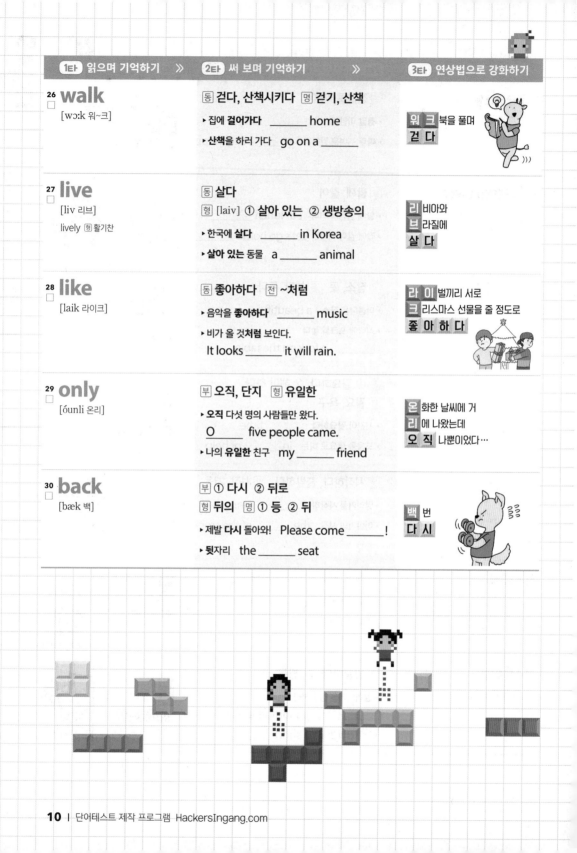

DAY 01 일일 테스트

A 영어는 우리말로, 우리말은 영어로 쓰세요.

01 month   _____

02 life   _____

03 country   _____

04 parent   _____

05 story   _____

06 take   _____

07 배우다, 알게 되다   _____

08 유명한   _____

09 중요한   _____

10 정말로, 아주   _____

11 장소, 놓다   _____

12 좋아하다, ~처럼   _____

B 빈칸에 알맞은 단어를 적어 어구를 완성하세요.

13 다음 주말   next _____

14 키가 커지다   _____ tall

15 고양이를 찾다   _____ a cat

16 종이에 쓰다   _____ on paper

17 장갑을 착용하다   _____ gloves

18 다른 색깔들   _____ colors

19 함께 춤을 추다   dance _____

20 더 필요하다   _____ more

21 말하기 시작하다   _____ talking

22 학교로 걸어가다   _____ to school

23 단지 이름만 알다   _____ know one's name

24 뒤로 돌아보다   look _____

C 보기에서 알맞은 단어를 골라 문장을 완성하세요.

보기	think use people enjoy live visit

25 There are many _____ on the bus.   버스에는 많은 **사람들**이 있다.

26 They _____ shopping at the market.   그들은 시장에서 쇼핑하는 것을 **즐긴다**.

27 I don't _____ so.   나는 그렇게 **생각하지** 않아.

28 Please _____ a tissue.   화장지를 **사용해** 주세요.

29 She _____ed her grandmother's house on Sunday.   그녀는 일요일에 할머니 댁을 **방문했다**.

30 Where does he _____?   그는 어디에 사니?

점수:	/ 30

정답 p.380

DAY 02

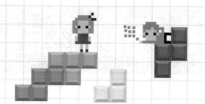

발음 익히기

1타 읽으며 기억하기 »	2타 써 보며 기억하기 »	3타 연상법으로 강화하기

01 pet
[pet 펫]

명 애완동물
‣ 애완동물을 기르다 have a _____
‣ 애완동물 가게 a _____ shop

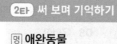
펫
애 완 동 물

02 village
[vílidʒ 빌리지]

명 마을
‣ 한옥 마을 a hanok _____
‣ 마을을 방문하다 visit a _____

빌 라들이 무
리
지 어진
마 을

03 wall
[wɔːl 워~얼]

명 담, 벽
‣ 돌담 a stone _____
‣ 벽에 걸린 그림 a picture on the _____

워 얼 (월)월 개가 짖는 소리가
담 너머까지
들린다.

04 arm
[ɑːrm 아~앎]

명 팔
‣ 팔다리 _____s and legs
‣ 팔씨름 _____ wrestling

아
앎
팔

05 child
[tʃaild 차일드]
children 명 아이들

명 아이, 자식
‣ 어린 아이 a little _____
‣ 세 살짜리 아이 a three-year-old _____

그는 로스

차 일 드 가문의
아 이 이다.

06 question
[kwéstʃən 퀘스천]

명 질문, 문제
‣ 질문을 하다 ask a _____
‣ 어려운 문제 a difficult _____

퀘 스트를
천 개나 하다 보면 이걸 왜 하는지
질 문 을
하게 될 것이다.

07 something
[sʌ́mθiŋ 썸씽]

대 무언가, 어떤 것

▸ 뭐라도 해! Do _____!

▸ 새로운 **것**을 시도하다
try _____ new

썸 (섬)에서
씽 ~
무 언 가 가 지나갔다.

---

08 anything
[éniθìŋ 애니씽]

대 무엇이든, 아무것

▸ **무엇이든** 입다 wear _____

▸ **아무것**도 걱정하지 마.
Don't worry about _____.

애 니 가
씽 (싱)긋 웃었다.
무 엇 이 든
할 수 있을 것 같았다.

---

09 tell
[tel 텔]

동 (~에게 ~을) 말하다

▸ 그에게 그 소식을 말했니?
Did you _____ him the news?

▸ 나에게 네 전화번호를 말해줘.
T_____ me your phone number.

텔 레비전이
말 하 다

---

10 buy
[bai 바이]

동 사다

▸ 새 신발을 **사다** _____ new shoes

▸ 하나 더 **사다** _____ one more

바 지를
이 십 벌
사 다

---

11 read
[ri:d 뤼~드]

동 읽다, 읽어주다

▸ 책을 **읽다** _____ a book

▸ 편지를 다시 **읽어줘**.
R_____ the letter again.

뤼 드
읽 다

---

12 finish
[fíniʃ 피니쉬]

동 끝내다, 끝나다

▸ 숙제를 **끝내다** _____ one's homework

▸ 그 연극은 10시에 **끝났다**.
The play _____ed at 10 p.m.

피 니 쉬
끝 내 다

13 leave
[li:v 리~브]

동 ① 떠나다 ② 남기고 가다
▸ 나는 집을 **떠나고** 싶지 않아.
  I don't want to _____ home.
▸ 테이블에 꽃을 **남기고 가다**
  _____ flowers on a table

리 본 하나 던져 놓고
브 (부)리나케
떠 나 다

14 sweet
[swi:t 스위~트]

형 ① 달콤한, 단 ② 듣기 좋은
▸ **달콤한** 음식 _____ food
▸ **듣기 좋은** 말 _____ words

스
위
ㅌ
달 콤 한

15 easy
[í:zi 이~지]
easily 부 쉽게

형 쉬운
▸ **쉬운** 경기 an _____ game
▸ 오늘 시험은 **쉬웠어**.
  Today's test was _____.

이
지 역은 찾기
쉬 운 곳이다.

16 other
[ʌðər 어더]

형 다른
▸ **다른** 사람들 _____ people
▸ **다른** 나라들을 방문하다
  visit _____ countries

어 둡고
더 러운
다 른 세상

17 always
[ɔ́:lweiz 얼~웨이즈]

부 항상, 늘
▸ 그는 **항상** 늦는다. He is _____ late.
▸ **항상** 최선을 다해라.
  A_____ do your best.

얼 마나
웨 이 트(wait)해야 하죠?
즈 응(정)말…
항 상 기다리네요.

18 often
[ɔ́:fən 오~픈]

부 종종, 자주
▸ 나는 **종종** 피자를 먹는다.
  I eat pizza _____.
▸ 아기들은 **자주** 운다. Babies _____ cry.

오 늘처럼
픈 (푼)돈을
종 종 받았다.

19 soon
[su:n 쑤~운]

부 ① 곧 ② 빨리
▸ **곧** 비가 올지도 몰라. It might rain _____.
▸ 가능한 한 **빨리** as _____ as you can

쑤 운 (순)대를
곧 먹을 생각에
기분이 좋다.

20 sometimes
[sʌ́mtàimz 썸타임즈]

團 가끔, 때때로

▸ 나는 **가끔** 걸어서 학교에 간다.
I walk to school _____.

▸ 나는 **때때로** 너를 생각해.
I _____ think about you.

썸 머(summer)
타 임에는 비가
즈 (주)르륵
가 끔 내린다.

21 work
[wəːrk 워~크]

動 ① 일하다 ② 작동하다
名 ① 일, 직장 ② 작품

▸ 하루 종일 **일하다** _____ all day
▸ 많은 **일** a lot of _____

워 터파크에서
크 (커)다란 츄러스를 먹으면서
일 하 다

22 answer
[ǽnsər 앤썰]

動 대답하다 名 ① 대답 ② 정답

▸ 질문에 **대답하다** _____ a question
▸ 최선의 **답** the best _____

앤
썰
대 답 하 다

23 sleep
[sliːp 슬리~입]
sleepy 形 졸리는, 졸음이 오는

動 자다 名 잠

▸ 늦게 **자다** _____ late
▸ **잠**들다 go to _____

슬 플 때 입이 부르트면
리 입 (립)밤을 바르고
잔 다

24 worry
[wə́ːri 워~뤼]

動 걱정하다, 걱정시키다
名 걱정, 근심

▸ 내 **걱정하지** 마. Don't _____ about me.
▸ 큰 **걱정** a big _____

워
뤼
걱 정 하 다

25 ride
[raid 롸이드]

動 타다 名 ① 타기 ② 놀이기구

▸ 자전거를 **타다** _____ a bike
▸ 말 **타기** a horse _____

롸
이
드
타 다

26 **change**
[tʃeindʒ 췌인쥐]

동 변하다, 변화시키다
명 ① 변화 ② 거스름돈

▸ 나뭇잎의 색이 **변했다**.
  The leaves _____d color.
▸ 날씨의 **변화** a _____ in the weather

27 **same**
[seim 쎄임]

형 같은 대 같은 것

▸ 우리는 **같은** 건물에 살아.
  We live in the _____ building.
▸ 친구와 **같은 것**을 사다
  buy the _____ as one's friend

28 **last**
[læst 래스트]

형 ① 맨 마지막의 ② 지난
동 계속되다

▸ **맨 마지막으로** 들어오다 come in _____
▸ 오랫동안 **계속되다** _____ a long time

29 **warm**
[wɔːrm 워~엄]

형 따뜻한
동 데우다, 따뜻하게 하다

▸ **따뜻한** 날씨 _____ weather
▸ 음식을 **데우다** _____ up some food

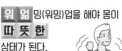

워 엄 밍(워밍)업을 해야 몸이
따 뜻 한
상태가 된다.

30 **hard**
[hɑːrd 하~드]
hardship 명 어려움

형 ① 단단한, 딱딱한 ② 어려운
부 ① 열심히 ② 세게

▸ **딱딱한** 의자 a _____ chair
▸ **열심히** 일하다 work _____

하 드 ...럽게
단 단 한
바위

DAY 02 일일 테스트

A 영어는 우리말로, 우리말은 영어로 쓰세요.

01 village _____

02 arm _____

03 something _____

04 anything _____

05 buy _____

06 read _____

07 떠나다, 남기고 가다 _____

08 쉬운 _____

09 다른 _____

10 가끔, 때때로 _____

11 일하다, 일 _____

12 타다, 타기 _____

B 빈칸에 알맞은 단어를 적어 어구를 완성하세요.

13 애완동물 사료 _____ food

14 정답을 찾다 find the _____

15 일을 끝내다 _____ work

16 항상 아침을 먹다 _____ eat breakfast

17 자주 아프다 _____ get sick

18 쉬운 질문 an easy _____

19 잠을 자다 get some _____

20 너무 많이 걱정하다 _____ too much

21 생각을 변화시키다 _____ one's mind

22 같은 코트 the _____ coat

23 따뜻한 환영 a _____ welcome

24 단단한 사탕 _____ candy

C 보기에서 알맞은 단어를 골라 문장을 완성하세요.

보기	last	soon	sweet	wall	child	tell

25 She jumped over the stone _____. 그녀는 돌담을 뛰어넘었다.

26 The _____ is eating an ice cream. 아이가 아이스크림을 먹고 있다.

27 This cake is too _____. 이 케이크는 너무 **달아**.

28 Come here as _____ as you can. 가능한 한 **빨리** 여기로 오세요.

29 Could you _____ me one more time? 한 번 더 **말해줄래**?

30 The song _____s for three minutes. 그 노래는 3분 동안 **계속된다**.

점수: / 30

정답 p.380

DAY 03

발음 익히기

1타 읽으며 기억하기 »	2타 써 보며 기억하기 »	3타 연상법으로 강화하기

01 vegetable
[védʒtəbl 베지터블]

⟨명⟩ 채소, 야채
- 과일과 **채소** fruits and _____s
- **야채** 수프 _____ soup

베지터블 / 채소

---

02 problem
[prá:bləm 프라~블럼]

⟨명⟩ 문제
- 큰 **문제** a big _____
- 수학 **문제** a math _____

프라블럼 / 문제

---

03 hour
[auər 아워]

⟨명⟩ 한 시간
- **한 시간** 동안 공부하다
  study for an _____
- **한 시간** 후에 one _____ later

아워 / 한 시간
아 기가 샤워를 한 시간씩 한다.

---

04 minute
[mínit 미닛]

⟨명⟩ ① (시간 단위의) 분 ② 잠깐, 순간
- 10분 ten _____s
- **잠깐** 기다리세요. Wait a _____.

미닛 / 분
메이드 주스를 몇 분 만에 다 마셨다.

---

05 meal
[mi:l 밀]

⟨명⟩ 식사
- 저녁 **식사** an evening _____
- 함께 **식사**를 즐기다
  enjoy a _____ together

밀 / 식사
밀지 말고 식사나 해.

---

06 meat
[mi:t 미~트]

⟨명⟩ 고기
- 시장에서 **고기**를 사다
  buy _____ at the market
- 저는 **고기**를 먹지 않아요. I don't eat _____.

미트 / 고기

---

07 clothes
[klouz 클로우즈]

명 옷, 의복

▸ 따뜻한 **옷**   warm _____

▸ **옷**을 갈아입다   change _____

클
로
우
즈
옷

08 course
[kɔːrs 코~스]

명 강의

▸ 프랑스어 **강의**   a French _____

▸ 많은 **강의**를 듣다   take many _____ s

코 스 요리
강 의 를 들었다.

09 listen
[lísn 리쓴]

listener 명 듣는 사람

동 듣다

▸ 음악을 **듣다**   _____ to music

▸ 다시 **들으세요**.   L_____ again.

리
쓴
듣 다

10 catch
[kætʃ 캐치]

동 ① 잡다, 받다 ② (병에) 걸리다

▸ 공을 **잡다**   _____ a ball

▸ 감기에 **걸리다**   _____ a cold

캐
치
잡 다

11 send
[send 쎈드]

동 보내다

▸ 메시지를 **보내다**   _____ a message

▸ 우편으로 **보내다**   _____ by mail

쎈 (센) 척하면
드 래곤을
보 내 겠 다!

12 remember
[rimémbər 뤼멤버]

동 기억하다, 기억나다

▸ 노래를 **기억하다**   _____ the song

▸ 저를 **기억하세요**?

　Do you _____ me?

뤼 (리)즈는
멤 버 들을
기 억 한 다

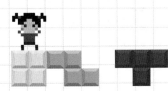

미 닛
분

Every minute we lose will never come back.
우리가 낭비하는 매분은 절대 다시 오지 않을 것이다.

Part 1 중학 기초 영단어

DAY 03

해커스 3연타 중학영단어

13 carry
[kǽri 캐뤼]

동 ① 가지고 다니다 ② 운반하다
▶ 가방을 **가지고 다니다** _____ a bag
▶ 상자를 **운반하다** _____ a box

캐
뤼
가 지 고
다 니 다

14 wake
[weik 웨이크]

동 **깨다, 깨우다**
▶ 내가 너를 **깨웠니?** Did I _____ you up?
▶ **일어나!** W_____ up!

웨 (왜)
이 렇게 목소리가
크 니? 너 때문에
깼 다

15 speak
[spiːk 스피~크]

동 ① **말하다**
② (특정 언어를) **구사하다**
▶ 동시에 **말하다** _____ at the same time
▶ 스페인어를 **구사하다** _____ Spanish

스 스럼없이
피 클이
크 ~! 라고
말 하 다

16 begin
[bigín 비긴]

beginning 명 시작
유 start 동 시작하다

동 **시작하다**
▶ **시작합시다.** Let's _____.
▶ 그 콘서트는 오후 3시에 **시작할 것이다.**
The concert will _____ at 3 p.m.

비 현실적으로 목이
긴 사람들이 태어나기
시 작 하 다

17 teach
[tiːtʃ 티~치]

동 **가르치다**
▶ 영어를 **가르치다** _____ English
▶ 학급을 **가르치다** _____ a class

티 라노사우루스가
치 타에게 영어를
가 르 치 다

18 choose
[tʃuːz 추~즈]

동 **선택하다, 고르다**
▶ 장소를 **선택하다** _____ a place
▶ 만화책을 **고르다** _____ a comic book

추
즈
선 택 하 다

19 possible
[pɑ́ːsəbl 파~서블]

형 **가능한**
▶ **가능한** 한 빨리 as soon as _____
▶ 무엇이든 **가능해.** Anything is _____.

파 고 또 파면
서 쪽 땅속에서
블 링블링한 보물 찾는 것이
가 능 한 일일 것 같다.

20 dear
[diər 디얼]

형 ① (편지 첫 부분에) ~에게, ~께
　② 소중한, 친애하는

▸ 귀하께　D_____ Sir

▸ 소중한 친구　a _____ friend

디얼
~ 에 게

21 never
[névər 네버]

부 결코 ~ 않다, 한 번도 ~ 않다

▸ 결코 포기하지 마세요.　N_____ give up.

▸ 저는 한 번도 그녀를 걱정한 적이 없어요.
　I _____ worry about her.

네,
버 스는
결 코 타지
않 을 게 요

22 plant
[plænt 플랜트]

명 식물　동 심다

▸ 식물과 동물　_____s and animals

▸ 나무를 심다　_____ a tree

플
랜
트
식 물

23 drink
[driŋk 드링크]

동 마시다　명 음료

▸ 물을 마시다　_____ water

▸ 차가운 음료　a cold _____

드
링
크
마 시 다

24 stay
[stei 스테이]

동 머무르다, 지내다
명 ① 머무름 ② 방문

▸ 호텔에 머무르다　_____ in a hotel

▸ 장기 체류　a long _____

스
테
이 크 가게에
머 무 르 다

25 travel
[trǽvəl 트뤠블]
traveler 명 여행자

동 ① 여행하다 ② 이동하다
명 여행

▸ 기차로 여행하다　_____ by train

▸ 시간 여행　time _____

트
뤠
블
여 행 하 다

26 study
[stʌ́di 스터디]

동 공부하다, 연구하다
명 ① 연구, 학문 ② 서재

▸ 수학을 **공부하다** _____ math
▸ 새에 관한 **연구** a _____ on birds

스터디
공부하다

27 light
[lait 라이트]

명 ① 빛, 불 ② 조명
형 ① 밝은 ② 가벼운

▸ 불을 켜다 turn on the _____
▸ **밝은** 색 a _____ color

라이트
스베이거스에 있는 십 미터짜리 리는 화려한
빛 과 조명으로 장식되어 있다.

28 kind
[kaind 카인드]
kindly 부 친절하게

형 친절한 명 종류

▸ **친절한** 사람 a _____ person
▸ 다양한 **종류**의 음악
many _____ s of music

카인드
친절한

29 fast
[fæst 패스트]

형 빠른 부 빨리

▸ **빠른** 차 a _____ car
▸ **빨리** 달리다 run _____

패스트
빠른

30 inside
[ìnsáid 인싸이드]

부 안에, 안으로 전 ~ 안에, ~ 안쪽에
명 안, 내부

▸ **안으로** 걸어 들어가다 walk _____
▸ **집안** the _____ of the house

인싸이드
안에

DAY 03 일일 테스트

A 영어는 우리말로, 우리말은 영어로 쓰세요.

01 hour _____ 07 가르치다 _____

02 meal _____ 08 선택하다, 고르다 _____

03 course _____ 09 가능한 _____

04 listen _____ 10 식물, 심다 _____

05 carry _____ 11 마시다, 음료 _____

06 wake _____ 12 ~에게, 소중한 _____

B 빈칸에 알맞은 단어를 적어 어구를 완성하세요.

13 중요한 문제 an important _____ 19 걷기 시작하다 _____ to walk

14 50분 50 _____s 20 너무 오래 머무르다 _____ too long

15 고기를 칼로 썰다 cut _____ with a knife 21 열심히 공부하다 _____ hard

16 옷을 사다 buy some _____ 22 가벼운 바구니 a _____ basket

17 택시를 잡다 _____ a taxi 23 온갖 종류의 물건들 all _____s of things

18 이메일로 보내다 _____ by e-mail 24 상자의 내부 the _____ of the box

C 보기에서 알맞은 단어를 골라 문장을 완성하세요.

보기	remember	vegetable	never	speak	fast	travel

25 She likes to eat _____ soup. 그녀는 **야채수프**를 먹는 것을 좋아한다.

26 I don't _____ his number. 나는 그의 전화번호가 **기억나지 않아.**

27 I learned to _____ French. 나는 프랑스어를 **구사하는** 법을 배웠다.

28 I've _____ seen that before. 나는 이전에 **한 번도** 그것을 본 적이 **없어.**

29 We want to _____ to a new country. 우리는 새로운 나라를 **여행하고** 싶다.

30 The boy runs _____. 그 소년은 **빨리** 달린다.

점수: / 30

정답 p.380

DAY 04

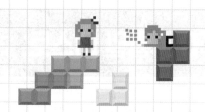

발음 익히기

01 paper
[péipər 페이펄]

명 ① 종이 ② 신문 ③ 문서

▸ **종이** 한 장   a piece of _____
▸ 조간**신문**   the morning _____

페
이
펄
종 이

---

02 street
[striːt 스트뤼~트]

명 거리, 도로

▸ **거리** 지도   a _____ map
▸ **거리**를 가로질러   across the _____

스
트
뤼
트
거 리

---

03 movie
[múːvi 무~비]

명 영화

▸ **영화**관   a _____ theater
▸ 짧은 **영화**를 보다   watch a short _____

무
비
영 화

---

04 note
[nout 노우트]

명 ① 메모 ② (짧은) 편지

▸ **메모**를 남기다   leave a _____
▸ 감사 **편지**   a thank-you _____

노
우
트
메 모

---

05 band
[bænd 밴드]

명 ① 음악단, 밴드 ② 끈, 밴드

▸ 내가 좋아하는 **밴드**   my favorite _____
▸ 그 **밴드**의 새로운 노래를 들어봤니?
  Did you listen to the _____'s new song?

밴
드
음 악 단

---

06 foot
[fut 풋]

명 발

▸ 한 **발**로 서 있다   stand on one _____
▸ 머리끝에서 **발**끝까지
  from head to _____

풋
발

---

07 job
[dʒɑːb 잡]

명 일, 직업

▸ 시간제 일(아르바이트)
  a part-time _____
▸ **직업**을 구하다 look for a _____

잡 (잡)다한
일 을
직업으로 삼은 남자

08 board
[bɔːrd 보~드]

명 ① 판자 ② 게시판

▸ 두꺼운 **판자** a thick _____
▸ **게시판**에 쓰다 write on the _____

보 라색의
드 넓은
판 자

09 glass
[glæs 글래쓰]

glasses 명 안경

명 유리, (유리)잔

▸ 유리병 a _____ bottle
▸ 와인 **잔** a wine _____

글
래
쓰
유 리

10 letter
[létər 레러]

명 ① 편지 ② 문자, 글자

▸ **편지**를 쓰다 write a _____
▸ A는 알파벳의 첫번째 **글자**이다.
  A is the first _____ of the alphabet.

레
러
편 지

To Sam

11 part
[pɑːrt 팔~트]

partial 형 부분적인

명 ① 부분, 일부 ② 배역

▸ 건물의 **일부** _____ of a building
▸ **배역**을 연기하다 play a _____

팔
트
부 분

12 group
[gruːp 그루~웁]

명 무리, 집단

▸ 한 **무리**의 아이들 a _____ of children
▸ **집단** 활동 a _____ activity

그
루
웁
무 리

13 miss
[mis 미쓰]

동 ① 놓치다 ② 그리워하다

▸ 기차를 **놓치다** _____ a train
▸ 부모님을 **그리워하다** _____ one's parents

미 처 시간을 확인하지 못해
쓰 을(슬)프게도 기차를
놓 치 다

14 ready
[rédi 뤠디]

형 준비된

▸ 식사가 **준비되었어.** Dinner is _____.

▸ 갈 **준비되었니?** Are you _____ to go?

뤠
디
준 비 된

---

15 sad
[sæd 쌔드]

형 슬픈

▸ **슬픈** 이야기 a _____ story

▸ **슬퍼하다** feel _____

쌔드
슬 픈

---

16 dark
[dɑ:rk 달~크]
darkness 명 어둠, 암흑

형 어두운

▸ **어두운** 숲 a _____ forest

▸ 밖이 **어두워**지고 있어.
It's getting _____ outside.

달
크
어 두 운

---

17 also
[ɔ́:lsou 얼~소]
윤 too 뜻 또한, ~도

부 또한, 게다가

▸ 나는 중국어 **또한** 배우고 싶어.
I _____ want to study Chinese.

▸ **게다가,** 그는 훌륭한 음악가예요.
A_____, he is a great musician.

얼 굴에 미
소 가 번졌다.
또 한, 웃음 소리를 냈다.

---

18 behind
[biháind 비하인드]
반 in front of 앞에

전 뒤에

▸ 나무 **뒤에** 서다 stand _____ a tree

▸ **뒤를** 봐! Look _____ you!

비
하
인
드
뒤 에

---

19 park
[pɑ:rk 팔~크]

명 공원 동 주차하다

▸ 국립**공원** a national _____

▸ 여기에 **주차하지** 마세요.
Do not _____ here.

팔 (파)랗고
크 (커)다란
공 원

20 end
[end 엔드]

명 끝 동 끝나다, 끝내다

▸ 노래의 **끝** the _____ of a song
▸ 그 영화는 행복하게 **끝난다.**
The movie _____s happily.

엔 (앤)트맨이
드 디어 나타났다. 너희는 이제
끝 이야!

21 march
[mɑːrtʃ 마~취]
March 명 3월

동 행진하다 명 행진

▸ 거리를 따라 **행진하다**
_____ along the street
▸ 긴 **행진** a long _____

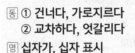

마 취 (치) 개미가
행 진 하 는 것 같군.

22 cross
[krɔːs 크뤄~스]

동 ① 건너다, 가로지르다
② 교차하다, 엇갈리다
명 십자가, 십자 표시

▸ 강을 **건너다** _____ a river
▸ **십자가**가 있는 목걸이
a necklace with a _____

크 뤄 스
건 너 다

23 will
[wil 윌]

명 의지, 소망 동 ~을 할 것이다

▸ 강한 **의지**를 가지다
have a strong _____
▸ 나는 내일 거기에 갈 **거야.**
I _____ go there tomorrow.

윌 은
의 지 가
강하다.

24 hand
[hænd 핸드]

명 ① 손 ② 도움의 손길
동 건네주다

▸ 양손을 들어주세요. Put your _____s up.
▸ 집 열쇠 좀 **건네줄래?**
Could you _____ me the house
key?

핸
드
손

엔 드
끝

Every new beginning comes after an end.
모든 새로운 시작은 끝이 있고 난 뒤에야 온다. (=끝이 있어야 시작도 있다.)

Part 1 중학 기초 영단어

DAY 04

해커스 3연타 중학영단어

25 fun
[fʌn 펀]
funny 형 웃기는

명 재미 형 즐거운, 재미있는
▸ 단지 **재미**로 just for _____
▸ **즐거운** 파티 a _____ party

펀
재 미

26 lot
[lat 랏]
a lot of 많은

명 많음 부 대단히
▸ **많은** 사과 a _____ of apples
▸ **대단히** 고마워요. Thanks a _____.

랏
많 음

27 clean
[kliːn 클리~인]
반 dirty 형 더러운

형 깨끗한 동 청소하다
▸ **깨끗한** 셔츠 a _____ shirt
▸ 부엌을 **청소하다** _____ the kitchen

클
리
인
깨 끗 한

28 second
[sékənd 쎄컨드]

형 둘째의, 제2의 부 둘째로, 2위로
명 ① 잠깐 ② (시간 단위인) 초
▸ 2층 the _____ floor
▸ **잠깐** 기다려. Wait a _____.

쎄
컨
드
둘 째 의

29 wrong
[rɔːŋ 륑]
반 right 형 옳은, 맞는 부 옳게, 맞게

형 틀린, 잘못된 부 잘못, 틀리게
▸ **틀린** 답 the _____ answer
▸ **잘못** 선택하다 choose _____

륑 (롱)다리나 숏다리는
틀린 것이
아니라 다른 것이다.

우린 달라!

30 well
[wel 웰]

부 잘 형 건강한, (상태 등이) 좋은
명 우물
▸ 영어를 **잘**하다 speak English _____
▸ 그녀는 **건강하지** 않다. She is not _____.

웰 컴!
잘 지내보자.

잘
지내보자!
VOCA

DAY 04 일일 테스트

A 영어는 우리말로, 우리말은 영어로 쓰세요.

01 hand _____
02 paper _____
03 street _____
04 foot _____
05 also _____
06 ready _____

07 판자, 게시판 _____
08 행진하다, 행진 _____
09 건너다, 십자가 _____
10 둘째의, 잠깐 _____
11 의지, ~을 할 것이다 _____
12 영화 _____

B 빈칸에 알맞은 단어를 적어 어구를 완성하세요.

13 아이디어가 많다 have a _____ of ideas
14 잘못 생각하다 think _____
15 일자리 면접 a _____ interview
16 하루의 끝 the _____ of the day
17 슬픈 이야기를 하다 tell a _____ story
18 어두운 방 a _____ room

19 깨끗한 그릇 a _____ bowl
20 공원에서 걷다 walk in the _____
21 재미있는 취미 a _____ hobby
22 도로의 일부 _____ of the road
23 버스를 놓치다 _____ a bus
24 편지를 받다 get a _____

C 보기에서 알맞은 단어를 골라 문장을 완성하세요.

보기	band	note	behind	glass	group	well

25 Can I have a _____ of water, please? 물 한 잔 마실 수 있을까요?
26 There's a tiger _____ you. 너의 뒤에 호랑이가 있어.
27 He traveled with a _____ of friends. 그는 친구들 **무리**와 함께 여행했다.
28 I left a _____ on your desk. 제가 당신의 책상 위에 **메모**를 남겼어요.
29 The nurse speaks English _____. 그 간호사는 영어를 **잘** 구사한다.
30 My cousin is a singer in a _____. 내 사촌은 **밴드**의 가수이다.

점수:	/ 30

정답 p.380

DAY 05

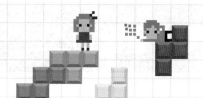

발음 익히기

1타 읽으며 기억하기 » **2타** 써 보며 기억하기 » **3타** 연상법으로 강화하기

---

01 example
[igzǽmpl 이그잼플]
for example 예를 들어

⦿ 예, 본보기
▸ **예**를 생각해보다 think of an _____
▸ 좋은 **본보기** a good _____

이 게임이
그
잼 있(재밌)다는
플 스 게임을 이긴
예 입니다.

---

02 language
[lǽŋgwidʒ 랭귀지]

⦿ 언어
▸ 새로운 **언어**를 배우다
  learn a new _____
▸ 두 가지 **언어**를 구사하다
  speak two _____ s

랭
귀
지
언 어

---

03 daughter
[dɔ́:tər 도~터]

⦿ 딸
▸ **딸**과 아들 a _____ and a son
▸ 어린 **딸** a young _____

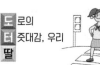
도 로의
터 줏대감, 우리
딸

---

04 newspaper
[núːzpèipər 뉴~스페이펄]

⦿ 신문
▸ 오늘자 **신문** today's _____
▸ **신문**을 읽다 read a _____

뉴 즈
페 이 펄
신 문

---

05 neighbor
[néibər 네이버]

⦿ 이웃
▸ 옆집에 사는 **이웃**
  a next-door _____
▸ 친절한 **이웃** a kind _____

네
이 웃의 패딩을
버 리면 그
이 웃 이
놀란다.

---

06 vacation
[veikéiʃən 베케이션]

⦿ 휴가, 방학
▸ 짧은 **휴가** a short _____
▸ 여름 **방학** summer _____

베 니와
케 니가
이 번
션 (선)데이에
휴 가 를 갔다.

---

07 floor
[flɔːr 플로~얼]

명 ① 바닥 ② (건물의) 층
▸ 부엌 **바닥** the kitchen _____
▸ 4층 the fourth _____

플
로
얼
바 닥

08 theater
[θíːətər 씨~어터]

명 극장
▸ **극장**에서 연극을 보다
　see a play at a _____
▸ **극장**에 가다 go to a _____

씨 앗을
어 터 케(어떻게) 뿌리는지
극 장 에서
배웠다.

09 noise
[nɔiz 노이즈]
noisy 형 시끄러운, 떠들썩한

명 (불쾌한) 소리, 소음
▸ **소리**를 듣다 hear a _____
▸ 외부 **소음** outside _____

노
이
즈
소 리

10 hospital
[háːspitl 하~스피를]

명 병원
▸ 아동 **병원** a children's _____
▸ **병원**에 있는 친구를 방문하다
　visit a friend in a _____

하
스
피
를
병 원

11 plate
[pleit 플레이트]

명 접시, 그릇
▸ 은접시 a silver _____
▸ 저녁 식사용 **그릇** a dinner _____

플
레
이
트
접 시

12 station
[stéiʃən 스테이션]

명 정거장, 역
▸ 버스 **정거장** a bus _____
▸ 다음 **역** the next _____

스
테
이
션
정 거 장

13 grass
[græs 그뤠쓰]

명 잔디, 풀
▸ **잔디** 위에 앉다 sit on the _____
▸ **잔디**를 심다 plant _____

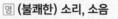

그 뤠 (그래)!
쓰 (스)리랑카에서
잔 디 심기
운동을 하자!

Part 1 중학 기초 영단어

DAY 05

해커스 3연타 중학영단어

14 half
[hæf 해프]

명 반, 절반
▸ 파이를 **반**으로 자르다　cut a pie in _____
▸ 인생의 **절반**　_____ of one's life

해
프
반

15 holiday
[háːlədèi 할~러데이]

명 휴일, 공휴일
▸ 크리스마스 **휴일**
　the Christmas _____
▸ 국가 **공휴일**　a national _____

할
러
데
이
휴 일

16 invite
[inváit 인바이트]
invitation 명 초대, 초대장

동 초대하다
▸ 파티에 **초대하다**　_____ to a party
▸ 친구를 저녁 식사에 **초대하다**
　_____ a friend to dinner

인
바
이
트
초 대 하 다

17 understand
[ʌ̀ndərstǽnd 언덜스탠드]

동 이해하다, 알아듣다
▸ 질문을 **이해하다**
　_____ the question
▸ 너는 중국어를 **알아들을** 수 있니?
　Can you _____ Chinese?

언
덜
스
탠
드
이 해 하 다

18 die
[dai 다이]

동 죽다
▸ 편히 **죽다**　_____ peacefully
▸ 절대 **죽지** 않다　never _____

다
이 사람 때문에
죽 었 다

19 drive
[draiv 드라이브]

동 ① 운전하다　② 태워다 주다
▸ 택시를 **운전하다**　_____ a taxi
▸ 저를 집까지 **태워다 주**실 수 있으세요?
　Could you _____ me home?

드
롸
이
브
운 전 하 다

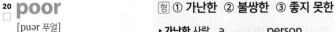

20 poor
[puər 푸얼]

형 ① 가난한 ② 불쌍한 ③ 좋지 못한

▸ **가난한** 사람 a _____ person

▸ 그 **불쌍한** 새는 날지 못했다.
The _____ bird couldn't fly.

푸얼
가 난 한

---

21 difficult
[dífikʌlt 디피컬트]
difficulty 명 어려움, 장애

형 힘든, 어려운

▸ **힘든** 시간을 보내다
have a _____ time

▸ **어려운** 문제 a _____ problem

디 지털 카메라를 만들기까지의
피 땀 눈물과
컬 러 사진기를 만들기까지의
트 집 잡을 수 없는
힘 든 과정

---

22 safe
[seif 쎄이프]
safety 명 안전

형 안전한

▸ **안전한** 곳을 찾다 find a _____ place

▸ **안전한** 마을 a _____ village

쎄이프
안 전 한

---

23 boring
[bɔ́:riŋ 보어~링]

형 지루한

▸ **지루한** 수업 a _____ class

▸ **지루한** 시간을 보내다
have a _____ time

보어링
지 루 한

---

24 slow
[slou 슬로우]
slowly 부 느리게

형 느린

▸ 내 시계는 5분 **느려**.
My watch is five minutes _____.

▸ 인터넷이 **느리다**. The Internet is _____.

슬 슬
로 우 (노후)를
느 린 걸음으로라도
준비해야겠군.

---

25 above
[əbʌ́v 어버브]
반 below 전 (~보다) 아래에

전 (~보다) 위에, 위로

▸ 캐나다는 미국 **위에** 있다.
Canada is _____ the United
States.

▸ 새가 내 머리 **위로** 날고 있다.
A bird is flying _____ my head.

어버브
위 에

26 present
[préznt 프레즌트]

명 ① 선물 ② 현재 형 현재의

▸ 생일 **선물** a birthday _____
▸ **현재**로서는 at the _____ time

프레즌트
선 물

27 past
[pæst 패스트]

형 **과거의, 지난간** 명 **과거**

▸ **지난주** the _____ week
▸ **과거**에 in the _____

패 스 트푸드를 먹고 배가
트 (터)질 것 같았던
과 거 의 내 모습

28 yesterday
[jéstərdèi 예스털데이]

명 부 **어제**

▸ **어제** 저녁 _____ evening
▸ **어제** 비가 왔다. It rained _____.

비틀즈의
예 스 털 데 이 를
어 제 들었다.

29 near
[niər 니어]
nearly 부 거의

부 **가까이** 형 **가까운**

▸ 문 **가까이**에 서다
  stand _____ the door
▸ 그 학교는 우리 집에서 **가깝다**.
  The school is _____ my house.

니 모는
어 니언을 싫어해
가 까 이 하지
않는다.

30 early
[ə́ːrli 얼~리]

형 **빠른, 이른** 부 **일찍, 빨리**

▸ **이른** 아침에 in the _____ morning
▸ **일찍** 일어나다 wake up _____

얼 큰한 국이
리 얼하게
빠 른 시간 안에 나왔다.

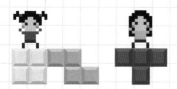

디 피 컬 트
어 려 운

All things are difficult before they become easy.
모든 일이 쉬워지기 전까지는 어려운 것이다.

DAY 05 일일 테스트

A 영어는 우리말로, 우리말은 영어로 쓰세요.

01 die   _____

02 newspaper   _____

03 theater   _____

04 grass   _____

05 holiday   _____

06 invite   _____

07 딸   _____

08 힘든, 어려운   _____

09 안전한   _____

10 느린   _____

11 반, 절반   _____

12 가까이, 가까운   _____

B 빈칸에 알맞은 단어를 적어 어구를 완성하세요.

13 예를 주다   give an _____

14 새로운 이웃   a new _____

15 바닥에 앉다   sit on the _____

16 퇴원하다   leave the _____

17 접시를 씻다   wash a _____

18 위를 보다   look _____

19 약간 이해하다   _____ a little

20 빨리 운전하다   _____ fast

21 가난한 사람들을 돕다   help _____ people

22 지루한 책   a _____ book

23 과거를 기억하다   remember the _____

24 이른 봄   _____ spring

C 보기에서 알맞은 단어를 골라 문장을 완성하세요.

보기	language noise station present yesterday vacation

25 Can you speak another _____?   너는 다른 **언어**를 구사할 수 있니?

26 She took a short _____ last week.   그녀는 지난주에 짧은 **휴가**를 갔다.

27 Did you hear the _____?   **소리** 들었어요?

28 I get off at the next _____.   나는 다음 **역**에서 내려.

29 Let's buy a _____ for our parents.   우리 부모님을 위한 **선물**을 사자.

30 I stayed inside _____.   나는 **어제** 집 안에 머물렀다.

점수: / 30

정답 p.380

DAY 06

발음 익히기

1타 읽으며 기억하기 »	2타 써 보며 기억하기 »	3타 연상법으로 강화하기

01 museum
[mjuːzíːəm 뮤~지~엄]

명 박물관
▸ 미술관   an art _____
▸ 박물관을 둘러보다
  look around the _____

뮤 지션들은
엄한 목소리로
박 물 관에
가자고 말했다.

---

02 bottom
[báːtəm 바~텀]

명 바닥, 맨 아래
▸ 강의 **바닥**   the _____ of the river
▸ 페이지의 **맨 아래**를 보세요.
  Look at the _____ of the page.

바로 산
텀블러를
바 닥에
떨어뜨렸다.

---

03 bathroom
[bǽθrùːm 배쓰루~움]

명 화장실, 욕실
▸ 화장실에 가다   go to the _____
▸ 화장실은 어디인가요?
  Where is the _____?

**배
쓰
루
움
화 장 실**

---

04 zoo
[zuː 주~우]

명 동물원
▸ 동물원의 동물들   animals in the _____
▸ 동물원에 가자!   Let's go to a _____!

**주
우
동 물 원**

---

05 husband
[hʌ́zbənd 허즈번드]

명 남편
▸ 다정한 **남편**   a kind _____
▸ 내 여동생(언니)의 **남편**
  my sister's _____

허둥지둥
즈(주)말에
번지 점프와
드라이브를 한
남 편

06 restaurant
[réstərɑːnt 뤠스터란~트]

명 식당, 레스토랑
▸ 이탈리아 **식당** an Italian _____
▸ **식당**에서 식사하다
have a meal at a _____

뤠
스
터
란
트
식 당

---

07 age
[eidʒ 에이쥐]

명 나이
▸ 어린 **나이**에 at an early _____
▸ **나이**가 어떻게 되세요?
What's your _____?

에 이 ~
쥐 (지)금
나 이 면
꽤 어리다.

45

---

08 factory
[fǽktəri 팩터뤼]

명 공장
▸ 자동차 **공장** a car _____
▸ **공장**에서 일하다 work at a _____

팩
터
뤼
공 장

---

09 adult
[ədʌ́lt 어덜트]

명 성인, 어른
▸ 그녀는 **성인**이다. She is an _____.
▸ 아이와 **어른** a child and an _____

어 차피
덜 렁대는 너는
트 리케라톱스도 모르는
성 인 이야.

---

10 pair
[pɛər 페얼]

명 한 쌍, 한 벌
▸ 양말 한 **켤레** a _____ of socks
▸ 바지 한 **벌** a _____ of pants

페
얼
한   쌍

---

11 wind
[wind 윈드]
windy 형 바람이 많이 부는

명 바람
▸ 찬 **바람** a cold _____
▸ **바람**이 세다. The _____ is strong.

윈
드
바 람

---

12 conversation
[kɑ̀ːnvərséiʃən 컨~벌쎄이션]

명 대화
▸ 긴 **대화** a long _____
▸ **대화**를 나누다 have a _____

컨
벌
쎄
이
션
대 화

Hello?
Hi~

1타 읽으며 기억하기 » 2타 써 보며 기억하기 » 3타 연상법으로 강화하기

13 address
[ǽdres 애드레스]

명 주소
▸ 이름과 **주소** name and _____
▸ **주소**가 어떻게 되세요?
  What's your _____?

애 (어)디든
드 레 스 입고
주 소 대로
찾아갑니다!

14 idea
[aidíːə 아이디~어]

명 생각, 아이디어
▸ 좋은 **생각** a good _____
▸ **아이디어**가 떠오르다 get an _____

아 이 야 사슴이 영어로 뭔지 아니?
디 어 (deer)요.
생 각 있는
아이구나.

디어!

15 become
[bikʌ́m 비컴]

동 되다
▸ 친구가 **되다** _____ friends
▸ 유명해**지다** _____ famous

비 둘기가 갑자기
컴 퓨터가
되 다

16 join
[dʒɔin 조인]

동 함께하다, 가입하다
▸ 우리와 **함께하자**. J_____ us.
▸ 동아리에 **가입하다** _____ a club

조 별
인 성 테스트에
함 께 하 다

17 hold
[hould 홀드]

동 ① 들다, 잡다 ② 개최하다, 열다
▸ 손을 **잡다** _____ hands
▸ 파티를 **열다** _____ a party

홀 로
드 래곤을
들 다

18 expensive
[ikspénsiv 익스펜시브]
expense 명 비용, 지출
반 cheap 형 값싼, 싼

형 비싼
▸ **비싼** 시계 an _____ watch
▸ 그건 너무 **비싸**. That's too _____.

익
스
펜
시
브
비 싼

19 cheap
[tʃiːp 취~입]
반 expensive 형 비싼

형 값싼, 싼
▸ **값싼** 음식 _____ food
▸ **싼** 책 a _____ book

취
입
값 싼

38 | 단어테스트 제작 프로그램 HackersIngang.com

20 flat
[flæt 플랫]

형 평평한, 납작한

▸ **평평한** 도로 a _____ road

▸ **납작한** 빵 _____ bread

플 래시를 켜면
랫 (렛)잇고 노래와 함께
평평한 스크린에
애니메이션이 나온다.

---

21 special
[spéʃəl 스페셜]

형 특별한, 특수한

▸ 너는 **특별한** 사람이야.
  You are a _____ person.

▸ 오늘의 **특별** 요리는 무엇인가요?
  What are the _____ dishes today?

스
페
셜 한 너는
특별한
학교로 가!

---

22 below
[bilóu 빌로우]
반 above 전 (~보다) 위에

전 (~보다) 아래에

▸ 책상 **아래에** 사과가 있다.
  There is an apple _____ the desk.

▸ 이 선 **아래에는** 쓰지 마세요.
  Please do not write _____ this line.

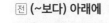
빌
로
우
아 래 에

---

23 until
[əntíl 언틸]

전 ~까지

▸ 오후 11시까지 _____ 11 p.m.

▸ 그녀는 정오까지 잤다.
  She slept _____ noon.

언 니,
틸 (티)라미슈 언제
까 지 먹을 거야?

---

24 race
[reis 뤠이스]

명 ① (달리기) 시합, 경주 ② 인종
동 경주하다

▸ 자동차 **경주** a car _____

▸ 말을 타고 **경주하다** _____ on a horse

뤠 이 (레이)는
스 타워즈 캐릭터와 달리기
시 합 을
했다.

---

25 pay
[pei 페이]

동 지불하다, 내다 명 봉급

▸ 현금으로 **지불하다** _____ with cash

▸ 높은 **봉급** high _____

페 이 스북 광고에 돈을
지 불 하 다

Part 1 중학 기초 영단어

DAY 06

해커스 3연타 중학영단어

26 try
[trai 트라이]

동 ① 노력하다 ② 시도하다 명 시도

▸ 시험에 합격하려고 **노력하다**
　＿＿＿＿ to pass the test
▸ 두 번째 **시도** a second ＿＿＿＿

트 집을 잡으며
라이 터를 켜려고
노력하다

27 move
[mu:v 무~브]

동 ① 움직이다 ② 이사하다
　　③ 감동시키다
명 ① 움직임 ② 이사

▸ 테이블을 **움직이다** ＿＿＿＿ the table
▸ 모든 **움직임**을 지켜보다
　watch one's every ＿＿＿＿

무 빙워크보다 내
브 레인이 더 잘
움직인다

28 future
[fjú:tʃər 퓨~처]

명 미래 형 미래의

▸ 가까운 **미래에** in the near ＿＿＿＿
▸ 그는 내 **미래의** 남편이야.
　He is my ＿＿＿＿ husband.

퓨 전 음식
처 음 먹어봤니?
미래 에서 온
친구가 물었다.

29 fat
[fæt 팻]

형 살찐, 뚱뚱한 명 지방, 비계

▸ 나 **살쪘어**. I got ＿＿＿＿.
▸ 체**지방** body ＿＿＿＿

팻
살찐

30 quick
[kwik 퀵]

형 빠른, 신속한 부 빨리, 신속히

▸ **빠른** 조치를 취하다 take ＿＿＿＿ action
▸ **빨리** 오세요! Come ＿＿＿＿!

퀵 퀵 오리는
빠른 새이다.

퓨 처
미래

The future starts today, not tomorrow.
미래는 내일이 아니라 바로 오늘 시작한다.

DAY 06 일일 테스트

A 영어는 우리말로, 우리말은 영어로 쓰세요.

01 bottom ＿＿＿＿＿＿＿＿ **07** 함께하다, 가입하다 ＿＿＿＿＿＿＿＿

02 zoo ＿＿＿＿＿＿＿＿ **08** 들다, 개최하다 ＿＿＿＿＿＿＿＿

03 husband ＿＿＿＿＿＿＿＿ **09** 비싼 ＿＿＿＿＿＿＿＿

04 factory ＿＿＿＿＿＿＿＿ **10** 특별한, 특수한 ＿＿＿＿＿＿＿＿

05 adult ＿＿＿＿＿＿＿＿ **11** 노력하다, 시도 ＿＿＿＿＿＿＿＿

06 address ＿＿＿＿＿＿＿＿ **12** 빠른, 빨리 ＿＿＿＿＿＿＿＿

B 빈칸에 알맞은 단어를 적어 어구를 완성하세요.

13 과학 박물관 a science ＿＿＿＿＿＿ **19** 납작한 모자 a ＿＿＿＿＿ hat

14 패스트푸드 전문 식당 a fast-food ＿＿＿＿ **20** 침대 아래에 ＿＿＿＿＿ the bed

15 안경 한 쌍 a ＿＿＿＿＿ of glasses **21** 월급 monthly ＿＿＿＿＿＿

16 집에서의 대화 a ＿＿＿＿＿＿ at home **22** 느린 움직임 a slow ＿＿＿＿＿

17 웃긴 생각 a funny ＿＿＿＿＿＿ **23** 미래를 생각하다 think about the ＿＿＿＿＿

18 성인이 되다 ＿＿＿＿＿ an adult **24** 지방을 태우다 burn ＿＿＿＿＿

C 보기에서 알맞은 단어를 골라 문장을 완성하세요.

보기	age	cheap	bathroom	until	race	wind

25 Where is the nearest ＿＿＿＿＿? 가장 가까운 **화장실**이 어디에 있나요?

26 He looks younger than his ＿＿＿＿. 그는 **나이**에 비해 어려 보인다.

27 The ＿＿＿＿＿ is strong today. 오늘은 **바람**이 세다.

28 That store sells many ＿＿＿＿ clothes. 저 가게는 **싼** 옷을 많이 판다.

29 Wait ＿＿＿＿＿ the weekend. 주말까지 기다리세요.

30 Shall we have a ＿＿＿＿? 우리 **달리기 시합**할까?

점수: / 30

정답 p.380

DAY 07

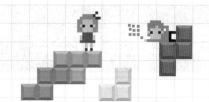

발음 익히기

1타 읽으며 기억하기 »	2타 써 보며 기억하기 »	3타 연상법으로 강화하기

01 field
[fi:ld 필~드]

명 ① 들판 ② 분야
- 사람들이 들판에서 일하고 있다.
  People are working in the _____.
- 연구 분야 a _____ of study

필요한 것만 사고 저축하여
드디어
들 판을
샀다.

---

02 member
[mémbər 멤벌]
membership 명 회원권

명 회원, 구성원
- 동아리 회원 a club _____
- 가족 구성원 a _____ of the family

멤 벌(멤버)십 카드를 버려서
회 원 자격을
박탈당했다.

---

03 piece
[pi:s 피~쓰]

명 한 조각, 한 부분
- 피자 한 조각 a _____ of pizza
- 테이프 한 부분 a _____ of tape

피 구공에 맞아서
쓰 라린데, 하필 안경
한 조 각도
빠졌다.

---

04 gift
[gift 기프트]
⑧ present 명 선물

명 ① 선물 ② 재능
- 크리스마스 선물 a Christmas _____
- 음악에 대한 재능 a _____ for music

기 가 막힌
프 랑스
트 럭이
선 물이야.

---

05 diary
[dáiəri 다이어뤼]

명 ① 일기 ② 수첩
- 일기를 쓰다 write in a _____
- 여행 수첩 a travel _____

다 이 어 뤼 일 기

---

06 island
[áilənd 아일런드]

명 섬
- 섬에 살다 live on an _____
- 한국에서 가장 큰 섬
  the biggest _____ in Korea

아 일 런 드 섬

---

07 add
☐
[æd 애드]
addition 몡 덧셈, 추가

통 더하다, 추가하다

▸ 숫자를 더하다 _____ numbers
▸ 홍차에 설탕을 추가하다
_____ sugar to tea

애
드
더 하 다

08 save
☐
[seiv 쎄이브]

통 ① 절약하다 ② 구하다 ③ 저축하다

▸ 돈을 절약하다 _____ money
▸ 생명을 구하다 _____ one's life

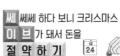

쎄 쎄쎄 하다 보니 크리스마스
이 브 가 돼서 돈을
절 약 하 기
시작했다.

09 shout
☐
[ʃaut 샤우트]

통 외치다, 소리치다

▸ 도와달라고 외치다 _____ for help
▸ 나한테 소리치지 마!
Don't _____ at me!

샤
우
트
외 치 다

10 grow
☐
[grou 그로우]

통 ① 자라다, 커지다 ② 기르다

▸ 빨리 자라다 _____ fast
▸ 식물을 기르다 _____ plants

그
로
우
자 라 다

11 bring
☐
[briŋ 브링]

통 가져오다, 데려오다

▸ 간식을 가져오다 _____ a snack
▸ 친구를 데려오다 _____ a friend

브
링
가 져 오 다

12 follow
☐
[fá:lou 팔~로우]

통 ① 따라가다 ② 따르다 ③ 뒤를 잇다

▸ 저 차를 따라가세요. F_____ that car.
▸ 지도자를 따르다 _____ the leader

팔 로
우 산을 들어주며
따 라 가 다

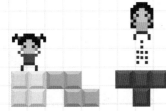

프 렌 티 스
연 습

Practice makes perfect.
연습을 해야 완벽해진다.

13 fresh
[freʃ 프뤠쉬]

형 ① 신선한 ② 새로운
- 신선한 채소 _____ vegetables
- 새로운 시작 a _____ start

프 뤠 (레)드릭은
쉬 (시)원하고
신 선 한 새벽 공기를
좋아한다.

---

14 away
[əwéi 어웨이]

부 ① 떨어진 곳에, 떠나서 ② 다른 데로
- 1미터 떨어진 곳에 a meter _____
- 옷들을 다른 데로 치우렴.
  Put your clothes _____.

어 ?
웨 (왜) 그래,
이 곳에서
떨 어 진 곳에 가게?

---

15 ago
[əgóu 어고우]

부 (얼마의 시간) 전에
- 2일 전에 two days _____
- 오래전에 a long time _____

어 !
고 양이야,
우 , 울지마…
전 에 는 울지 않았잖아.

---

16 cook
[kuk 쿡]

동 요리하다 명 요리사
- 요리하는 것을 즐기다 enjoy _____ing
- 유명한 요리사 a famous _____

쿡 쿡쿡 익었는지 감자를 찔러보며
요 리 하 다

---

17 air
[ɛər 에얼]

명 공기, 대기 동 방송하다
- 밤공기 night _____
- 그 프로그램은 지난주에 방송되었다.
  The program _____ed last week.

에
얼
공 기

---

18 sound
[saund 싸운드]

명 소리 동 ~처럼 들리다
- 바람 소리 the _____ of the wind
- 그것 참 재미있게 들린다! It _____s fun!

어제
싸 운 친구는
드 센
소 리 를 냈다.

19 fall
[fɔːl 포~올]

동 떨어지다
명 ① 가을 ② 추락
▸ 계단에서 **떨어지다**
　_____ down the stairs
▸ **가을에** in the _____

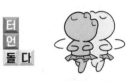

포 올 ~ 폴~ 낙엽이
떨 어 지 다

20 turn
[təːrn 터~언]
turn on 켜다

동 ① 돌다, 돌리다 ② 바꾸다
명 ① 차례 ② 회전
▸ **돌아서다** _____ around
▸ **차례**대로 하다 take _____s

터
언
돌 다

21 laugh
[læf 래프]

동 (소리 내어) 웃다 명 웃음
▸ 큰 소리로 **웃다** _____ loudly
▸ 익살맞은 **웃음** a funny _____

래
프
웃 다

22 practice
[præktis 프랙티스]

동 연습하다 명 ① 연습 ② 관습
▸ 피아노 치는 것을 **연습하다**
　_____ playing the piano
▸ 야구 **연습**에 가다
　go to baseball _____

프
랙
티
스
연 습 하 다

23 win
[win 윈]
반 lose 동 지다, 잃다

동 ① 이기다 ② 획득하다
명 승리
▸ 시합에서 **이기다** _____ the game
▸ 큰 **승리** a big _____

윈 도우 10으로 게임하는 그를
이 기 다

24 uniform
[júːnifɔ̀ːrm 유~니퍼~엄]

명 제복, 교복 형 균일한, 똑같은
▸ **제복을 입다** wear a _____
▸ **똑같은 사이즈** a _____ size

유
니
퍼
엄
제 복

25 front
[frʌnt 프런트]
㉧ back ⓝ뒤 ⓗ 뒤쪽의

ⓝ 앞, 앞부분 ⓗ 앞쪽의
▸ 학교 앞에서 기다릴게.
　I'll be waiting in _____ of the school.
▸ 앞니 _____ teeth

호텔
프 런 트
앞 에 가서
물어봐.

26 side
[said 싸이드]

ⓗ 옆의 ⓝ 쪽, 측면
▸ 옆문을 이용하세요.　Use the _____ door.
▸ 오른쪽　the right _____

싸
이
드
옆 의

27 middle
[mídl 미들]

ⓝ 중앙 ⓗ 가운데의, 중간의
▸ 중앙에 앉다　sit in the _____
▸ 중학교 _____ school

미 드필더는
들 러리가 아니라
중 앙 에서
뛰는 사람이다.

28 mean
[mi:n 민]

ⓓ 의미하다 ⓗ 심술궂은, 못된
▸ 이 단어는 무엇을 의미하나요?
　What does this word _____?
▸ 심술궂은 사람　a _____ person

민 들레는 '행복'을
의 미 한 다

29 most
[moust 모스트]

ⓗ ① 가장 많은, 최대의 ② 대부분의
ⓑ 가장, 최고로
▸ 가장 많은 돈을 가지다
　have the _____ money
▸ 가장 많이 웃다　laugh the _____

모 처럼
스 트 라이크를 쳤더니
가 장 　많 은 박수를
받았다.

30 still
[stil 스틸]

ⓑ ① 여전히 ② 그럼에도 불구하고
ⓗ 가만히 있는
▸ 그녀는 여전히 거기에 산다.
　She _____ lives there.
▸ 가만히 서 있어!　Stand _____!

스 키장을 자주 갔었지만 마
틸 다는
여 전 히 초보 코스를 탄다.

DAY 07 일일 테스트

A 영어는 우리말로, 우리말은 영어로 쓰세요.

01 field _____

02 member _____

03 gift _____

04 add _____

05 shout _____

06 follow _____

07 (얼마의 시간) 전에 _____

08 요리하다, 요리사 _____

09 공기, 방송하다 _____

10 (소리 내어) 웃다, 웃음 _____

11 중앙, 가운데의 _____

12 의미하다, 심술궂은 _____

B 빈칸에 알맞은 단어를 적어 어구를 완성하세요.

13 일기를 쓰다   keep a _____

14 제주도   Jeju _____

15 물을 절약하다   _____ water

16 높이 자라다   _____ tall

17 모자를 가져오다   _____ a hat

18 신선한 식사   a _____ meal

19 다른 데를 보다   look _____

20 종소리   the _____ of a bell

21 침대에서 떨어지다   _____ from a bed

22 배구 연습   volleyball _____

23 쉽게 이기다   _____ easily

24 대부분의 사람들   _____ people

C 보기에서 알맞은 단어를 골라 문장을 완성하세요.

보기	uniform side still front piece turn

25 We found the missing puzzle _____.   우리는 잃어버린 퍼즐 **한 조각을** 찾았다.

26 The cook _____ed on the oven.   요리사는 오븐을 **켰다.**

27 I wear a _____ to school.   나는 학교에 **교복을** 입고 간다.

28 The _____ door is open.   **앞문이** 열려 있어요.

29 His house is on the right _____ of the road.   그의 집은 길의 오른**쪽에** 있다.

30 Is she _____ sleeping?   그녀는 **여전히** 자고 있니?

점수: / 30

정답 p.381

DAY 08

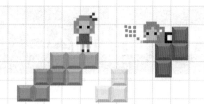

발음 익히기

1타 읽으며 기억하기 >>	2타 써 보며 기억하기 >>	3타 연상법으로 강화하기

01 advice
[ədváis 어드바이스]
advise 통 조언하다, 충고하다

명 조언, 충고
▸ **조언을** 구하다 ask for _____
▸ **충고** 감사합니다.
  Thank you for the _____.

어 드 바 이 스
조 언

02 dish
[diʃ 디쉬]

명 ① 요리, 음식 ② 접시
▸ 이탈리아 **요리** an Italian _____
▸ **접시를** 씻다 wash a _____

디
쉬
요 리

03 forest
[fɔ́:rist 포~뤼스트]

명 숲
▸ **숲속을** 걷다 walk in a _____
▸ **숲에서** 길을 잃다 get lost in the _____

포 뤼 스 트
숲

04 nature
[néitʃər 네이처]
natural 형 자연의, 자연스러운

명 ① 자연 ② 본성
▸ **자연의** 아름다움 the beauty of _____
▸ 인간의 **본성** human _____

네 이 버 메인 화면에
처 음 보는
자 연
사진이 있다.

05 fact
[fækt 팩트]
in fact 사실은, 실제로는

명 사실
▸ 새로운 **사실을** 알게 되다
  learn a new _____
▸ **사실은**, 나는 잘 모르겠어.
  In _____, I don't know.

팩 팩(빽빽)했던
트 리가 사라진 슬픈
사 실

06 trip
[trip 트립]

명 여행
▸ **여행을** 가다 go on a _____
▸ 수학**여행** a school _____

트 렁크 안에
립 (립)스틱을 넣고
여 행 을
다닌다.

07 keep
[ki:p 킵]

동 ① 간직하다 ② 유지하다 ③ 계속하다

▸ 오래된 장난감을 **간직하다**
    _____ an old toy

▸ 따뜻함을 **유지하다** _____ warm

골
킵 (키)퍼가 공을
간 직 하 다

08 spend
[spend 스펜드]

동 ① (돈을) 쓰다 ② (시간을) 보내다

▸ 너무 많은 돈을 **쓰다**
    _____ too much money

▸ 시골에서 시간을 **보내다**
    _____ time in the country

스 와로브스키
펜 을 선물로
드 리기 위해 돈을 많이
쓰 다

09 forget
[fərgét 퍼겟]
반 remember 동 기억하다

동 잊다, 잊어버리다

▸ 이 닦는 것을 **잊지** 마세요.
    Don't _____ to brush your teeth.

▸ 비밀번호를 **잊어버리다**
    _____ the password

퍼 (포)장한
겟 (갯)지렁이가 가져오는 것을
잊 다

10 believe
[bilí:v 빌리~브]
belief 명 믿음

동 ① 생각하다 ② 믿다

▸ 그들이 올 것이라고 **생각하니**?
    Do you _____ they'll come?

▸ 나는 너를 **믿어**. I _____ you.

빌 게이츠는 어디에
리 브 할까? 나는 뉴욕이라고
생 각 한 다

11 sell
[sel 쎌]
반 buy 동 사다

동 팔다

▸ 쿠키를 **팔다** _____ cookies

▸ 책을 사고**팔다** buy and _____ books

쎌 (샐)러드를
팔 다

12 cut
[kʌt 컷]

동 자르다, 베다

▸ 사과를 반으로 **자르다**
    _____ an apple in half

▸ 나무를 **베다** _____ down a tree

컷
자 르 다

빌 리~브
믿 다

Anything is possible if you believe in yourself.
자기 자신을 믿는다면 무엇이든 가능하다.

13 boil
[bɔil 보일]

동 ① 끓다, 끓이다 ② 삶다, 데치다
▸ 물을 끓이다 _____ water
▸ 달걀을 삶다 _____ an egg

보 일 러가
끓 다

14 decide
[disáid 디싸이드]
decision 명 결정

동 결정하다, 결심하다
▸ 무엇을 입을지 결정하다
_____ what to wear
▸ 공부하기로 결심하다 _____ to study

디
싸
이
드
결 정 하 다

15 happen
[hǽpən 해픈]

동 (사건 등이) 일어나다, 발생하다
▸ 다시 일어나다 _____ again
▸ 무슨 일이 일어난 거야?
What _____ed?

왕의
해 픈 (헤픈) 씀씀이 때문에 반란이
일 어 나 다

16 full
[ful 풀]
⊕ empty 형 비어 있는

형 ① 가득 찬 ② 배부른
▸ 가득 찬 컵 a _____ cup
▸ 나는 배불러. I'm _____.

풀 장 안에
가 득 찬 사람들

17 popular
[pá:pjulər 파~퓰러]
popularity 명 인기

형 ① 인기 있는 ② 대중적인
▸ 인기 있는 게임 a _____ game
▸ 대중적인 가수 a _____ singer

파 를 다듬고
퓰 (풀)을 뽑는 일은
러 시아에서
인 기 있 는 일인가?

18 simple
[símpl 씸플]

형 단순한, 간단한
▸ 단순한 질문 a _____ question
▸ 간단한 문제 a _____ problem

씸 (심)심
플 (풀)이로
단 순 한 게임을 하자.

19 deep
[di:p 디~입]
⊕ shallow 형 얕은

형 깊은
▸ 깊은 강 a _____ river
▸ 깊은 잠에 빠지다
fall into a _____ sleep

디
입
깊 은

20 already
[ɔ:lrédi 얼~뤠디]

부 **이미, 벌써**

▸ 그녀는 **이미** 답을 알고 있다.
She _____ knows the answer.

▸ **벌써** 오후 6시예요. It's _____ 6 p.m.

얼 그
뤠 (레)이 차는
디 (되)게 빨리 식어서
이 미 차가워졌다.

21 almost
[ɔ́:lmoust 얼~모스트]

부 **거의**

▸ **거의** 항상 _____ always

▸ 그녀는 **거의** 포기했어요.
She _____ gave up.

얼 굴이 건조해서
모 이
스 트 로션을 발랐더니
거 의 나아졌다.

22 maybe
[méibi 메이비]

부 **아마, 어쩌면**

▸ **아마** 네 말이 맞을지도 몰라.
M_____ you're right.

▸ **아마** 그는 자고 있을 거야.
M_____ he's sleeping.

메 (매)니큐어 중
이 것은
비 에 맞아도
아 마
지워지지 않을 것이다.

23 care
[kɛər 케어]

careful 형 조심하는, 세심한
take care of ~을 돌보다

명 ① **돌봄** ② **주의**
동 **관심을 가지다**

▸ 애완동물을 **돌보다** take _____ of a pet

▸ 다른 사람들에게 **관심을 가지다**
_____ about other people

케 이크를
어 느 학교에 있는
돌 봄 교실에
기부했다.

24 plan
[plæn 플랜]

명 **계획** 동 **계획하다**

▸ **계획**을 바꾸다 change a _____

▸ 여행을 **계획하다** _____ a trip

플 라밍고
랜 드에 갈
계 획 이다.

25 point
[pɔint 포인트]

동 (손가락 등으로) **가리키다**
명 ① **요점** ② **의견** ③ **점수**

▸ 나무를 **가리키다** _____ at a tree

▸ **요점**을 이해하다 understand the _____

포
인
트
가 리 키 다

26 ☐ **break**
[breik 브레이크]

동 ① 부수다, 깨뜨리다
② (법률·약속 등을) 어기다
명 휴식

▸ 창문을 깨뜨리다 _____ a window
▸ 휴식을 취하다 take a _____

브 뤠 이크(brake)를 밟았지만
이 크! 다른 차를 쳐서
부 수 다

27 ☐ **surprise**
[sərpráiz 써프라이즈]
surprised 형 놀란

동 놀라게 하다 명 뜻밖의 일, 놀라움

▸ 친구를 놀라게 하다 _____ a friend
▸ 멋진 뜻밖의 일 a nice _____

써
프
라
이
즈
놀 라 게 하 다

28 ☐ **each**
[iːtʃ 이~치]

대 각각, 각자 형 각각의, 각자의

▸ 우리는 각자 질문을 했다.
E_____ of us asked a question.
▸ 각각의 학생을 위한 책상
a desk for _____ student

이 치 에 맞는
각 각 의 말

each each each

29 ☐ **few**
[fjuː 퓨]
a few 조금 있는

형 극소수의, 거의 없는 대 소수

▸ 소수의 친구들 _____ friends
▸ 소수만 정각에 왔다.
F_____ came on time.

닉
퓨 리 국장은
극 소 수 의 사람들만
갖는 능력이 있다.

30 ☐ **dry**
[drai 드라이]
반 wet 형 젖은

형 건조한, 마른 동 말리다, 마르다

▸ 건조한 날씨 _____ weather
▸ 머리를 말리다 _____ one's hair

드
라
이
건 조 한

DAY 08 일일 테스트

A 영어는 우리말로, 우리말은 영어로 쓰세요.

01 nature _____

02 trip _____

03 spend _____

04 believe _____

05 sell _____

06 boil _____

07 단순한, 간단한 _____

08 아마, 어쩌면 _____

09 돌봄, 관심을 가지다 _____

10 계획, 계획하다 _____

11 극소수의, 소수 _____

12 건조한, 말리다 _____

B 빈칸에 알맞은 단어를 적어 어구를 완성하세요.

13 사려 깊은 조언   thoughtful _____

14 음식을 요리하다   cook a _____

15 숲에서 야영하다   camp in the _____

16 미소를 유지하다   _____ smiling

17 질문을 잊어버리다   _____ the question

18 머리카락을 자르다   _____ one's hair

19 이사하기로 결정하다   _____ to move

20 주말에 발생하다   _____ on the weekend

21 인기 있는 식당   a _____ restaurant

22 벽을 가리키다   _____ at the wall

23 컵을 깨뜨리다   _____ a cup

24 각각의 답   _____ answer

C 보기에서 알맞은 단어를 골라 문장을 완성하세요.

보기	deep	almost	surprise	fact	full	already

25 I learned a new _____ at school today.   나는 오늘 학교에서 새로운 **사실**을 알게 되었다.

26 A _____ cup of milk is on the table.   우유가 **가득 찬** 컵이 식탁 위에 있다.

27 He woke up from a _____ sleep.   그는 **깊은** 잠에서 깨어났다.

28 The movie was _____ over.   그 영화는 **이미** 끝났다.

29 Dinner is _____ ready.   저녁 식사가 **거의** 다 준비됐다.

30 The news _____d me.   그 소식은 나를 **놀라게 했다.**

점수:	/ 30

정답 p.381

DAY 09

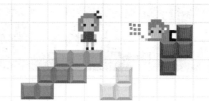

발음 익히기

| 1타 읽으며 기억하기 » | 2타 써 보며 기억하기 » | 3타 연상법으로 강화하기 |

01 dessert
☐
[dizə́:rt 디절~트]

⌈명⌉ 후식, 디저트
▸ 달콤한 **후식**   a sweet _____
▸ **후식**으로 어떤 것을 원하시나요?
  What do you want for _____?

디
절
트
후 식

02 history
☐
[hístəri 히스터뤼]
historical ⌈형⌉ 역사적, 역사상의

⌈명⌉ 역사
▸ 긴 **역사**를 가지다   have a long _____
▸ **역사**책   a _____ book

히 죽히죽 웃게 하는
스 터 뤼 (스토리)가 있는
역 사

03 desert
☐
[dézərt 데절트]

⌈명⌉ 사막
▸ 사하라 **사막**   the Sahara D_____
▸ **사막**을 횡단하다   walk across a _____

데
절
트
사 막

04 flight
☐
[flait 플라이트]

⌈명⌉ ① 비행, 비행기 여행 ② 항공편
▸ 한 시간짜리 **비행**   a one-hour _____
▸ **항공편**을 예약하다   book a _____

플
라
이
트
비 행

05 health
☐
[helθ 헬쓰]
healthy ⌈형⌉ 건강한

⌈명⌉ 건강
▸ 스트레스는 **건강**에 좋지 않다.
  Stress is bad for your _____.
▸ **건강**이 좋다   have good _____

헬 쓱해져
쓰 러지기 전에
건 강 을
챙겨야 한다.

호 읍
희 망

Where there's life, there's hope.
삶이 있는 곳엔 희망도 있다.

06 mix
[miks 믹스]
mixture 명 혼합물

동 섞다, 섞이다
- 먼저, 버터와 설탕을 **섞으세요**.
  First, _____ the butter and sugar.
- 기름과 물은 **섞이지** 않는다.
  Oil and water don't _____.

믹
스
섞 다
서기로 위스 망고를

07 pass
[pæs 패쓰]

동 ① 지나가다 ② (시험에) 합격하다
    ③ 건네주다
- 친구의 집을 **지나가다**
  _____ by a friend's house
- 시험에 **합격하다** _____ the test

패 션
쓰 (스)트리트를
지 나 가 다

08 pick
[pik 픽]

동 ① 고르다, 선택하다 ② 꺾다, 따다
- 읽을 책을 **고르다** _____ a book to read
- 꽃을 **꺾다** _____ some flowers

픽 션을
고 르 다

09 throw
[θrou 쓰로우]
throw away 버리다

동 던지다
- 공을 **던지다** _____ a ball
- 밖으로 **던지다** _____ outside

쓰 레기를
로 켓과 함께
우 주에
던 지 다

10 arrive
[əráiv 어라이브]
arrival 명 도착

동 도착하다
- 일찍 **도착하다** _____ early
- 역에 **도착하다** _____ at a station

어 라 (라)?
이 녀석이
브 라보콘을 혼자 먹네?
도 착 하 니
하나도 안 남았잖아?

11 fill
[fil 필]

동 채우다, 가득 차다
- 양동이에 물을 **채우다**
  _____ a bucket with water
- 방은 웃음소리로 **가득 찼다**.
  The room was _____ed with
  laughter.

필 통에 연필을
채 우 다

12 lose
[lu:z 루~즈]
(반) win 동 획득하다, 이기다

동 ① 잃어버리다, 잃다 ② 지다

▸ 표를 잃어버리다 _____ a ticket

▸ 시합에서 **지다** _____ a game

루 즈를 잃어버린 엄마가 정신도
잃 어 버 리 다

13 build
[bild 빌드]

동 건축하다, (건물을) 짓다

▸ 탑을 건축하다 _____ a tower

▸ 집을 짓다 _____ a house

빌 게이츠가
드 래곤 건물을
건 축 하 다

14 collect
[kəlékt 컬렉트]

동 수집하다, 모으다

▸ 우표를 수집하다 _____ stamps

▸ 정보를 모으다 _____ information

컬 러풀한
렉 서스
트 럭을
수 집 하 다

15 enter
[éntər 엔터]

동 ① 들어가다 ② (대회 등에) 참가하다

▸ 방에 **들어가다** _____ a room

▸ 경주에 **참가하다** _____ a race

엔 지니어들이 기계가
터 져서 안전한 곳으로
들 어 가 다

16 kill
[kil 킬]

동 죽이다

▸ 파리를 죽이다 _____ a fly

▸ 세균을 죽이다 _____ germs

킬 러가 사람을
죽 이 다

17 perfect
[pə́:rfekt 퍼~펙트]
perfectly 완전히

형 완벽한

▸ 완벽한 타이밍이네! What _____ timing!

▸ 그녀의 머리는 **완벽해** 보인다.
Her hair looks _____.

퍼 런 우유
펙 (팩)이 잘
트 (터)진
완 벽 한 날

18 heavy
[hévi 헤비]
(반) light 형 가벼운

형 무거운

▸ **무거운** 상자를 나르다
carry _____ boxes

▸ **무거운** 가방 a _____ bag

헤
비
무 거 운

19 along
[əlɔ́ːŋ 얼로~옹]

전 ~을 따라

▸ 음악을 따라 노래하다
  sing _____ to music

▸ 길을 따라 걷다 walk _____ the road

얼
로
옹
~ 을 따 라

20 mind
[maind 마인드]

명 마음, 정신 동 상관하다, 신경 쓰다

▸ 심신 _____ and body

▸ 나는 기다려도 상관없어.
  I don't _____ waiting.

마 음이 따뜻하고
인 성이
드 럽지 않으면 다른 사람의
마 음을 얻는다.

21 exercise
[éksərsàiz 엑설싸이즈]

명 ① 운동 ② 연습
동 ① 운동하다 ② 연습하다

▸ 실내 운동 indoor _____

▸ 매일 운동하다 _____ every day

엑
설
싸
이
즈
운 동

22 fire
[faiər 파이어]

명 불 동 ① 발사하다 ② 해고하다

▸ 산불 a forest _____

▸ 총을 발사하다 _____ a gun

파 이 리는
어 설프게
불 을
뿜었다.

23 hope
[houp 호웁]
hopeful 형 희망에 찬, 기대하는

동 바라다 명 희망

▸ 날씨가 좋기를 바라다
  _____ for good weather

▸ 희망으로 가득 차다 be full of _____

호 랑이가 나타났다!
웁 ! 살기만을
바 란 다

24 call
[kɔːl 코~올]

동 ① 부르다 ② 전화하다
명 통화

▸ 의사를 불러주세요!
  Please _____ a doctor!

▸ 통화를 걸다 make a _____

코 올 록콜록 감기에는 의사를
부 른 다

Part 1 중학 기초 영단어　DAY 09　해커스 3연타 중학영단어

25 guide
[gaid 가이드]

동 **안내하다** 명 **가이드, 안내인**

▸ 방문객들을 **안내하다** _____ visitors

▸ 여행**가이드** a travel _____

가
이
드
안 내 하 다

26 everywhere
[évriwer 에브뤼웨얼]

부 **모든 곳에, 어디에나** 대 **모든 곳**

▸ **모든 곳**에 개미가 있잖아!
There are ants _____!

▸ **모든 곳**을 찾아보다 look _____

에
브
뤼
웨
얼
모 든   곳 에

27 hurt
[hə:rt 허~트]

동 **다치게 하다, 아프다** 형 **다친**

▸ 감정을 **상하게 하다** _____ one's feelings

▸ 넘어져서 **다친** _____ in a fall

허 허 …
트 (터)진 살을 또
다 치 게
하 다 니 …

28 enough
[inʌf 이너프]

형 **충분한** 부 **충분히**

▸ **충분한** 물을 마시다 drink _____ water

▸ **충분히** 좋은 good _____

이 물건은
너 를 위해
프 랑스에서 샀어.
충 분 한 것 같지?

29 far
[fɑ:r 파]

부 **멀리** 형 **먼**

▸ **멀리** 떨어져 _____ away

▸ 얼마나 **먼**가요? How _____ is it?

파 를
멀 리
가지고 가!

30 alone
[əlóun 얼로운]

형 **혼자** 부 **혼자서, 홀로**

▸ **혼자**라고 느끼다 feel _____

▸ 집에 **홀로** 있다 be home _____

얼
로
운
혼 자

DAY 09 일일 테스트

A 영어는 우리말로, 우리말은 영어로 쓰세요.

01 desert _____

02 mix _____

03 throw _____

04 fill _____

05 lose _____

06 kill _____

07 멀리, 먼 _____

08 운동, 운동하다 _____

09 불, 발사하다 _____

10 안내하다, 가이드 _____

11 다치게 하다, 다친 _____

12 모든 곳에, 모든 곳 _____

B 빈칸에 알맞은 단어를 적어 어구를 완성하세요.

13 후식을 먹다   eat _____

14 역사를 공부하다   study _____

15 비행 중에 자다   sleep during a _____

16 소금을 건네주다   _____ the salt

17 체리를 따다   _____ cherries

18 돈을 모으다   _____ money

19 학교에 들어가다   _____ a school

20 완벽한 예   a _____ example

21 혼자서 걷다   walk _____

22 방문하기를 바라다   _____ to visit

23 나중에 다시 전화하다   _____ again later

24 해변을 따라 달리다   run _____ the beach

C 보기에서 알맞은 단어를 골라 문장을 완성하세요.

보기   arrive   build   enough   health   mind   heavy

25 Smoking is bad for your _____.   흡연은 당신의 **건강**에 나쁘다.

26 We _____d at the station on time.   우리는 제시간에 역에 **도착했다**.

27 It took 30 years to _____ the cathedral.   대성당을 **짓는** 데 30년이 걸렸다.

28 Your backpack looks really _____.   너의 배낭은 정말 **무거워** 보이는구나.

29 I don't _____ the cold.   나는 추위를 **신경 쓰지** 않아.

30 The drawing is good _____ to sell.   그 그림은 판매하기에 **충분히** 좋다.

점수: / 30

정답 p.381

DAY 10

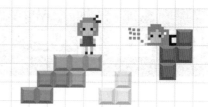

| 1타 읽으며 기억하기 》 | 2타 써 보며 기억하기 》 | 3타 연상법으로 강화하기 |

01 map
[mæp 맵]

명 지도
▸ 세계 **지도** a world _____
▸ **지도**를 따라가다 follow a _____

맵
지 도

02 price
[prais 프라이스]

명 값, 가격
▸ 반**값** half _____
▸ 셔츠의 **가격** the _____ of the shirt

프
라
이
스
값

03 bottle
[bάːtl 바~를]

명 병
▸ 플라스틱**병** a plastic _____
▸ 주스 한 **병** a _____ of juice

바
를
병

04 cousin
[kΛ́zn 커즌]

명 사촌
▸ 나의 어린 **사촌** my young _____
▸ 나에겐 두 명의 **사촌**이 있다.
  I have two _____s.

커 브를
즌 (진)짜 잘 치는 내
사 촌

05 moment
[móumənt 모먼트]

명 ① 순간 ② 잠깐, 잠시
   ③ (특정한) 시기
▸ 무서운 **순간** a scary _____
▸ 여기에서 **잠깐** 기다려.
  Wait here for a _____.

모 락모락 연기가 이
먼 곳까지 탁
트 이게 보이는, 지금 이
순 간 !

06 blood
[blΛd 블러드]

명 혈액, 피
▸ **혈액** 테스트 a _____ test
▸ 헌혈하다 give _____

블 러 (불러)
드 릴게요, 저의
혈 액 형

60 | 해커스 중학영어 junior.Hackers.com

07 bowl
[boul 보울]

명 그릇
▸ 밥 한 **그릇**   a _____ of rice
▸ 큰 **그릇**   a large _____

보 석이 담긴
울 릉도산
그 릇

08 bridge
[bridʒ 브뤼쥐]

명 다리, 육교
▸ 돌다리   a stone _____
▸ 육교를 짓다   build a _____

브
뤼
쥐
다 리

09 exam
[igzǽm 이그잼]

명 시험
▸ 어려운 **시험**   a difficult _____
▸ **시험**을 위해 공부하다
　 study for an _____

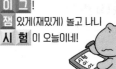
이 그!
잼 있게(재밌게) 놀고 나니
시 험 이 오늘이네!

10 hobby
[hábi 하~비]

명 취미
▸ 새로운 **취미**   a new _____
▸ 그의 **취미**는 춤추는 것이다.
　 His _____ is dancing.

하 늘을 보며
비 를 맞는 것이
취 미 이다.

11 nurse
[nə:rs 널~쓰]

명 간호사
▸ 친절한 **간호사**   a kind _____
▸ 나는 **간호사**가 되고 싶어.
　 I'd like to become a _____.

널
쓰
간 호 사

12 space
[speis 스페이스]

명 ① 우주 ② 공간
▸ **우주**여행   a trip to _____
▸ 주차 **공간**   parking _____

스
페
이
스
우 주

13 nothing
[nʌ́θiŋ 너띵]

대 아무것도 (~ 아니다, ~ 없다)
▸ **아무것도** 말하지 않다   say _____
▸ 지금은 할 일이 **아무것도 없어**.
　 There's _____ to do now.

너 트가 떨어지는
띵 소리에 돌아보니
아 무 것 도
아니었다.

14 agree
[əgríː 어그뤼]
agreement 몡 동의, 합의

통 동의하다, 합의하다
▸ 난 네 말에 **동의해**. I _____ with you.
▸ 우리는 다시 만나기로 **합의했다**.
  We _____d to meet again.

어, 그 뤼 (리)고 동 의 할 게

15 guess
[ges 게스]

통 ① 추측하다 ② 알아맞히다
▸ 나이를 **추측하다** _____ one's age
▸ 정확히 **알아맞혔어!**
  You _____ed right!

게 가 스 시에 들어있다고 추 측 하 다

16 hurry
[hə́ːri 허~뤼]

통 서두르다, 급히 가다
▸ 서둘러! H _____ up!
▸ 버스 정류장으로 **급히 가다**
  _____ to the bus stop

허 뤼 (리)가 아파서 병원 가는 걸 서 두 르 다

17 hit
[hit 힛]

통 치다, 때리다
▸ 공을 **치다** _____ a ball
▸ 팔을 **때리다**
  _____ someone on the arm

힛 치 다

18 receive
[risíːv 뤼시~브]
receipt 몡 받기, 영수증

통 받다
▸ 이메일을 **받다** _____ an e-mail
▸ 좋은 성적을 **받다** _____ a good grade

뤼 (리)사가 시 든 브 로콜리를 받 다

19 repeat
[ripíːt 뤼피~트]

통 반복하다
▸ 실수를 **반복하다** _____ a mistake
▸ 말씀하신 것을 **반복해**주세요.
  Please _____ what you said.

뤼 피 트 반 복 하 다

맵
지 도

Our dreams are a map for success.
우리들의 꿈은 성공을 위한 지도이다.

20 loud
[laud 라우드]
loudly (부) 큰 소리로

(형) 시끄러운, 소리가 큰
- 시끄러운 웃음소리 a _____ laugh
- 큰 소리를 듣다 hear a _____ sound

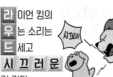
라 이언 킹의
우 는 소리는
드 세고
시 끄 러 운
것 같다.

21 wet
[wet 웻]
(반) dry (형) 건조한, 마른

(형) ① 젖은 ② 비가 오는
- 젖은 수건 a _____ towel
- 오늘은 비가 오는 날이었어.
  It was a _____ day today.

웻 (웬)일이니! 비에
젖 은 생쥐 꼴이네.

22 terrible
[térəbl 테뤄블]

(형) 무시무시한, 끔찍한
- 무시무시한 꿈 a _____ dream
- 끔찍한 소식이네요! What _____ news!

테 뤄 (러)하면
블 라디보스토크에서
무 시 무 시 한
벌을 받는다.

23 foreign
[fɔ́:rən 포~린]
foreigner (명) 외국인

(형) 외국의
- 외국어를 배우다
  learn a _____ language
- 외국 a _____ country

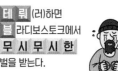
포 도향
린 스를 사 가는
외 국 의
사람

24 friendly
[fréndli 프뤤들리]
eco-friendly (형) 친환경적인

(형) 친절한, 다정한
- 따뜻하고 친절한 사람
  a warm and _____ person
- 그 선생님은 늘 우리에게 다정하시다.
  The teacher is always _____ to us.

프 뤤 들 리
친 절 한

25 low
[lou 로우]
(반) high (형) 높은, 많은

(형) ① 낮은 ② 적은
- 낮은 울타리 a _____ fence
- 지방이 적은 _____ in fat

로 우 낮 은

26 polite
[pəláit 폴라잇]
politely (부) 공손히, 예의 바르게

(형) 예의 바른, 공손한
- 예의 바르게 in a _____ way
- 공손한 질문 a _____ question

폴 라
잇 티를 입자
따라
예 의 바 른
인사를 받았다.

27 match

[mætʃ 매치]

명 ① 경기, 시합 ② 성냥
동 ① 어울리다 ② 맞먹다, 필적하다

▸ 테니스 **경기** a tennis _____
▸ 그 코트는 내 치마와 **어울린다**.
  The coat _____es my skirt.

28 matter

[mǽtər 매터]

명 문제, 일
동 ① 중요하다 ② 문제가 되다

▸ 무슨 **일**이야? What's the _____?
▸ 우리의 건강이 가장 **중요하다**.
  Our health _____s the most.

29 rest

[rest 뤠스트]

동 휴식하다
명 ① 휴식 ② 나머지

▸ 집에서 **휴식하다** _____ at home
▸ 난 **휴식**이 좀 필요해.
  I need some _____.

30 straight

[streit 스트뤠이트]

형 곧은, 일직선의
부 똑바로, 일직선으로

▸ **곧은** 도로 a _____ road
▸ **똑바로** 걷다 walk _____

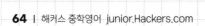

DAY 10 일일 테스트

A 영어는 우리말로, 우리말은 영어로 쓰세요.

01	nothing	_____	**07** 서두르다, 급히 가다	_____
02	price	_____	**08** 시끄러운, 소리가 큰	_____
03	bottle	_____	**09** 외국의	_____
04	moment	_____	**10** 간호사	_____
05	bowl	_____	**11** 예의 바른, 공손한	_____
06	bridge	_____	**12** 경기, 어울리다	_____

B 빈칸에 알맞은 단어를 적어 어구를 완성하세요.

13 지도를 그리다 draw a _____

14 혈액형 a _____ type

15 시험에 통과하다 pass an _____

16 설탕이 적은 _____ in sugar

17 홈런을 치다 _____ a home run

18 충고를 받다 _____ advice

19 노래를 반복하다 _____ a song

20 젖은 옷 _____ clothes

21 끔찍한 화재 a _____ fire

22 다정한 목소리 a _____ voice

23 케이크의 나머지 the _____ of the cake

24 일직선 a _____ line

C 보기에서 알맞은 단어를 골라 문장을 완성하세요.

보기	matter	cousin	space	agree	hobby	guess

25 She is my favorite _____. 그녀는 내가 아주 좋아하는 **사촌**이다.

26 Cooking is a popular _____. 요리는 인기 있는 **취미**이다.

27 There's no more _____ on the bus. 버스에는 더 이상 **공간**이 없다.

28 They _____d to join us. 그들은 우리와 함께 하는 것에 **동의했다**.

29 _____ what happened yesterday. 어제 무슨 일이 일어났는지 **알아맞혀 봐**.

30 The color doesn't _____. 색깔은 **중요하지** 않다.

점수:　　／30

정답 p.381

DAY 11

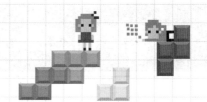

발음 익히기

| 1타 읽으며 기억하기 » | 2타 써 보며 기억하기 » | 3타 연상법으로 강화하기 |

01 company
[kʌ́mpəni 컴퍼니]

명 회사
▸ **회사**에서 일하다　work for a _____
▸ 컴퓨터 **회사**　a computer _____

컴
퍼
니
회 사

02 hill
[hil 힐]

명 언덕
▸ **언덕**을 올라가다　go up a _____
▸ **언덕** 위에 있는 집
　a house on the _____

힐
언 덕

03 lake
[leik 레이크]

명 호수
▸ **호수**에서 수영하다　swim in the _____
▸ 숲속에 있는 **호수**　a _____ in the forest

레
이
크
호 수

04 magazine
[mæ̀gəzíːn 매거지~인]

명 잡지
▸ **잡지**를 읽다　read a _____
▸ 패션 **잡지**　a fashion _____

매
거
지
인
잡 지

Magazine

05 noon
[nuːn 누~운]

명 정오
▸ 내일 **정오**에 만나자.
　Let's meet at _____ tomorrow.
▸ **정오**까지 일을 끝내다
　finish work by _____

누 운 (눈)부신
정 오 의
태양

06 prize
[praiz 프라이즈]

명 상, 상품
▸ **상**을 타다　win a _____
▸ 노벨 평화**상**　the Nobel Peace P_____

프
라
이
즈
상

07 umbrella
[ʌmbrélə 엄브렐러]

명 우산
▸ 빨간색 **우산** a red _____
▸ **우산**을 들다 hold an _____

엄
브
렐
러
우 산

08 wood
[wud 우드]
wooden 형 나무로 된

명 ① 나무, 목재 ② 숲
▸ 그 탁자는 **나무**로 만들어졌다.
The table is made of _____.
▸ 나는 **숲**속에서 살고 싶다.
I want to live in the _____s.

우~ 러가기(들어가기) 싫다. 장작 위에서 쉬자.

09 accident
[ǽksidənt 액씨던트]

명 ① 사고 ② 우연
▸ 교통 **사고**를 당하다 have a car _____
▸ **우연**히 by _____

액
씨
던
트
사 고

10 view
[vju: 뷰~우]

명 ① 전망, 경치 ② 의견, 관점
▸ 아름다운 **전망** a beautiful _____
▸ 다른 **의견**을 가지다
have a different _____

뷰 우 전 망

11 cover
[kʌ́vər 커벌]

동 덮다, 가리다
▸ 담요로 **덮다**
_____ with a blanket
▸ 창문을 **가리다** _____ a window

커 벌 덮 다

12 push
[puʃ 푸쉬]
반 pull 동 당기다

동 밀다
▸ 다른 사람들을 **밀지** 마세요.
Don't _____ other people.
▸ 문을 **밀어**서 열다 _____ a door open

푸 쉬 밀 다

뷰~우
관 점

Nothing is beautiful from every point of view.
모든 관점에서 아름다운 것은 없다.

DAY 11 | **67**

13 serve
[səːrv 서~브]

동 ① (음식을) 제공하다
② 시중들다, 봉사하다

▸ 저녁 식사를 **제공하다** _____ dinner

▸ 왕의 **시중을 들다** _____ a king

서 쪽의
브 라질 식당에서 맛있는 음식을
제 공 하 다

14 borrow
[bɑ́ːrou 바~로우]
(반) lend 동 빌려주다

동 빌리다

▸ 돈을 **빌리다** _____ money

▸ 연필 좀 **빌려줄래?**
Can I _____ a pencil?

은행에
바 로
우 르르 몰려가 돈을
빌 리 다

15 climb
[klaim 클라임]

동 오르다, 올라가다

▸ 산을 **오르다** _____ a mountain

▸ 그들은 계단을 **올라갔다.**
They _____ed up the stairs.

클 라 임
오 르 다

16 upset
[ʌ̀psét 업쎗]

형 속상한, 마음이 상한

▸ **속상하다** feel _____

▸ 왜 그렇게 **마음이 상해** 있니?
Why are you so _____?

업 쎗
속 상 한

17 wild
[waild 와일드]

형 야생의

▸ **야생** 동물 a _____ animal

▸ **야생화** _____ flowers

와 일 드
야 생 의

18 afraid
[əfréid 어프레이드]

형 두려워하는, 걱정하는

▸ 거미를 **두려워하는** _____ of spiders

▸ **걱정하지 마.** Don't be _____.

어 프 레 이 드
두 려 워 하 는

19 bright
[brait 브라이트]
brightly 凰 밝게

형 ① 밝은 ② 선명한

▸ 밝은 빛　a _____ light
▸ 선명한 색깔　_____ colors

브 라 이언은
이 제 보니
트 인 생각과
밝 은 마음을
가졌다.

20 excellent
[éksələnt 엑썰런트]

형 훌륭한, 뛰어난

▸ 훌륭한 식사였어.
　It was an _____ meal.
▸ 수학에 뛰어나다　be _____ at math

엑
썰
런
트
훌 륭 한

21 ill
[il 일]
illness 圀 병

형 ① 아픈, 병든 ② 나쁜, 유해한

▸ 병들다　get _____
▸ 누군가에게 나쁜 감정이 있다
　have _____ feelings toward
　someone

일 을 너무 많이 하면
아 픈 곳이
생긴다.

22 lazy
[léizi 레이지]
laziness 圀 게으름

형 게으른

▸ 게으른 사람　a _____ person
▸ 게을러지지 마.　Don't get _____.

레
이
지
게 으 른

일어나기 귀찮아~

23 thin
[θin 씬]
빤 thick 형 두꺼운

형 ① 얇은 ② 마른

▸ 얇은 스웨터　a _____ sweater
▸ 그 고양이는 너무 말라 보여.
　The cat looks too _____.

씬 (신) 레몬의
얇 은 껍질

24 able
[éibl 에이블]
빤 unable 형 ~할 수 없는

형 ~할 수 있는

▸ 나는 영어를 할 수 있다.
　I am _____ to speak English.
▸ 올 수 있는　_____ to come

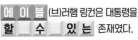

에 이 블 (브)러햄 링컨은 대통령을
할　수　있 는 존재였다.

25 empty
[émpti 엠티]
빤 full 형 가득 찬

형 비어 있는, 빈

▸ 비어 있는 병　an _____ bottle
▸ 빈방　an _____ room

엠 (M)사이즈
티 셔츠의
비 어　있 는
주머니

26 anyway
[éniwèi 애니웨이]

🔲 어쨌든

▸ **어쨌든**, 나는 최선을 다했어.
A _____, I did my best.

▸ 잘 되진 않았지만, **어쨌든** 고마워요.
It didn't work, but thanks _____.

애 니 메이션은
웨 (왜)
이 렇게 재미있어?
어 쨌 든
만화가 최고야.

27 record
[rikɔ́ːrd 리코~드]

동 ① 기록하다 ② 녹음하다, 녹화하다
명 [rékərd] 기록

▸ 수첩에 **기록하다** _____ in a diary

▸ **기록을** 깨다 break a _____

리 어왕의 암호
코 드 를
기 록 하 다

28 tie
[tai 타이]

동 묶다, 매다 명 넥타이

▸ 리본을 **묶다** _____ a ribbon

▸ 실크 **넥타이** a silk _____

타
이
묶 다

29 square
[skwɛər 스퀘어]

명 정사각형 형 정사각형 모양의

▸ **정사각형**과 삼각형
a _____ and a triangle

▸ **정사각형 모양의** 방 a _____ room

스
퀘
어
정 사 각 형

7cm
7cm

30 complete
[kəmplíːt 컴플리~트]
completely 🔲 완전히

동 완료하다, 완성하다
형 완전한, 완벽한

▸ 일을 **완료하다** _____ the work

▸ **완전한** 변화 a _____ change

컴 맹인 나 대신에
플 레이를
리 트 리버가
완 료 하 다

완료

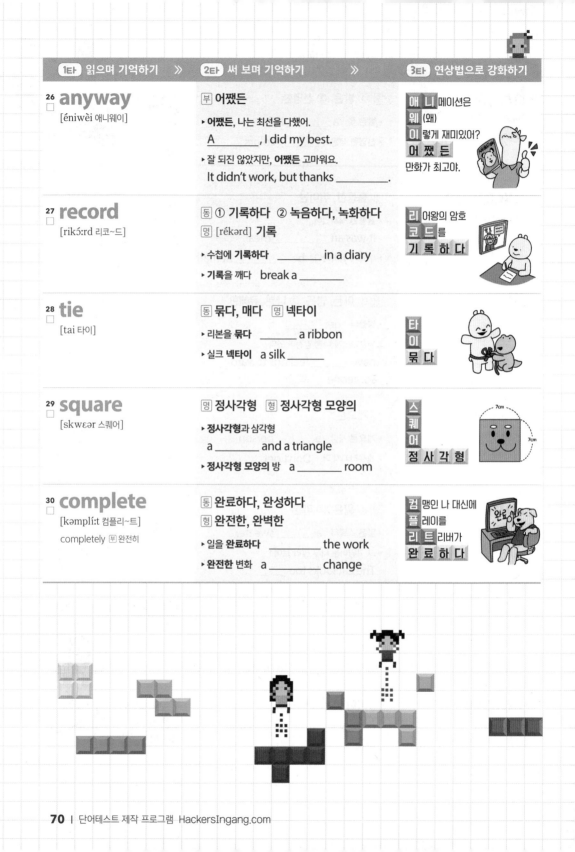

DAY 11 일일 테스트

A 영어는 우리말로, 우리말은 영어로 쓰세요.

01 company _____

02 hill _____

03 magazine _____

04 wood _____

05 cover _____

06 serve _____

07 속상한, 마음이 상한 _____

08 훌륭한, 뛰어난 _____

09 게으른 _____

10 어쨌든 _____

11 묶다, 넥타이 _____

12 정사각형 _____

B 빈칸에 알맞은 단어를 적어 어구를 완성하세요.

13 호수에서 낚시하다 fish in a _____

14 끔찍한 사고 a terrible _____

15 숲의 경치 a _____ of the forest

16 쇼핑 카트를 밀다 _____ a shopping cart

17 지우개를 빌리다 _____ an eraser

18 야생 조류 _____ birds

19 아무것도 두려워하지 않는 _____ of nothing

20 병들다 become _____

21 키가 크고 마른 tall and _____

22 추측할 수 있는 _____ to guess

23 세계 기록 a world _____

24 완전한 동의 _____ agreement

C 보기에서 알맞은 단어를 골라 문장을 완성하세요.

보기 prize   climb   empty   noon   umbrella   bright

25 Her flight arrives at _____. 그녀의 항공편은 **정오**에 도착한다.

26 The man won first _____. 그 남자는 1등 **상**을 탔다.

27 Please hold this _____. 이 **우산**을 들어주세요.

28 The group of students _____ed up the mountain. 학생들 무리가 산을 **올라갔다**.

29 Look at the _____ moon in the sky! 하늘에 뜬 저 **밝은** 달을 봐!

30 He filled an _____ bottle with water. 그는 **빈**병에 물을 채웠다.

점수: / 30

정답 p.381

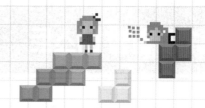

발음 익히기

| 1타 읽으며 기억하기 » | 2타 써 보며 기억하기 » | 3타 연상법으로 강화하기 |

01 gate
[geit 게이트]

명 ① 문 ② 출입구
‣ 문을 통과하다   pass the _____
‣ 정문   the front _____

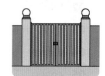

게이트 문

02 insect
[ínsekt 인섹트]

명 곤충
‣ 날아다니는 곤충   a flying _____
‣ 곤충 채집   an _____ collection

인섹트 곤충

03 machine
[məʃíːn 머쉰]

명 기계
‣ 세탁기   a washing _____
‣ 기계를 고치다   fix a _____

머 쉰 (멋있)는 기 계

04 office
[ɔ́ːfis 오~피스]

명 사무실
‣ 사무실에서 일하다   work in an _____
‣ 새로운 사무실로 이사하다
   move to a new _____

오 렌지색 원 피 스 가 사 무 실 에 걸려 있다.

05 goal
[goul 골]

명 ① 목표 ② 골 ③ 골문
‣ 학급 목표   the _____ of the class
‣ 멋진 골이었어!   What a nice _____!

골 을 넣는 것이 축구팀의 목 표 다.

06 reason
[ríːzn 뤼~즌]
reasonable 형 합리적인

명 이유
‣ 다른 이유   a different _____
‣ 이유를 대다   give a _____

뤼 (리)무진을 즌 (준)비한 이 유 가 도대체 뭐니?

07 traffic
[trǽfik 트뤠픽]

명 교통, 교통량
▸ **교통** 신호등　a _____ light
▸ 극심한 **교통량**　heavy _____

트
뤠
픽
교 통

08 garage
[gərá:dʒ 거롸~지]

명 차고, 주차장
▸ 차를 **차고**로 가져가다
　take a car to a _____
▸ **주차장**이 있는 집
　a house with a _____

거
롸
지
차 고

09 airport
[ɛ́rpɔ:rt 에얼폴~트]

명 공항
▸ 큰 **공항**　a large _____
▸ **공항**버스를 타다　take an _____ bus

에
얼
폴
트
공 항

10 stomach
[stʌ́mək 스터먹]
stomachache 명 복통

명 배 (복부), 위
▸ **배**가 아프다　feel sick to the _____
▸ **배**가 부르다　have a full _____

스 테이크와 랍스
터 를
먹 으니
배 가 부르다.

11 festival
[féstivəl 페스티벌]

명 축제
▸ 음악 **축제**　a music _____
▸ **축제**를 열다　hold a _____

페 루 사람들과
스 위스 사람들이
티 를 입고
벌 써부터
축 제를
즐긴다.

12 lift
[lift 리프트]

동 들어 올리다
▸ 바위를 **들어 올리다**　_____ a rock
▸ 이 상자를 **들어 올리는** 것 좀 도와줘.
　Help me _____ this box, please.

리
프
트
들 어
올 리 다

13 pull
[pul 풀]

동 끌다, 당기다

▸ 의자를 끌다 _____ a chair
▸ 내 머리카락을 당기지 마!
Don't _____ my hair!

풀
끌 다

---

14 return
[ritə́:rn 뤼터~언]

동 ① 돌아오다, 되돌아가다 ② 돌려주다

▸ 집에 돌아오다 _____ home
▸ 책을 돌려주다 _____ a book

뤼
터
언
돌 아 오 다

---

15 hate
[heit 헤이트]

동 싫어하다, 미워하다

▸ 고양이는 물을 싫어한다.
Cats _____ water.
▸ 서로를 미워하다 _____ each other

헤
이
트
싫 어 하 다

---

16 prefer
[prifə́:r 프뤼펄]

preference 명 선호

동 선호하다, 더 좋아하다

▸ 어떤 것을 선호하니?
Which do you _____?
▸ 팝 음악보다 클래식 음악을 더 좋아하다
_____ classical music to pop music

프 뤼 (프리)킥
펄 (퍼)포먼스를
선 호 하 다

---

17 let
[let 렛]

동 ~하게 해주다, 하도록 두다

▸ 나도 가게 해줘. L_____ me go, too.
▸ 네가 어떤 생각을 하는지 알려줘.
L_____ me know what you think.

렛 츠고! 같이
가 게 해 줘

---

18 spell
[spel 스펠]

동 철자를 말하다(쓰다)

▸ 단어의 철자를 말하다 _____ a word
▸ 네 이름의 철자를 쓸 수 있니?
Can you _____ your name?

스
펠
철 자 를
말 하 다

A.P.P.L.E

---

19 fail
[feil 페일]

failure 명 실패

동 ① 실패하다 ② 낙제하다

▸ 나는 실패하는 것을 두려워하지 않아.
I am not afraid to _____.
▸ 시험에 낙제하다 _____ an exam

페 스츄리를
일 일이 챙겨 먹고 다이어트에
실 패 하 다

---

20 glad
[glæd 글래드]

[형] 기쁜
▸ 그걸 들으니 기뻐. I'm _____ to hear it.
▸ 기쁜 소식 _____ news

21 quiet
[kwáiət 콰이어트]

[형] 조용한
▸ 조용한 방 a _____ room
▸ 조용히 해주세요. Please be _____.

22 several
[sévərəl 세버럴]

[형] 몇몇의
▸ 몇몇 새로운 학생들
  _____ new students
▸ 몇 달 후에 _____ months later

세 대의
버 스에
럴 (널)럴하게
몇 몇 의 사람들만
탔다.

23 wide
[waid 와이드]
width [명] 폭, 너비

[형] 넓은
▸ 넓은 들판 a _____ field
▸ 넓은 강을 건너다 cross a _____ river

24 rich
[ritʃ 뤼치]

[형] ① 부유한 ② 풍부한
▸ 부유한 나라 a _____ country
▸ 비타민 D가 풍부한 _____ in vitamin D

25 sure
[ʃuər 슈얼]

[형] 확실한, 확신하는
▸ 확실하니? Are you _____?
▸ 확실한 승리 a _____ win

슈 크림 빵이
얼 마나 맛있는지
확 실 한 대답을 줘.

헤 이 트
미 워 하 다

Don't hate, celebrate.
미워하지 말고, 축하해주어라.

26 form
[fɔːrm 폼]

명 형태, 모양 동 형성하다, 만들다
▸ 운동의 한 **형태** a _____ of exercise
▸ 동아리를 **만들다** _____ a club

폼 잡는
형 태

27 cost
[kɔːst 코~스트]
costly 형 많은 돈이 드는, 대가가 큰

명 값, 비용 동 (값·비용이) 들다
▸ 새 차의 **값** the _____ of a new car
▸ 10달러가 **들다** _____ 10 dollars

코 스 트 코의 피자
값 은 싸다.
PIZZA
SLICE WHOLE
1.99 9.95

28 fair
[fɛər 페얼]

형 공정한, 공평한 명 박람회
▸ **공정한** 협정 a _____ agreement
▸ 도서 **박람회** a book _____

페
얼
공 정 한

29 correct
[kərékt 커뤡트]
correctly 부 바르게, 정확하게

형 ① 정확한 ② 옳은
동 정정하다, 고치다
▸ **정확한** 시간 the _____ time
▸ 답을 **정정하다** _____ an answer

커
뤡
트
정 확 한
Test
3×3=9
3÷3=1

30 once
[wʌns 원쓰]
once again 한 번 더, 또 다시

부 ① 한 번 ② (과거) 언젠가
접 일단 ~하면
▸ 한 달에 **한 번** _____ a month
▸ **일단** 시작하면, 우리는 멈출 수 없어요.
O_____ we start, we can't stop.

원 서를
쓰 (스)릴 있게
한 번 만
냈다.
요쓰 스릴있게
가교 한원만 냈어

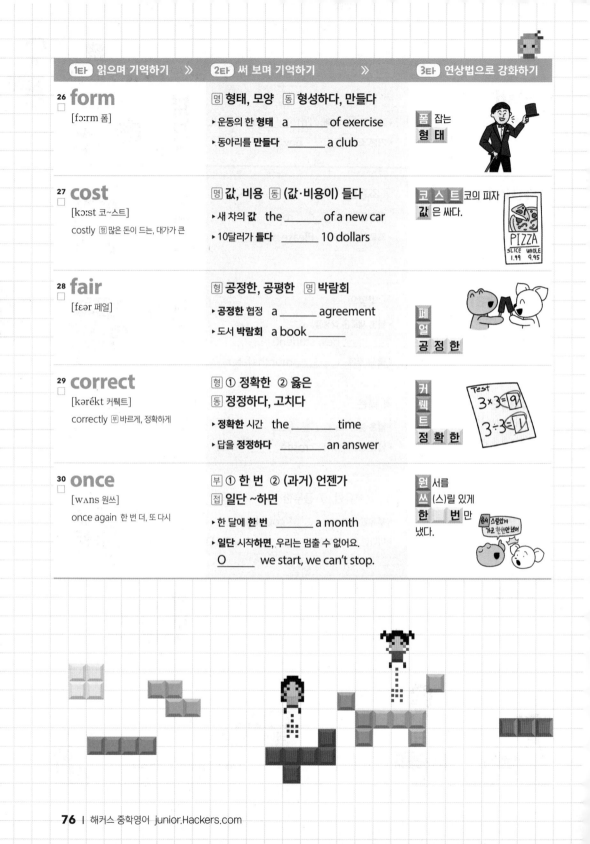

DAY 12 일일 테스트

A 영어는 우리말로, 우리말은 영어로 쓰세요.

01	glad	_____	07	한 번, 일단 ~하면	_____
02	pull	_____	08	공항	_____
03	let	_____	09	싫어하다, 미워하다	_____
04	spell	_____	10	형태, 형성하다	_____
05	sure	_____	11	부유한, 풍부한	_____
06	correct	_____	12	축제	_____

B 빈칸에 알맞은 단어를 적어 어구를 완성하세요.

13	직업 박람회	a job _____	19	사무실 건물	an _____ building
14	철문	a steel _____	20	조용한 음악	_____ music
15	복통	_____ pain	21	선물을 돌려주다	_____ a gift
16	큰 곤충	a large _____	22	몇몇의 선택지	_____ options
17	턱을 들어 올리다	_____ one's chin	23	넓은 복도	a _____ hallway
18	복사기	a copy _____	24	장기적 목표	a long-term _____

C 보기에서 알맞은 단어를 골라 문장을 완성하세요.

보기	garage prefer fail cost traffic reason

25 I'll be upset if I _____ the exam.   나는 시험에 **낙제하면** 속상할 거야.

26 She had a good _____ for buying a piano.   그녀는 새 피아노를 사는 데 타당한 **이유**가 있었다.

27 The _____ is very bad today.   오늘 **교통**이 매우 혼잡하다.

28 The total _____ is 10,000 won.   총 **비용**은 만 원입니다.

29 The parking _____ is full.   **주차장**이 가득 찼다.

30 I _____ to study alone.   나는 혼자 공부하는 것을 **선호한다**.

점수: / 30

정답 p.381

DAY 13

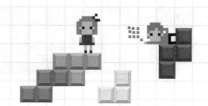

발음 익히기

| 1타 읽으며 기억하기 » | 2타 써 보며 기억하기 » | 3타 연상법으로 강화하기 |

01 earth
[ə:rθ 얼~쓰]

명 ① 지구 ② 땅
▸ **지구**는 둥글다.　The _____ is round.
▸ **땅**이 움직이는 것을 느끼다
　feel the _____ move

얼 마나 많은
쓰 레기를 버려서
지 구 가
아픈 걸까?

---

02 culture
[kʌ́ltʃər 컬처]
cultural 형 문화의, 문화와 관련된

명 문화
▸ **문화** 충격　_____ shock
▸ 한국 **문화**　Korean _____

우리 문화
컬 러풀한
처 마, 우리의 전통
문 화

---

03 season
[síːzən 씨~즌]

명 계절
▸ 사**계절**　four _____s
▸ 어느 **계절**을 가장 좋아하니?
　What's your favorite _____?

씨
즌
계 절

---

04 tongue
[tʌŋ 텅]

명 ① 혀 ② 언어
▸ **혀**를 내밀다　stick out one's _____
▸ 모국어　one's mother _____

텅 ~ 하고
혀 가
울렸다.

텅~

---

05 event
[ivént 이벤트]

명 ① 행사 ② 사건
▸ 가족 **행사**　a family _____
▸ 역사적 **사건**　a historic _____

이
벤
트
행 사

우료 행사

---

06 heat
[hiːt 히~트]

명 ① 열 ② 더위
▸ 오븐의 **열**　the _____ from the oven
▸ 여름의 **더위**　summer _____

히
트
열

---

07 voice
[vɔis 보이스]

図 목소리

▸ 조용한 **목소리** a quiet _____

▸ 큰 **목소리로 말하다**
speak in a loud _____

보이스
목 소 리

08 bone
[boun 보운]

図 뼈

▸ 동물의 **뼈** animal _____s

▸ **뼈가 부러지다** break a _____

보운
뼈

09 secret
[síːkrit 씨~크릿]

図 비밀

▸ **비밀을 지키다** keep a _____

▸ 그건 **비밀**이야. It's a _____.

씨 (시)큼한
크 런치 초콜
릿 의 재료는
비 밀

10 police
[pəlíːs 폴리~스]

図 경찰

▸ **경찰차** a _____ car

▸ **경찰을 부르다** call the _____

폴 란드에서
리 본을
스 으로 메고 다니는
경 찰

11 raise
[reiz 뤠이즈]

图 ① 올리다 ② 기르다
③ (자금 등을) 모으다

▸ 가격을 **올리다** _____ the price

▸ 애완동물을 **기르다** _____ a pet

뤠 (레)고를
이 층 높이까지
즈 ~을겁게
올 리 다

12 feed
[fiːd 피~드]

图 먹이다, 먹이를 주다

▸ 아기에게 밥 **먹일** 시간이야.
It's time to _____ my baby.

▸ 개에게 **먹이를 주다** _____ a dog

피 터 래빗이 당근을
드 래곤에게
먹 이 다

13 introduce
[ìntrədjúːs 인트뤄듀~쓰]
introduction 図 소개

图 소개하다

▸ 새로운 학생을 **소개하다**
_____ a new student

▸ 내 친구를 너에게 **소개할게.**
Let me _____ my friend to you.

인
트
뤄
듀
쓰
소 개 하 다

내 친구를
소개할게!

14 marry
[mǽri 매뤼]
marriage 몡 결혼

동 결혼하다
▶ 나와 **결혼해줄래**? Will you _____ me?
▶ 그는 그녀와 **결혼할** 거야.
  He'll _____ her.

매
뤼
결 혼 하 다

15 knock
[nɑːk 나~크]

동 ① 두드리다 ② 치다
▶ 문을 **두드리다** _____ on the door
▶ 병을 **쳐서** 넘어뜨리다
  _____ over a bottle

나
크
두 드 리 다

16 pale
[peil 페일]

형 창백한
▶ **창백한** 얼굴 a _____ face
▶ **창백해지다** become _____

페
일
창 백 한

17 delicious
[dilíʃəs 딜리셔스]

형 아주 맛있는
▶ **아주 맛있는** 음식 a _____ dish
▶ **아주 맛있어** 보여! It looks _____!

딜 리 버거는
셔 츠에 소
스 를 묻혀도 모를 만큼
아 주 ___ 맛 있 는 버거다.

18 proud
[praud 프라우드]
pride 몡 자부심, 긍지

형 자랑스러워하는, 자랑스러운
▶ **자랑스러워하는** 부모 _____ parents
▶ 나는 네가 **자랑스러워**.
  I'm _____ of you.

프
라
우
드

자 랑 스 러 워 하 는

19 nervous
[nə́ːrvəs 너~버스]

형 초조한, 걱정하는
▶ **초조해**하지 마. Don't be _____.
▶ 미래를 **걱정하는**
  _____ about the future

너, 지금
버 스 못 탈까 봐
초 조 한 거니?
괜찮아,
3분 남았어.

20 blind
[blaind 블라인드]

[형] 눈이 먼, 맹인인

▸ 눈이 멀다 go _____
▸ 시각장애인 _____ people

블라인드를 치니
눈이 먼
것처럼 안 보여.

21 international
[ìntərnǽʃənəl 인터내셔널]

[형] 국제적인

▸ 국제 공항 an _____ airport
▸ 국제 영화제를 열다
hold an _____ film festival

인터내셔널
국제적인

22 among
[əmʌ́ŋ 어멍]

[전] ① ~ 중에, ~ 사이에 ② ~에 둘러싸인

▸ 십 대들 사이에서 인기 있는
popular _____ teenagers
▸ 나무들에 둘러싸인 집
a house _____ the trees

어멍 부가
때리는 동안 물고기
중에
한 마리가
도망갔다.

23 taste
[teist 테이스트]

tasty [형] 맛있는

[명] ① 맛, 미각 ② 취향
[동] 맛보다, 맛이 나다

▸ 짠맛 a salty _____
▸ 소스를 맛보다 _____ a sauce

테 (태)국산 망고와
이스트로 만든
맛이 좋은
망고빵

24 step
[step 스텝]

[명] ① 발걸음 ② 단계, 절차 ③ 계단
[동] 밟다, 걷다

▸ 우리는 밖에서 발걸음 소리를 들었다.
We heard _____s outside.
▸ 잔디를 밟다 _____ onto the grass

스 (쓰)라린 실수를 한
텝 (탭) 댄서는
발걸음이
꼬여서 또
넘어졌다.

시~크릿
비밀

There are no secrets that time does not reveal.
시간이 밝혀주지 않는 비밀은 없다.

Part 1 중학 기초 영단어

DAY 13 해커스 3연타 중학영단어

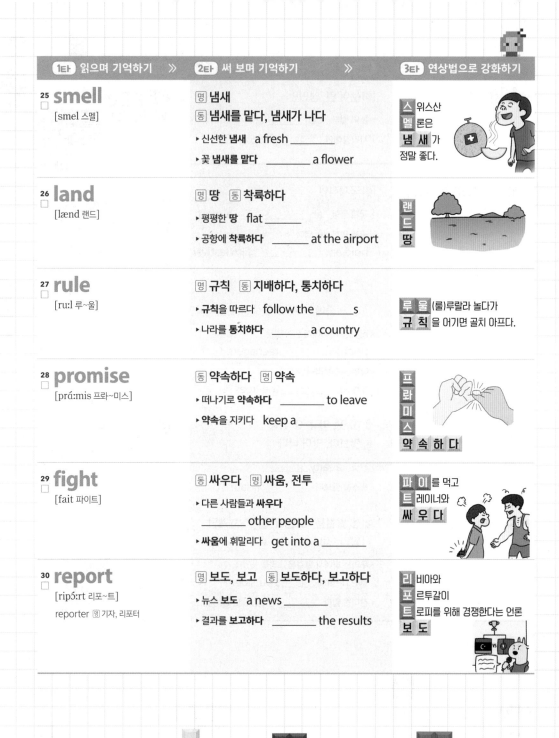

25 smell
[smel 스멜]

명 냄새
동 냄새를 맡다, 냄새가 나다
▸ 신선한 **냄새** a fresh _____
▸ 꽃 **냄새를 맡다** _____ a flower

스 위스산
멜 론은
냄 새 가
정말 좋다.

26 land
[lænd 랜드]

명 땅 동 착륙하다
▸ 평평한 **땅** flat _____
▸ 공항에 **착륙하다** _____ at the airport

랜
드
땅

27 rule
[ru:l 루~울]

명 규칙 동 지배하다, 통치하다
▸ **규칙**을 따르다 follow the _____s
▸ 나라를 **통치하다** _____ a country

루 울 (룰)루랄라 놀다가
규 칙 을 어기면 골치 아프다.

28 promise
[prá:mis 프라~미스]

동 약속하다 명 약속
▸ 떠나기로 **약속하다** _____ to leave
▸ **약속**을 지키다 keep a _____

프
라
미
스
약 속 하 다

29 fight
[fait 파이트]

동 싸우다 명 싸움, 전투
▸ 다른 사람들과 **싸우다**
  _____ other people
▸ **싸움**에 휘말리다 get into a _____

파 이 를 먹고
트 레이너와
싸 우 다

30 report
[ripɔ́:rt 리포~트]
reporter 명 기자, 리포터

명 보도, 보고 동 보도하다, 보고하다
▸ 뉴스 **보도** a news _____
▸ 결과를 **보고하다** _____ the results

리 비아와
포 르투갈이
트 로피를 위해 경쟁한다는 언론
보 도

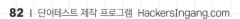

DAY 13 일일 테스트

A 영어는 우리말로, 우리말은 영어로 쓰세요.

01 earth   _____

02 culture   _____

03 heat   _____

04 police   _____

05 feed   _____

06 marry   _____

07 두드리다, 치다   _____

08 혀, 언어   _____

09 눈이 먼, 맹인인   _____

10 국제적인   _____

11 ~ 중에, ~에 둘러싸인   _____

12 냄새, 냄새가 나다   _____

B 빈칸에 알맞은 단어를 적어 어구를 완성하세요.

13 자랑스러운 순간   a _____ moment

14 정정당당한 싸움   a fair _____

15 보고를 하다   make a _____

16 창백해 보이다   look _____

17 신맛   a sour _____

18 아주 맛있는 간식   a _____ snack

19 추운 계절   a cold _____

20 한 걸음 내딛다   take a _____

21 손을 들어 올리다   _____ a hand

22 중요한 행사   an important _____

23 규칙을 어기다   break the _____

24 약속을 하다   make a _____

C 보기에서 알맞은 단어를 골라 문장을 완성하세요.

보기	land	secret	nervous	introduce	bone	voice

25 I _____d the new club member.   나는 새로운 동아리 회원을 **소개했다.**

26 Put the chicken _____s in the bowl.   닭 **뼈**를 그릇에 넣으세요.

27 The airplane _____ed in a field.   비행기가 들판에 **착륙했다.**

28 The singer has a soft _____.   그 가수는 부드러운 **목소리**를 가졌다.

29 He was _____ during the race.   그는 경주를 하는 동안 **초조했다.**

30 Don't keep any _____s from me!   나에게 어떤 **비밀**도 숨기지 마!

점수: / 30

정답 p.381

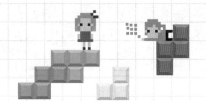

DAY 14

발음 익히기

1타 읽으며 기억하기 »	2타 써 보며 기억하기 »	3타 연상법으로 강화하기

01 **grade**
☐ [greid 그레이드]

명 ① 성적 ② 학년 ③ 등급
▸ 좋은 **성적**을 받다 get a good _____
▸ 그는 5**학년**이다. He is in fifth _____.

그
뤠
이
드
성 적

02 **trouble**
☐ [trʌbl 트러블]

명 문제, 어려움
▸ **문제**들로부터 도망치다
  get away from one's _____s
▸ **어려움**에 빠지다 be in _____

트 럼프가
러 시아
블 라디보스토크에서
문 제 를
해결했다.

03 **ocean**
☐ [óuʃən 오션]

명 바다, 대양
▸ **바다**에서 헤엄치다 swim in the _____
▸ 대서양 the Atlantic O_____

오 리가
션 (선)사인을 받으며
바 다 를
헤엄쳐 갔다.

04 **gym**
☐ [dʒim 짐]

명 체육관, 체육
▸ 학교 **체육관** a school _____
▸ **체육관**에서 운동하다
  exercise at the _____

짐 은
체 육 관 에
가고 싶소.

05 **result**
☐ [rizʌlt 뤼절트]
result from ~에서 비롯되다

명 결과
▸ **결과**적으로 as a _____
▸ 훌륭한 **결과** an excellent _____

뤼 (리)본을
절 단해서
트 럭에 던진
결 과 는 영~ 좋지 못했다.

06 **role**
☐ [roul 롤]

명 역할
▸ 중요한 **역할** an important _____
▸ **역할**을 맡다 play a _____

리그오브레전드, 즉
롤 을 할 때는 각자의
역 할 에
충실해야 한다.

---

07 character
[kǽriktər 캐릭터]

명 ① 성격 ② 등장인물

▸ 강한 **성격**　a strong _____

▸ 책의 **등장인물**
　a _____ in a book

캐 러멜을 먹다
릭 이
터 뜨린 불평으로
성 격 을
알 수 있었다.

---

08 weight
[weit 웨이트]

weigh 동 무게가 ~이다, 무게를 달다

명 몸무게, 무게

▸ **몸무게**가 줄다　lose _____

▸ 배낭의 **무게**
　the _____ of the backpack

웨 하스와 김밥을
이 십 개 넘게 먹고
트 레이닝을 안 했더니
몸 무 게 가 늘었다.

---

09 blow
[blou 블로우]

동 ① 불다 ② 날리다

▸ 뜨거운 수프를 **불다**　_____ on hot soup

▸ 나뭇잎들이 바람에 **날리고** 있다.
　The leaves are _____ing in the wind.

블 루색
로 켓을
우 주로 날리려고 세게
불 다

---

10 seem
[si:m 씸]

동 ~처럼 보이다, ~인 것 같다

▸ 그녀는 화난 것**처럼 보인다**.
　She _____s upset.

▸ 맞는 **것 같다**　_____ to be correct

씸 (심)심해서 멍 때렸더니 원숭이
처 럼　보 인 다 고
친구가 말했다.

---

11 count
[kaunt 카운트]

동 (수를) 세다, 계산하다

▸ 날짜를 **세다**　_____ days

▸ 10까지 **세다**　_____ to 10

카 (car)를
운 전하며
트 리의 수를
세 다

---

12 lead
[li:d 리~드]

동 이끌다, 안내하다

▸ 팀을 **이끌다**　_____ a team

▸ 길을 **안내하다**　_____ the way

리 딩 학원처럼
드 러(들어)가기 싫은 곳으로 나를
이 끌 다 니!

오 션
바 다

Life is like the ocean – it goes up and down.
인생은 바다와 같다 – 올라갔다가 내려가기를 반복한다.

---

13 remove
[rimúːv 리무~브]
remremoval 몡 제거

동 제거하다, 없애다

▸ 문제를 제거하다 _____ problems
▸ 나쁜 냄새를 없애다 _____ a bad smell

리 무 진의 고장 난
브 레이크를
제 거 하 다

---

14 shake
[ʃeik 셰이크]

동 흔들리다, 흔들다

▸ 건물이 흔들리는 걸 느꼈니?
   Did you feel the building _____?
▸ 머리를 흔들다 _____ one's head

셰 일처럼 여러 층
이 있는 케이
크 는 잘
흔 들 린 다

---

15 shine
[ʃain 샤인]
shiny 혱 빛나는

동 빛나다, 반짝이다

▸ 밝게 빛나다 _____ brightly
▸ 태양처럼 빛나다 _____ like the sun

샤 같이 그린
인 간은
빛 났 다

---

16 block
[blɑːk 블라~크]

동 막다, 방해하다

▸ 출구를 막다 _____ an exit
▸ 도로를 막지 마세요.
   Do not _____ the road.

블
라
크
막 다

---

17 fix
[fiks 픽스]

동 ① 고치다 ② 고정시키다

▸ 기계를 고치다 _____ a machine
▸ 선반을 벽에 고정시키다
   _____ a shelf on the wall

픽
스
고 치 다

---

18 create
[kriéit 크뤼에이트]
creation 몡 창조, 창조물

동 창조하다, 만들어내다

▸ 음악 작품을 창조하다 _____ music
▸ 새로운 요리를 만들어내다
   _____ a new dish

크 뤼 (리)스마스
에 맞춰
이 멋진
트 리를
창 조 하 다

---

19 solve
[sɑːlv 쌀~브]
solution 몡 해결책

동 해결하다, 풀다

▸ 문제를 해결하다 _____ a problem
▸ 나는 이것을 풀 수 없어.
   I can't _____ this.

쌀
브
해 결 하 다

---

20 thick
[θik 띡]

형 ① 두꺼운 ② 빽빽한

▶ 두꺼운 책   a _____ book

▶ 빽빽한 숲   a _____ forest

띡! 하고
두 꺼 운
막대가 부러졌다.

---

21 serious
[síriəs 씨리어스]

seriously 부 진지하게, 심각하게

형 ① 진지한 ② 심각한

▶ 진지한 대화   a _____ conversation

▶ 심각한 사고   a _____ accident

씨 (시)린 이는
리 어 스 치과에서
진 지 한
상담을 받으세요.

---

22 brave
[breiv 브레이브]

형 용감한

▶ 용감한 소방관   a _____ firefighter

▶ 그 영웅은 용감하고 강했다.
   The hero was _____ and strong.

브
뤠
이
브
용 감 한

---

23 shy
[ʃai 샤이]

형 수줍어하는, 수줍음이 많은

▶ 수줍어하는 미소   a _____ smile

▶ 수줍음이 많은 사람   a _____ person

샤 랄라~
이 렇게 멋진 꽃의
수 줍 어 하 는
표정

---

24 cough
[kɔːf 커~프]

동 기침하다   명 기침

▶ 심하게 기침하다   _____ hard

▶ 마른기침   a dry _____

커 리 수
프 앞에서
기 침 하 다

---

25 drop
[drɑːp 드랍]

동 떨어지다, 떨어뜨리다   명 방울

▶ 책을 바닥에 떨어뜨리다
   _____ a book on the floor

▶ 빗방울   a _____ of rain

드 론에서
랍 스타가
떨 어 지 다

26 tear
[tiər 티어]

명 눈물 동 [teər] 찢다

▸ 눈물이 가득 찬 눈
  eyes filled with _____s

▸ 포스터를 찢다 _____ a poster

티 를 입으니
어 지러워서
눈 물 이
났다.

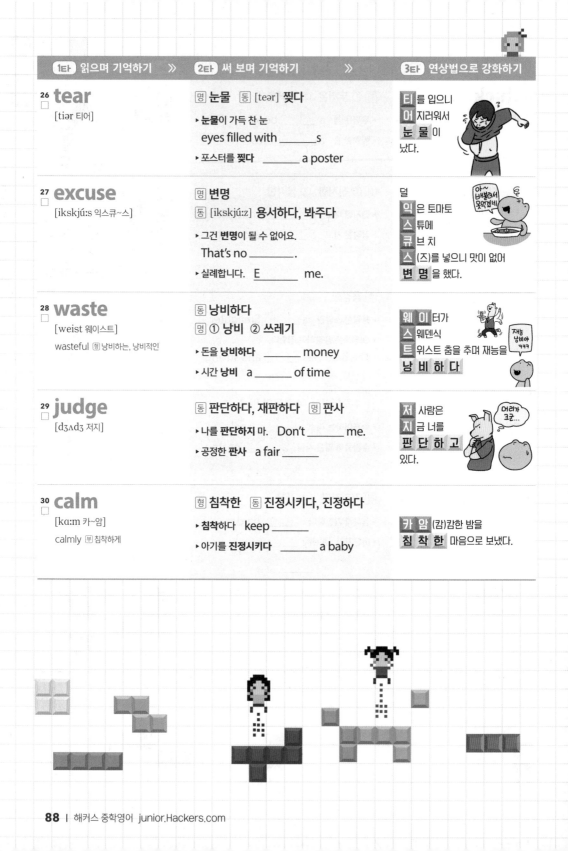

27 excuse
[ikskjúːs 익스큐~스]

명 변명
동 [ikskjúːz] 용서하다, 봐주다

▸ 그건 변명이 될 수 없어요.
  That's no _____.

▸ 실례합니다. E_____ me.

덜
익 은 토마토
스 튜에
큐 브 치
스 (즈)를 넣으니 맛이 없어
변 명 을 했다.

28 waste
[weist 웨이스트]

wasteful 형 낭비하는, 낭비적인

동 낭비하다
명 ① 낭비 ② 쓰레기

▸ 돈을 낭비하다 _____ money

▸ 시간 낭비 a _____ of time

웨 이 터가
스 웨덴식
트 위스트 춤을 추며 재능을
낭 비 하 다

29 judge
[dʒʌdʒ 저지]

동 판단하다, 재판하다 명 판사

▸ 나를 판단하지 마. Don't _____ me.

▸ 공정한 판사 a fair _____

저 사람은
지 금 너를
판 단 하 고
있다.

30 calm
[kɑːm 카~암]

calmly 부 침착하게

형 침착한 동 진정시키다, 진정하다

▸ 침착하다 keep _____

▸ 아기를 진정시키다 _____ a baby

카 암 (캄)캄한 밤을
침 착 한 마음으로 보냈다.

DAY 14 일일 테스트

A 영어는 우리말로, 우리말은 영어로 쓰세요.

01 grade	_____	**07** 빛나다, 반짝이다	_____
02 trouble	_____	**08** 창조하다, 만들어내다	_____
03 role	_____	**09** 두꺼운, 빽빽한	_____
04 blow	_____	**10** 수줍어하는	_____
05 count	_____	**11** 눈물, 찢다	_____
06 remove	_____	**12** 판단하다, 판사	_____

B 빈칸에 알맞은 단어를 적어 어구를 완성하세요.

13 바다 냄새 the smell of the _____		**19** 도로를 막다 _____ the road	
14 체육 수업 _____ class		**20** 퍼즐을 풀다 _____ a puzzle	
15 주요 등장인물 the main _____		**21** 심각한 문제 _____ trouble	
16 몸무게 감량 _____ loss		**22** 그릇을 떨어뜨리다 _____ a bowl	
17 행복한 것처럼 보이다 _____ happy		**23** 변명을 하다 make an _____	
18 호수로 안내하다 _____ to a lake		**24** 침착한 목소리 a _____ voice	

C 보기에서 알맞은 단어를 골라 문장을 완성하세요.

보기	shake	brave	result	waste	cough	fix

25 As a _____, we have to do more research. 결과적으로, 우리는 더 많은 연구를 해야 한다.

26 _____ this bottle of orange juice before you drink it. 오렌지 주스 한 병을 마시기 전에 그것을 흔들어라.

27 He _____ed the map to the wall. 그는 지도를 벽에 고정시켰다.

28 He is _____ to go skydiving. 그는 스카이다이빙을 할 정도로 용감하다.

29 She _____ed loudly in her sleep. 그녀는 자는 도중에 큰 소리로 기침했다.

30 I _____d my money on computer games. 나는 컴퓨터 게임에 내 돈을 낭비했어.

점수:	/ 30

정답 p.382

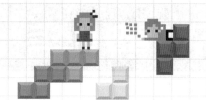

DAY 15

발음 익히기

1타 읽으며 기억하기 »	2타 써 보며 기억하기 »	3타 연상법으로 강화하기

01 yard
[jɑ:rd 야~드]

명 마당, 뜰

▸ **마당**에서 놀다 play in the _____
▸ **뜰**에 있는 잔디 grass in the _____

야생의 넓은
드 마 당

02 law
[lɔ: 러~어]

명 법, 법학

▸ **법**을 어기다 break the _____
▸ **법학** 대학원 _____ school

러 어 법

03 leaf
[li:f 리~프]

명 나뭇잎

▸ 초록색 **나뭇잎** a green _____
▸ **나뭇잎을** 줍다 pick up a _____

리 프 나 뭇 잎

04 environment
[inváiərənmənt 인바이런먼트]
environmental 형 환경의

명 환경

▸ 안전한 **환경** a safe _____
▸ **환경**에 관심을 가지다
  care about the _____

인 바 이 런 먼 트 환 경

05 president
[prézidənt 프레지던트]

명 ① 대통령 ② 회장

▸ 새로운 **대통령** a new _____
▸ 회사의 **회장**
  the company's _____

프 레 지 던 트 대 통 령

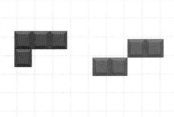

06 habit
[hǽbit 해빗]
habitually ⑤ 습관적으로

⑲ 습관, 버릇
▸ 건강한 **습관** a healthy _____
▸ **버릇**을 고치다 break a _____

해 뜨면
빗 자루로 청소하는
습 관

07 attention
[ətén∫ən 어텐션]

⑲ 주의, 주목
▸ **주의**를 끌다 get _____
▸ **주목**하세요! Pay _____!

어 제보다 너의
텐 션 이 낮으니
주 의 를
집중해야 해.

Attention!

08 rise
[raiz 롸이즈]

⑧ ① 오르다 ② (해·달이) 뜨다
▸ 생활비가 매년 **오르고** 있다.
The cost of living _____s each year.
▸ 해는 동쪽에서 **뜬다**.
The sun _____s in the east.

롸
이
즈
오 르 다

09 greet
[gri:t 그뤼~트]

⑧ 환영하다
▸ 친구를 **환영하다** _____ a friend
▸ 서로를 **환영하다** _____ each other

그
뤼
트
환 영 하 다

10 relax
[rilǽks 륄랙스]

⑧ 휴식을 취하다, 쉬다
▸ 편안히 앉아 **휴식을 취하다**
sit back and _____
▸ 주말에 **쉬다** _____ on the weekend

륄
랙
스
휴 식 을
취 하 다

11 burn
[bə:rn 번]

⑧ ① 타다, 태우다 ② 화상을 입다
▸ 종이를 **태우다** _____ paper
▸ 손가락에 **화상을 입다**
_____ one's fingers

번 호가 적힌 쪽지가 불에
타 다

12 invent
[invént 인벤트]
invention 몡 발명품

동 발명하다
- 기계를 **발명하다** _____ a machine
- 새로운 게임을 **발명하다** _____ a new game

인 간이
벤 츠와
트 리를
발 명 했 다

---

13 discover
[diskʌvər 디스커벌]
discovery 몡 발견

동 발견하다
- 새로운 사실을 **발견하다** _____ new facts
- 섬을 **발견하다** _____ an island

디
스
커
벌
발 견 하 다

---

14 continue
[kəntínju: 컨티뉴]

동 계속하다, 계속되다
- **계속해서** 자다 _____ to sleep
- 시끄러운 소리가 **계속됐다.**
  The loud noise _____d.

컨 테이너에서
티 를 마시며
뉴 스 보기를
계 속 하 다

---

15 succeed
[səksí:d 썩시~드]

동 성공하다
- 일에서 **성공하다** _____ at work
- 내 계획이 **성공했다.**
  My plan _____ed.

썩 은 이로
시 래기를
드 시는 데
성 공 하 다

---

16 hide
[haid 하이드]

동 숨기다, 숨다
- 감정을 **숨기다** _____ one's feelings
- 나무 뒤에 **숨다** _____ behind a tree

하 늘 높이
이 쁜
드 론을 날린 것을
숨 기 다

---

17 hunt
[hʌnt 헌트]

동 사냥하다
- 야생동물을 **사냥하다** _____ wild animals
- 먹이를 **사냥하다** _____ for food

헌 집의 창문
트 음(틈)으로
사 냥 하 다

---

18 bite
[bait 바이트]

동 물다
- 사과를 베어 **물다** _____ into an apple
- 우리 개는 절대로 물지 않아.
  My dog never _____s.

바
이
트
물 다

19 weak
[wiːk 위~크]

형 **약한**

▸ **약한** 심장 a _____ heart

▸ **약점** a _____ point

위 로! 위로!
크 … 역시
약 한 나

20 huge
[hjuːdʒ 휴~지]

형 **거대한**

▸ **거대한** 파도 a _____ wave

▸ **거대한** 공항을 짓다
build a _____ airport

휴 지 가
거 대 해 !

21 honest
[áːnist 어~니스트]
honesty 명 정직, 솔직함

형 **정직한, 솔직한**

▸ **정직한** 사람 an _____ person

▸ **솔직한** 대답 an _____ answer

어 니 언
스 타일
트 렌드를 고집하는
정 직 한 디자이너가
만든 옷입니다.

너무
정직한데

22 tiny
[táini 타이니]

형 **아주 작은**

▸ **아주 작은** 곤충 a _____ insect

▸ **아주 작은** 변화를 주다
make a _____ change

타 이 니
아 주 작 은

23 regular
[régjulər 뤠귤러]
regularly 부 규칙적으로

형 **규칙적인, 정기적인**

▸ **규칙적인** 운동을 하다
do _____ exercise

▸ **정기적인** 시간에 만나다
meet at the _____ time

뤠 (레)몬과
귤 을 먹으며
러 닝하는
규 칙 적 인
사람

규칙적
으로!

24 certain
[sə́ːrtn 서~튼]
certainly 부 틀림없이

형 ① **확신하는, 틀림없는** ② **어떤**

▸ 나는 그녀가 올 거라고 **확신해.**
I am _____ she will come.

▸ **어떤** 사람들은 그 소리를 싫어한다.
C_____ people hate that sound.

서 랍이
튼 튼하다고
확 신 하 는 엄마

Part 1 중학 기초 영단어

DAY 15

해커스 3연타 중학영단어

25 abroad
[əbrɔ́ːd 어브뤄~드]

⟨부⟩ 해외로, 해외에서
▸ 해외로 여행 가다 travel _____
▸ 해외에서 살다 live _____

어
브
뤄
드
해 외 로

26 flood
[flʌd 플러드]

⟨명⟩ 홍수 ⟨동⟩ 물에 잠기게 하다
▸ 홍수 피해 damage from the _____
▸ 그 집은 물에 잠겼다.
  The house was _____ed.

플
러
드
홍 수

27 review
[rivjúː 뤼뷰~우]

⟨동⟩ 검토하다, 복습하다
⟨명⟩ ① 검토, 복습 ② 논평
▸ 수업을 복습하다 _____ a lesson
▸ 서평 a book _____

뤼
뷰
우
검 토 하 다

28 act
[ækt 액트]

⟨명⟩ ① 행동 ② (연극 등의) 막
⟨동⟩ ① 행동하다 ② 연기하다
▸ 용감한 행동 a brave _____
▸ 예의 바르게 행동하다 _____ politely

액 체 괴물이
트 럭 위에서 한
행 동

29 press
[pres 프뤠스]
pressure ⟨명⟩ 압박, 압력

⟨동⟩ 누르다 ⟨명⟩ 언론, 신문
▸ 버튼을 누르다 _____ a button
▸ 언론에 이야기하다 talk to the _____

프 랑스
레 스 토랑의 벨을
누 르 다

30 reply
[riplái 뤼플라이]

⟨동⟩ 대답하다, 대응하다
⟨명⟩ 대답, 대응
▸ 친절하게 대답하다 _____ kindly
▸ 늦은 대답 a late _____

뤼
플
라
이
대 답 하 다

썩 시~드
성 공 하 다

No one can succeed without help.
누구도 도움 없이 성공할 수 없다.

DAY 15 일일 테스트

A 영어는 우리말로, 우리말은 영어로 쓰세요.

01 yard　＿＿＿＿＿＿＿
02 environment　＿＿＿＿＿＿＿
03 attention　＿＿＿＿＿＿＿
04 burn　＿＿＿＿＿＿＿
05 invent　＿＿＿＿＿＿＿
06 discover　＿＿＿＿＿＿＿

07 법, 법학　＿＿＿＿＿＿＿
08 성공하다　＿＿＿＿＿＿＿
09 정직한, 솔직한　＿＿＿＿＿＿＿
10 확신하는, 어떤　＿＿＿＿＿＿＿
11 해외로, 해외에서　＿＿＿＿＿＿＿
12 행동하다, 행동　＿＿＿＿＿＿＿

B 빈칸에 알맞은 단어를 적어 어구를 완성하세요.

13 정기적인 행사　a _____ event
14 잔디 위에서 쉬다　_____ on the grass
15 아주 작은 상처　a _____ cut
16 입술을 깨물다　_____ one's lip
17 꾹 누르다　_____ hard
18 노란 나뭇잎　a yellow _____

19 오랜 친구를 환영하다　_____ an old friend
20 하늘로 오르다　_____ into the sky
21 심각한 홍수　a serious _____
22 계속해서 자라다　_____ to grow
23 사슴을 사냥하다　_____ deer
24 조심스럽게 대답하다　_____ carefully

C 보기에서 알맞은 단어를 골라 문장을 완성하세요.

보기	weak　hide　habit　huge　president　review

25 There was a _____ accident on this street yesterday.　어제 이 거리에서 **거대한** 사고가 있었다.

26 The _____ will visit the country next week.　**대통령**은 다음 주에 그 나라를 방문할 것이다.

27 My cat sometimes _____s behind the sofa.　내 고양이는 가끔 소파 뒤에 **숨는다**.

28 Try to break the _____ of eating candy.　사탕을 먹는 **습관**을 버리려고 노력해봐.

29 I went to the library to _____ for the exam.　나는 시험을 위해 **복습하려고** 도서관에 갔다.

30 We should help _____ people.　우리는 **약한** 사람들을 도와야 한다.

점수:　/ 30

정답 p.382

Review Test DAY 01~15

Listen and Check

A 단어를 듣고 빈칸에 알맞은 영어 단어를 쓰세요.

01 _____	06 _____	11 _____
02 _____	07 _____	12 _____
03 _____	08 _____	13 _____
04 _____	09 _____	14 _____
05 _____	10 _____	15 _____

B 어구 또는 문장을 듣고 빈칸에 알맞은 영어 단어를 쓰세요.

16 _____ a shirt

17 the _____ floor

18 What do you want for _____?

19 win a _____

20 I am _____ she will come.

내신 Up!

객관식 영어 단어의 철자가 <u>바른</u> 것은?

① somthing   ② layzy   ③ mep   ④ straight   ⑤ suceed

주관식 다음 대화의 빈칸에 공통으로 들어갈 단어를 쓰세요.

> A: Suzy, what do you do for fun?
> B: I like to _____.
> A: Wow. What's your favorite meal?
> B: I like spaghetti the most.
> A: Do you want to become a _____?
> B: Yes. I want to work at an Italian restaurant.

| 점수: | / 22 |

정답 p.382

Word Game

[**Word Search**]

앞에서 배운 단어를 기억하며 모두 찾아 보세요.

H	D	K	N	P	G	P	Q	I	A	R	N
G	T	J	D	U	Y	F	Y	O	Z	P	W
C	G	S	U	R	P	R	I	S	E	E	O
G	U	T	P	Z	D	X	S	K	Z	O	L
C	L	L	L	O	K	A	A	G	L	L	L
H	L	N	T	U	S	Q	O	Z	G	N	O
A	Y	Z	A	U	C	S	Y	R	P	C	F
N	R	Q	B	O	R	I	I	K	B	L	V
G	T	Y	O	J	N	E	F	B	E	A	K
E	A	O	R	Y	J	E	X	F	L	X	D
A	U	N	I	F	O	R	M	W	I	E	O
W	Z	L	O	G	V	Z	G	R	A	D	E

ABROAD	FOLLOW
CHANGE	GRADE
CULTURE	POSSIBLE
DIFFICULT	SURPRISE
ENJOY	UNIFORM

정답 p.382

내가 원하는 대로 만들어 테스트하는
해커스인강 "단어테스트 제작 프로그램"
HackersIngang.com

해커스 3연타 중학영단어

VOCABULARY

Part 2

핵심 콕콕!
중학 필수 영단어

DAY 16~30

Review Test
Word Game

DAY 31~45

Review Test
Word Game

DAY 16

발음 익히기

1타 읽으며 기억하기 »	2타 써 보며 기억하기 »	3타 연상법으로 강화하기

01 fever
[fíːvər 피~버]

명 열
▸ 높은 열 a high _____
▸ 열이 있다 have a _____

피 곤한데
버 티다가
열 이 났다.

---

02 climate
[kláimit 클라이밋]

명 기후
▸ 따뜻한 기후 a warm _____
▸ 기후 변화 _____ change

나무가
클 라 고(크려고) 하는데
이 밋 (미)
기 후 가
바뀌었다.

---

03 custom
[kʌ́stəm 커스텀]

명 관습, 풍습
▸ 관습을 따르다 follow a _____
▸ 문화적 풍습 a cultural _____

커 다란
스 위스
텀 블러를 가지고 다니는
관 습

---

04 dozen
[dʌ́zən 더즌]

명 12개, 다스
▸ 달걀 12개 a _____ eggs
▸ 도넛 6개 half a _____ doughnuts

더
즌
1 2 개

---

05 cheek
[tʃíːk 취~크]

명 볼, 뺨
▸ 아기의 부드러운 볼
  a baby's soft _____s
▸ 분홍빛 두 뺨 pink _____s

취 크
볼

---

06 nickname
[níknèim 닉네임]

명 별명
▸ 새로운 별명 a new _____
▸ 별명으로 통하다
  go by a _____

닉
네
임
별 명

07 rainbow
[réinbòu 뤠인보우]

명 무지개

▸ 강 위의 **무지개**
  a _____ over the river

▸ **무지개**의 색깔들
  the colors of the _____

뤠
인
보
우
무 지 개

08 pond
[pɑːnd 판~드]

명 연못

▸ **연못**에 있는 오리들 ducks on a _____

▸ 공원에 있는 **연못** a _____ in a park

판
드
연 못

09 subway
[sʌ́bwèi 써브웨이]

명 지하철

▸ **지하철**을 타다 take the _____

▸ **지하철**역 a _____ station

써 브 (serve)하던
웨 이 터가
지 하 철을
탔다.

10 soil
[sɔil 쏘일]

명 흙, 토양

▸ 화분을 **흙**으로 채우다 fill a pot with _____

▸ 식물을 위한 좋은 **토양**
  good _____ for plants

쏘 (소) 잃고
일 하다
흙 투성이가
되었다.

11 species
[spíːʃiːz 스피~씨~즈]

명 (생물의) 종

▸ 두 가지 다른 **종** two different _____

▸ 새의 한 **종** a bird _____

스 피 드가 빠른
씨 (시)츄와 말티
즈 는 인기 있는
종 이다.

12 mayor
[méiər 메이어]

명 시장

▸ 서울 **시장** the _____ of Seoul

▸ **시장**의 역할을 하다 serve as _____

메 (매)력적인
이 어 폰을 모으는
시 장

13 trash
[træʃ 트래시]

명 쓰레기

▸ **쓰레기** 더미 a pile of _____

▸ 지금 **쓰레기** 좀 버려줘.
  Please take out the _____ now.

트 집 잡고 이
래 러저러라 하
시 지 말아요.
쓰 레 기
치울게요!

14 roof
[ruːf 루~프]

명 지붕

▸ 빨간 지붕　a red _____

▸ 눈으로 뒤덮인 지붕
　a _____ covered with snow

루프
지붕

15 advertise
[ǽdvərtàiz 애드벌타이즈]
advertisement 명 광고

동 광고하다, 알리다

▸ TV에 광고하다　_____ on TV

▸ 일자리를 알리다
　_____ a job opening

애드벌타이즈
광고하다

16 fasten
[fǽsən 패슨]

동 ① 매다　② 잠그다

▸ 안전띠를 매세요.
　F_____ your seat belt.

▸ 문의 자물쇠를 잠그다
　_____ the lock on the door

패 기 넘치게 한
슨 (손)으로 안전띠를
매 다

17 grab
[græb 그뢥]

동 붙잡다, 움켜잡다

▸ 손을 붙잡다　_____ with one's hand

▸ 꽉 움켜잡다　_____ tightly

그
뢥
붙 잡 다

18 express
[iksprés 익쓰프레스]
expression 명 표현, 표정

동 표현하다

▸ 기분을 표현하다　_____ one's feelings

▸ 음악을 통해 자신을 표현하다
　_____ oneself through music

익
쓰
프
레
스
표 현 하 다

19 cheer
[tʃiər 취얼]
cheerful 형 쾌활한

동 ① 응원하다, 환호하다
　② 기운나게 하다, 격려하다

▸ 팀을 위해 응원하다　_____ for a team

▸ 기운내!　C_____ up!

취 얼 (치어)리더와 함께 팀을
응 원 하 다

20 spread
[spred 스프레드]

동 ① 펴다, 펼치다 ② 퍼뜨리다
▶ 빵 위에 잼을 펴 바르다
_____ jam on bread
▶ 소식을 퍼뜨리다 _____ the news

21 congratulate
[kəngrǽtʃulèit 컨그뤠줄레잇]
congratulation 명 축하 (인사)

동 축하하다
▶ 우승자를 축하하다
_____ the winner
▶ 시험에 통과한 것을 축하하다
_____ one on passing a test

22 settle
[sétl 쎄를]

동 ① 해결하다, 합의를 보다 ② 정착하다
▶ 문제를 해결하다 _____ a matter
▶ 미국에 정착하다 _____ in America

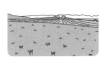

23 broad
[brɔːd 브뤄~드]

형 넓은
▶ 넓은 사막 a _____ desert
▶ 넓은 시야 a _____ view

24 absent
[ǽbsənt 앱썬트]
absence 명 결석, 결근

형 결석한
▶ 수업에 결석한 _____ from class
▶ 어제 왜 결석했니?
Why were you _____ yesterday?

25 wise
[waiz 와이즈]

형 현명한, 지혜로운
▶ 현명한 노인 a _____ old man
▶ 지혜로운 조언을 하다 give _____ advice

26 global
[glóubəl 글로벌]

형 세계적인, 지구의
▸ 세계적인 시장 a _____ market
▸ 지구 온난화 _____ warming

글 로
벌 어 먹고사는
세 계 적 인
소설가

27 native
[néitiv 네이티브]

형 ① 출생지의 ② 타고난 ③ 원주민의
▸ 모국어 one's _____ language
▸ 북미 원주민 N_____ Americans

네
이
티
브
출 생 지 의

우리 인디언은 미국 원주민

28 cause
[kɔːz 커~즈]

동 원인이 되다, 야기하다
명 원인, 이유
▸ 사고의 원인이 되다
  _____ an accident
▸ 문제의 원인 the _____ of a problem

커 다란 진달래꽃을
즈 려밟고 간 것이 발병의
원 인 이
되 다

29 male
[meil 메일]
반 female 명 여자 형 암컷의

명 남자, 수컷
형 남자의, 수컷의
▸ 남성과 여성 _____ and female
▸ 수컷 사자 a _____ lion

메 일을 보내는
남 자

30 medium
[míːdiəm 미~디엄]

형 중간의
명 수단, 매체
▸ 중간 크기의 토마토
  _____-size tomatoes
▸ 의사소통 수단
  a _____ of communication

미
디
엄
중 간 의
50%▶

레 인 보 우
무 지 개

Without rain, there would not be rainbows.
비가 없이는 무지개도 없을 것이다.

DAY 16 일일 테스트

A 영어는 우리말로, 우리말은 영어로 쓰세요.

01 fever _____

02 cheek _____

03 nickname _____

04 rainbow _____

05 species _____

06 mayor _____

07 광고하다, 알리다 _____

08 붙잡다, 움켜잡다 _____

09 축하하다 _____

10 출생지의, 타고난 _____

11 원인이 되다, 원인 _____

12 남자, 남자의 _____

B 빈칸에 알맞은 단어를 적어 어구를 완성하세요.

13 서늘한 기후   a cool _____

14 연못에 있는 물고기   fish in a _____

15 건조한 토양   dry _____

16 소문을 퍼뜨리다   _____ a rumor

17 지붕에 올라가다   climb on a _____

18 밧줄로 매다   _____ with rope

19 놀라움을 표현하다   _____ surprise

20 팀을 응원하다   _____ for a team

21 논쟁을 해결하다   _____ an argument

22 넓은 어깨   _____ shoulders

23 세계적인 문제   a _____ problem

24 중간 크기   _____ size

C 보기에서 알맞은 단어를 골라 문장을 완성하세요.

보기	dozen trash custom subway wise absent

25 I like to learn about the _____s of different cultures.   나는 다른 문화의 **관습**을 배우는 것을 좋아한다.

26 Doughnuts are often sold by the _____.   도넛은 보통 **12개**씩 판매된다.

27 Is there a _____ station near here?   이 근처에 **지하철역**이 있나요?

28 I take the _____ out almost every day.   나는 거의 매일 **쓰레기**를 내다 버린다.

29 I am never _____ from class.   나는 한 번도 수업에 **결석**한 적이 없다.

30 The old man gave me _____ advice.   그 노인은 나에게 **현명한** 조언을 했다.

점수: / 30

정답 p.382

DAY 17

발음 익히기

| 1타 읽으며 기억하기 | » | 2타 써 보며 기억하기 | » | 3타 연상법으로 강화하기 |

---

01 subject
[sʌ́bdʒekt 썹젝트]
subjective 휑 주관적인

명 ① 과목 ② 주제
▸ 내가 좋아하는 **과목** my favorite _____
▸ 대화의 **주제**
 the _____ of a conversation

썹젝트 과목

---

02 date
[deit 데이트]

명 날짜
▸ 비행 **날짜** the _____ of the flight
▸ 오늘이 **며칠**이니?
 What's the _____ today?

데이트 날짜

---

03 bank
[bæŋk 뱅크]
banking 명 은행 업무

명 ① 은행 ② (바다·강·호수의) 기슭, 둑
▸ 은행에 들르다 stop at the _____
▸ 강**기슭**을 따라 선 나무들
 trees along a river _____

뱅크 은행

---

04 bath
[bæθ 배뜨]

명 목욕
▸ **목욕**하다 take a _____
▸ 거품 **목욕** a bubble _____

배 리(very)
뜨 거운 물로
목 욕 한다.

---

05 key
[ki: 키~이]

명 ① 열쇠 ② 비결
▸ 자동차 **열쇠** a car _____
▸ 성공의 **비결** the _____ to success

키이 열쇠

---

06 university
[jùːnəvə́ːrsəti 유~니버~시티]

명 대학
▸ **대학**에서 수업을 듣다
 take classes at _____
▸ **대학생** a _____ student

유 니 콘이
버 스를 타고
시 티 에 있는
대 학 에
들어갔다.

---

07 bar
[bɑːr 바~알]

명 막대기 (모양의 것)
- ▸ 초콜릿 **바** a chocolate _____
- ▸ 금괴(**막대기 모양**의 금) a gold _____

바
알
막 대 기

08 business
[bíznis 비즈니스]
business trip 출장

명 사업, 일
- ▸ 세계적인 **사업** a global _____
- ▸ **사업**을 시작하다 start a _____

비 가 오는데도
즈 을(를)겁게
니 스 를 만드는
사 업 을 한다.

09 sheep
[ʃiːp 쉬~입]

명 양
- ▸ **양**을 기르다 raise _____
- ▸ 들판의 **양**들 _____ in a field

쉬
입
양

10 dictionary
[díkʃənèri 딕셔네뤼]

명 사전
- ▸ 프랑스어 **사전** a French _____
- ▸ **사전**에서 찾다
  look in the _____

딕
셔
네
뤼
사 전

11 sentence
[séntəns 쎈턴스]

명 문장
- ▸ 간단한 **문장** a simple _____
- ▸ **문장**을 읽다 read a _____

쎈
턴
스
문 장

12 way
[wei 웨이]

명 ① 방법, 방식 ② 길
- ▸ 새로운 **방법**을 찾다 find a new _____
- ▸ 집으로 가는 **길**에 on the _____ home

웨 (왜)
이 런
방 법 을 몰랐지?

13 science
[sáiəns 싸이언스]
scientific 형 과학의, 과학적인

명 과학
- ▸ **과학**박물관 a _____ museum
- ▸ **과학**을 배우다 learn about _____

싸 이 가
연 제
스 위스에서
과 학 을
공부했니?

14 art

[ɑːrt 아~트]

artistic 휑 예술의, 예술적인

명 미술, 예술

‣ 미술사 _____ history

‣ 예술과 문화 _____ and culture

아 이가
트 로피를
미 술 시간에
그렸다.

15 line

[lain 라인]

명 줄, 선

‣ 줄 서서 기다리다 wait in a _____

‣ 선을 긋다 draw a _____

라 이언 킹은 다른 사자들의
인 정을 받아
줄 의
맨 앞에 섰다.

16 tour

[tuər 투얼]

tourist 명 관광객

명 관광, 여행

‣ 시내 관광을 하다 take a city _____

‣ 사막 여행 a _____ of the desert

투
얼
관 광

Tour

17 balloon

[bəlúːn 벌루~운]

명 풍선

‣ 풍선을 불다 blow up a _____

‣ 풍선을 터뜨리다 pop a _____

벌
루
운
풍 선

18 everything

[évriθiŋ 에브리씽]

대 모든 것

‣ 난 모든 걸 알아! I know _____!

‣ 모든 것이 잘 되어가고 있다.
E_____ is going well.

에 러가 나자
브 리 가
씽 하고 달려와
모 든 것 을
완벽하게 고쳤다.

19 bake

[beik 베이크]

bakery 명 제과점

동 굽다

‣ 케이크를 굽다 _____ a cake

‣ 갓 구운 빵 freshly _____d bread

베 이 비(baby)가 좋아하는
크 리스피 크림 도넛을
굽 다

20 clever
[klévər 클레버]
⊕ smart 혱 똑똑한

혱 영리한, 똑똑한
▸ **영리한** 아이   a _____ child
▸ 용감하고 **똑똑한**   brave and _____

클 로버 모양
레 버를 당긴
영 리 한
강아지

21 real
[ríːəl 뤼~얼]
reality 혱 현실

혱 진짜의, 현실의
▸ **진짜** 다이아몬드   a _____ diamond
▸ **현실** 세계   the _____ world

뤼
얼
진 짜 의

22 busy
[bízi 비지]

혱 ① 바쁜 ② 붐비는
▸ **바쁜** 아침   a _____ morning
▸ **붐비는** 도로   a _____ road

비 는
지 퍼 만드느라
바 쁜 아이이다.

23 just
[dʒʌst 저스트]

부 ① 그저, 단지 ② (정확히) 딱
③ 방금, 지금 막
▸ 나는 **그저** 피곤할 뿐이야.   I'm _____ tired.
▸ **딱** 제시간에   _____ in time

저 렇게
스 트 레스 받아도
그 저 한순간이야.

24 smoke
[smouk 스모우크]

명 연기
동 ① 담배를 피우다 ② 연기를 내뿜다
▸ 검은 **연기**   black _____
▸ 저는 절대 **담배를 피우지** 않아요.
I never _____.

스
모
우
크
연 기

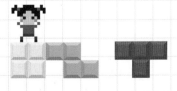

저 스 트
그 저

Just do it.
그냥 해봐!

25 mark
[mɑːrk 마~크]

명 ① 표시, 자국 ② 부호
동 표시하다, 자국을 내다

▸ 물음표   a question _____
▸ 펜으로 **표시하다**   _____ with a pen

마이
크로 센서로 범인이 남긴
표시를
찾는다.

26 sign
[sain 싸인]

명 ① 표시, 표지판 ② 징후
동 서명하다

▸ 거리 위의 **표지판**   a _____ on the street
▸ 여기에 **서명하**세요.   Please _____ here.

싸
인
표시

27 own
[oun 오운]
owner 명 주인, 소유주

형 ① 자기 자신의 ② 직접 ~한
동 소유하다

▸ 나는 **내** 방을 가지고 있다.
  I have my _____ room.
▸ 회사를 **소유하다**   _____ a company

오 나라 장군의
윤 은
자 기
자 신 의
자만 때문에 끝났다.

내 자신의
자만 때문에!

28 cool
[kuːl 쿠~울]

형 ① 시원한 ② 멋진   동 식히다, 식다

▸ **시원한** 음료   a _____ drink
▸ 공기를 **식히다**   _____ the air

쿠 울쿨~
시 원 한
에어컨을 틀고 잠이 들었다.

29 fine
[fain 파인]

형 좋은   부 잘, 괜찮게

▸ **좋은** 날씨   _____ weather
▸ 기계가 **잘** 작동한다.
  The machine works _____.

파 김치는
인 간에게
좋 은 음식이다.

30 even
[íːvən 이~븐]

부 ① ~도, ~조차 ② 훨씬
형 ① 평평한 ② 동등한 ③ 짝수의

▸ 그녀는 시도**조차** 하지 않았다.
  She didn't _____ try.
▸ **평평한** 들판   an _____ field

크리스마스
이 븐데 눈
도 오지
않는다니!

DAY 17 일일 테스트

A 영어는 우리말로, 우리말은 영어로 쓰세요.

01 subject _____ **07** 줄, 선 _____

02 date _____ **08** 굽다 _____

03 key _____ **09** 진짜의, 현실의 _____

04 even _____ **10** 표시, 표시하다 _____

05 everything _____ **11** 좋은, 잘 _____

06 science _____ **12** 사업, 일 _____

B 빈칸에 알맞은 단어를 적어 어구를 완성하세요.

13 시원한 바람 _____ wind **19** 화재에서 발생한 연기 _____ from the fire

14 막대 사탕 a candy _____ **20** 대학 강의 a _____ course

15 영리한 고양이 a _____ cat **21** 진흙 목욕 a mud _____

16 국립 은행 a national _____ **22** 여러 가지 방법들 different _____s

17 주제문 a topic _____ **23** 물풍선 a water _____

18 숙제로 바쁜 _____ with homework **24** 미술에 대해 배우다 learn about _____

C 보기에서 알맞은 단어를 골라 문장을 완성하세요.

보기	tour	sheep	dictionary	sign	just	own

25 Headaches can be a _____ of stress. 두통은 스트레스의 **징후**일 수 있다.

26 My uncle has his _____ farm. 우리 삼촌은 **자기 소유의** 농장을 가지고 있다.

27 The flight _____ landed. 비행기는 **지금 막** 착륙했다.

28 We took a city _____. 우리는 시내 **관광**을 했다.

29 She returned the _____. 그녀는 **사전**을 반납했다.

30 There are _____ in the field. 들판에 **양들**이 있다.

점수: / 30

정답 p.383

DAY 18

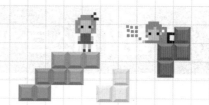

발음 익히기

| 1타 읽으며 기억하기 | » | 2타 써 보며 기억하기 | » | 3타 연상법으로 강화하기 |

---

01 library
[láibrèri 라이브뤠뤼]

명 도서관
▸ 도서관을 방문하다 visit the _____
▸ 도서관 직원 _____ staff

라이브뤠뤼
도 서 관

---

02 mistake
[mistéik 미스테이크]

명 실수, 잘못
▸ 실수를 하다 make a _____
▸ 잘못하여 by _____

미스테이크
실 수

---

03 temperature
[témpərətʃər 템프러철]

명 온도, 기온
▸ 체온 body _____
▸ 기온 변화 _____ change

템프러철
온 도

---

04 luck
[lʌk 럭]
lucky 형 운이 좋은

명 행운, 운
▸ 행운을 빌어! Good _____!
▸ 운이 나쁘다 have bad _____

럭비 경기에서 이런
행운이!

---

05 pain
[pein 페인]
painful 형 고통스러운

명 고통, 통증
▸ 고통의 원인이 되다 cause _____
▸ 복통 stomach _____

폐 (폐)렴이
인 간에게 주는
고 통 은
상당하다.

---

06 project
[prɑ́:dʒekt 프로~젝트]

명 과제, 프로젝트

▸ 수학 과제 a math _____

▸ 프로젝트를 시작하다 start a _____

프 림과
로 즈마리를
젝 (제)각각
트 워터에서 파는 것이
과 제 이다.

07 fan
[fæn 팬]

명 ① 열렬한 애호가, 팬 ② 부채, 선풍기

▸ 음악 팬 a _____ of music

▸ 여름에 선풍기를 사용하다
use a _____ in summer

팬
열 렬 한
애 호 가

08 mirror
[mírər 미럴]

명 거울

▸ 거울을 들여다보다 look in a _____

▸ 손거울 a hand _____

미
럴
거 울

09 seat
[si:t 씨~트]

명 자리, 좌석

▸ 자리에 앉아주세요.
Please take your _____s.

▸ 좌석을 찾다 find one's _____

씨 (시)나몬을 토스
트 에 바르다가
자 리 에
떨어뜨렸다.

10 case
[keis 케이스]

명 ① 경우, 사례 ② 용기, 통

▸ 이 경우에는 in this _____

▸ 필통 a pencil _____

케 이 크를
스 틸 당한
경 우

11 stage
[steidʒ 스테이쥐]

명 ① 무대 ② 단계

▸ 무대에서 연기하다 act on _____

▸ 초기 단계 an early _____

스
테
이
쥐
무 대

미 스 테 이 크
실 수

Each mistake teaches us something.
실수를 할 때마다 무언가를 배운다.

12 strange
[streindʒ 스트뤠인쥐]

형 이상한

▸ **이상한 꿈** a _____ dream
▸ **이상한 소리를 내다**
make a _____ sound

닥터 스트뤠인쥐는 이상한 무기를 쓴다.

13 soft
[sɔːft 쏘~프트]

형 부드러운

▸ **부드러운 음악** _____ music
▸ **부드러운 수건** a _____ towel

쏘프트 부드러운

14 angry
[ǽŋgri 앵그뤼]

형 화난

▸ **왜 그렇게 화가 났니?**
Why are you so _____?
▸ **화난 표정** an _____ expression

앵그뤼 버드는 화난 새이다.

15 dirty
[də́ːrti 더~티]
dirt 명 먼지, 때
땐 clean 형 깨끗한

형 더러운

▸ **더러운 손** _____ hands
▸ **더러운 양말 한 켤레**
a _____ pair of socks

더럽게 무서운 티 익스프레스를 타면 더러운 토만 나온다.

16 large
[lɑːrdʒ 라~지]

형 ① 큰, 넓은 ② 많은

▸ **큰 건물** a _____ building
▸ **많은 질문들**
a _____ number of questions

라이스 버거는 지극히 큰 버거.

17 comic
[kɑ́mik 코~믹]
comedy 명 희극, 코미디

형 ① 웃기는, 재미있는 ② 희극적인

▸ **웃기는 등장인물** a _____ character
▸ **희극 배우** a _____ actor

코고는 소리가 믹 서기 만큼 크다니 웃기는 일이다.

18 final
[fáinəl 파이널]
finally 부 최종적으로

형 최종적인, 마지막의

▸ **최종 결과** the _____ result
▸ **마지막 장** the _____ chapter

파 (파)라솔이 이 만 원밖에 안 해서 널 널한 마음으로 최종적인 결제를 했다.

19 lovely
[lʌ́vli 러블리]

형 ① 사랑스러운 ② 아름다운

▶ **사랑스러운** 미소   a _____ smile

▶ 이 **아름다운** 꽃들을 봐!
Look at these _____ flowers!

러블리
사 랑 스 러 운

20 clear
[kliər 클리어]
clarify 동 명확하게 하다

형 ① 분명한, 명확한 ② 맑은, 투명한

▶ **분명한** 대답   a _____ answer

▶ **맑은** 하늘   a _____ sky

클 라스가 다른 사람들은
리 어 카도
분 명 한
목적을 가지고
끌고 간다.

21 true
[tru: 트루~우]
truth 명 사실, 진실

형 ① 사실인 ② 진정한

▶ **실화**   a _____ story

▶ **진정한** 사랑   _____ love

트루우
사 실 인

22 free
[fri: 프뤼]
freedom 명 자유

형 ① 자유로운 ② 무료의

▶ **자유** 시간   _____ time

▶ **무료** 샘플   a _____ sample

프 로 작가들은
뤼 (리)어왕의
자 유 로 운
성격을 좋아했다.

23 anymore
[ènimɔ́:r 애니모어]

부 더 이상 (~ 않다)

▶ 나에겐 **더 이상** 시간이 **없어**.
I don't have time _____.

▶ 나는 **더 이상** 잘 수가 **없었어**.
I couldn't sleep _____.

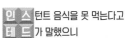

애 니 가
모 으는
어 벤저스 피규어는
더 이 상
판매하지 않는단다.

24 instead
[instéd 인스테드]
instead of ~ 대신에

부 대신에

▶ 나는 햄버거를 좋아하지 않아.
대신에 피자를 먹자.
I don't like hamburgers.
Let's eat pizza _____.

인 스 턴트 음식을 못 먹는다고
테 드 가 말했으니
대 신 에
고기를 먹자~

25 text
[tekst 텍스트]

명 글, 문서　동 문자를 보내다

▸ 인쇄된 글　printed _____

▸ 친구에게 **문자를 보내다**　_____ a friend

텍
스
트
글

흰 오리
머리 위에
노란 병아리
Text

26 lie
[lai 라이]

동 ① 눕다　② 거짓말하다
　　③ 놓여 있다, 있다
명 거짓말

▸ 침대에 **눕다**　_____ on a bed

▸ **거짓말**하지 마!　Don't tell a _____!

라 면 먹고
이 닦고 침대에
누 우 면
천국이 따로 없다.

27 set
[set 세트]

동 ① 정하다, 설정하다　② 놓다, 두다
　　③ (해가) 지다
명 ① 한 짝, 한 세트　② 무대 장치

▸ 목표를 **정하다**　_____ a goal

▸ 귀걸이 **한 쌍**　a _____ of earrings

세 시간 동안
트 럭만 운전하는 영화 설정을 누가
정 했 어 ?!

28 check
[tʃek 체크]

동 확인하다, 점검하다
명 ① 검사　② 수표

▸ 기록을 **확인하다**　_____ the record

▸ 건강 **검진**　a health _____

체 리가 있는지
크 리스마스 트리에서
확 인 하 다

29 wish
[wiʃ 위시]

동 바라다, 원하다　명 소원, 소망

▸ 행복을 **바라다**　_____ for happiness

▸ 생일 **소원**　a birthday _____

위 험하게
시 험 기간에 잔다고? 100점을
바 라 는 게
아니었니?

100점♥

30 else
[els 엘스]

형 다른, 그 밖의　부 그 밖에, 달리

▸ **다른** 누군가에게 이야기하다
　talk to someone _____

▸ **그 밖에** 또 무엇이 필요하신가요?
　What _____ do you need?

엘 리스의
스 타일은
다 른 사람들과
다르다.

DAY 18 일일 테스트

A 영어는 우리말로, 우리말은 영어로 쓰세요.

01 luck   _____

02 pain   _____

03 case   _____

04 strange   _____

05 mirror   _____

06 comic   _____

07 최종적인, 마지막의   _____

08 분명한, 맑은   _____

09 정하다, 한 짝   _____

10 확인하다, 검사   _____

11 바라다, 소원   _____

12 사랑스러운, 아름다운   _____

B 빈칸에 알맞은 단어를 적어 어구를 완성하세요.

13 부드러운 거품   _____ bubble

14 진정한 친구   a _____ friend

15 과제를 끝내다   finish a _____

16 화난 얼굴   an _____ face

17 선한 거짓말   a white _____

18 다른 사람에게 물어 보다   ask someone _____

19 큰 무리   a _____ group

20 무료 커피 한 잔   a _____ cup of coffee

21 도서관에서 공부하다   study in the _____

22 더러운 신발   _____ shoes

23 선풍기를 틀다   turn on the _____

24 앞 좌석   the front _____

C 보기에서 알맞은 단어를 골라 문장을 완성하세요.

보기	temperature anymore mistake stage instead text

25 I don't have time to play video games _____.   나에겐 **더 이상** 비디오 게임을 할 시간이 **없어.**

26 He didn't have sugar, so he used honey _____.   설탕이 없어서, **대신에** 그는 꿀을 사용했다.

27 Sorry, I lost it by _____.   죄송해요, 제가 **실수로** 그것을 잃어버렸어요.

28 I'll _____ my friend and ask if she's busy.   내가 친구에게 **문자를 보내서** 그녀가 바쁜지 물어 볼게.

29 I really enjoy acting on _____.   나는 **무대에서** 연기하는 것을 정말로 즐긴다.

30 What's the _____ like here in winter?   이곳의 겨울 **기온**은 어떤가요?

점수: / 30

정답 p.383

DAY 19

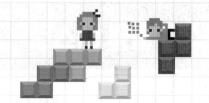

발음 익히기

1타 읽으며 기억하기 »	2타 써 보며 기억하기 »	3타 연상법으로 강화하기

01 brain
[brein 브레인]

몡 뇌, 두뇌
- 좌뇌 the left _____
- 두뇌 활동 _____ activity

브레인 뇌

02 danger
[déindʒər 데인절]
dangerous 휑 위험한

몡 위험
- 위험에 처하다 be in _____
- 스카이다이빙의 위험
  the _____s of skydiving

데인절 위험

03 million
[míljən 밀리언]

몡 ①100만
② 수백만의, 수많은 (millions of)
- 100만 달러 a _____ dollars
- 수많은 사람들 _____s of people

밀리언 100만

04 spring
[spriŋ 스프링]

몡 ① 봄 ② 샘 ③ 용수철
- 봄이 왔어요. S_____ is here.
- 온천 hot _____s

스프링 봄

05 thousand
[θáuzənd 싸우전드]

몡 ① 천 (1,000)
② 수천의, 수많은 (thousands of)
- 천년 a _____ years
- 수많은 이유들 _____s of reasons

싸우전드천

06 god
[gɑːd 갓]
goddess 몡 여신

몡 신, 창조주
- 신께 기도하다 pray to a _____
- 그리스 신 a Greek _____

갓을 쓴 신

07 guest
[gest 게스트]

명 손님

▸ 특별한 손님　a special _____

▸ 손님을 맞이하다　welcome a _____

게 (계)피맛
스 파게티 소스는
트 ~윽별한
손 님을
위한 것이다.

---

08 midnight
[mídnait 미드나잇]

명 자정, 한밤중

▸ 자정 이후에　after _____

▸ 한밤중에 귀가하다
　get home at _____

미
드
나
잇
자 정

---

09 crowd
[kraud 크라우드]
crowded 형 붐비는

명 군중, 무리

▸ 군중 속에서 길을 잃다
　get lost in the _____

▸ 한 무리의 사람들　a _____ of people

크 고 맛있는
라 (라)면이
우 체국 택배로
드 디어
군 중들에게
보급되었다.

---

10 storm
[stɔːrm 스톰]

명 폭풍

▸ 강한 폭풍　a heavy _____

▸ 폭풍이 오고 있어.　A _____ is coming.

스 위스에 사는
톰 과 제리의
폭 풍 전야 속
삶

---

11 telephone
[téləfòun 텔러포운]

명 전화, 전화기

▸ 전화로 이야기하다
　talk on the _____

▸ 고장 난 전화기　a broken _____

텔
러
포
운
전 화

---

12 toy
[tɔi 토이]

명 장난감

▸ 장난감을 가지고 놀다　play with a _____

▸ 내가 매우 좋아하는 장난감
　my favorite _____

토
이
장 난 감

---

13 level
[lévəl 레벨]

명 수준, 높이

▸ 이 강의는 수준이 어떻게 되나요?
　What is the _____ of this course?

▸ 눈높이　eye _____

레 몬색
벨 트는 못 봐줄
수 준이다.
수준 이하!

14 model
[má:dl 마~들]

명 ① (패션) 모델 ② 모형
▸ 의류 **모델** a fashion _____
▸ 선박 **모형** a _____ of a ship

마들
모 델

15 nobody
[nóubà:di 노바~디]

대 아무도 ~ 않다
▸ **아무도** 몰라. N_____ knows.
▸ 그곳에는 **아무도** 없었어.
　N_____ was there.

노 를 저어
바 다를 건너야 하는
디 트로이트로
아 무 도 가지
않 는 다

16 discuss
[diskʌs 디스커스]
discussion 명 논의

동 논의하다
▸ 생각을 **논의하다** _____ ideas
▸ 한 주제에 대해 **논의하다**
　_____ a subject

디 스코 팡팡에서
커 피를 마시며
스 위스 여행에 대해
논 의 하 다

17 prepare
[pripéər 프리페어]
preparation 명 준비

동 준비하다
▸ 우리는 미래를 준비해야 한다.
　We should _____ for the future.
▸ 시험을 준비하다 _____ for a test

프 리패스로 들어간
페 (패)션쇼장에서
어 그 부츠를
준 비 하 다

18 fantastic
[fæntǽstik 팬태스틱]
fantasy 명 환상

형 환상적인, 굉장한
▸ 환상적인 경치 a _____ view
▸ 그 쇼는 굉장했어!
　The show was _____!

팬
태
스
틱
환 상 적 인

19 round
[raund 롸운드]

형 둥근, 원형의
▸ 지구는 **둥글**다. The earth is _____.
▸ **원형** 식탁 a _____ table

20 various
[vériəs 베뤼어스]
variety 명 여러 가지, 다양성

형 여러 가지의, 다양한
▸ **여러 가지의** 이유로 for _____ reasons
▸ **다양한** 용도 _____ uses

21 elementary
[èləméntəri 엘러멘터뤼]

형 초보의, 초등의, 기본의
▸ **초보** 과정을 수강하다
  take an _____ course
▸ **초등학교** an _____ school

22 especially
[ispéʃəli 이스페셜리]

부 특히
▸ **특히** 중요한 _____ important
▸ 나는 **특히** 재즈 음악을 좋아해.
  I _____ like jazz music.

23 ever
[évər 에버]

부 ① 언젠가, 지금까지 ② 언제나, 항상
▸ **지금까지** 인도에 가 본 적이 있니?
  Have you _____ been to India?
▸ 그 이후로 **항상** _____ since

24 type
[taip 타입]

명 유형, 종류 동 타자를 치다, 입력하다
▸ **혈액형** one's blood _____
▸ **타자를** 빨리 **치다** _____ fast

천

A picture is worth a thousand words.
한 장의 사진이 천 마디 말의 가치가 있다. (=백문이 불여일견)

Part 2 중학 필수 영단어

DAY 19

해커스 3연타 중학영단어

25 circle
[sə́:rkəl 썰~클]

명 원, 동그라미 동 동그라미를 치다

▸ 원을 그리다 draw a _____

▸ 정답에 **동그라미를 치다**
_____ the correct answer

썰 클
원

26 chat
[tʃæt 챗]

동 ① 수다를 떨다, 이야기를 나누다
② (인터넷으로) 채팅하다
명 담소, 수다

▸ 친구와 **수다를 떨다** _____ with a friend

▸ 같이 **수다** 좀 떨자. Let's have a _____.

챗 챗 거리며
수 다 를 떨 다
$@#%

27 post
[poust 포스트]
postal 형 우편의

동 ① 게시하다 ② 발송하다
명 우편물

▸ 인터넷에 사진을 **게시하다**
_____ pictures online

▸ 우체국 a _____ office

포 근한
스 웨터 사진을
트 위터에
게 시 하 다

28 pack
[pæk 팩]

동 포장하다, (짐을) 싸다
명 묶음, 상자

▸ 여행 가방을 **싸다** _____ a suitcase

▸ 껌 한 **묶음** a _____ of gum

팩 을 얼굴에 붙이고 선물을
포 장 하 다

29 least
[li:st 리~스트]
반 most 형 가장 많은 부 가장
at least 적어도

형 가장 적은, 최소의
부 가장 적게, 가장 덜

▸ **가장 적은** 양 the _____ amount

▸ **적어도** 한 주에 한 번
at _____ once a week

리
스
트
가 장 적 은

30 daily
[déili 데일리]

형 일상적인, 매일 일어나는
부 매일, 날마다

▸ 일상생활 _____ life

▸ 나는 **매일** 운동을 해. I exercise _____.

데 (대)개
일 리 있는 말은
일 상 적 인 대화에서
나온다.

DAY 19 일일 테스트

A 영어는 우리말로, 우리말은 영어로 쓰세요.

01 nobody _____
02 spring _____
03 toy _____
04 god _____
05 guest _____
06 midnight _____

07 위험 _____
08 폭풍 _____
09 천(1,000) _____
10 특히 _____
11 언젠가, 언제나 _____
12 가장 적은, 가장 적게 _____

B 빈칸에 알맞은 단어를 적어 어구를 완성하세요.

13 두뇌를 이용하다   use one's _____
14 100만 달러를 타다   win a _____ dollars
15 원의 중앙   the center of a _____
16 초등 교육   _____ education
17 높은 위험 수준   a high _____ of danger
18 환상적인 날씨   _____ weather

19 둥근 공   a _____ ball
20 다양한 동물원 동물들   _____ zoo animals
21 온라인으로 채팅하다   _____ online
22 논평을 게시하다   _____ a comment
23 모형 비행기   a _____ airplane
24 매일의 일정   one's _____ schedule

C 보기에서 알맞은 단어를 골라 문장을 완성하세요.

보기	telephone	pack	discuss	prepare	type	crowd

25 We need a different _____ of cable for this TV.   우리는 이 TV를 위해 다른 케이블 **종류**가 필요하다.

26 The _____ cheered for the player.   **군중**은 그 선수를 응원했다.

27 I can hear a _____ ringing next door.   나는 옆 방에서 **전화기**가 울리는 것을 들을 수 있어.

28 We _____ed our study plan.   우리는 공부 계획에 대해 **논의했다**.

29 It took me two months to _____ for the match.   내가 그 시합을 **준비하는** 데 두 달이 걸렸다.

30 I have to go home and _____ for my trip.   나는 집에 가서 여행을 위해 짐을 **싸야** 해.

점수: / 30

정답 p.383

발음 익히기

DAY 20

1타 읽으며 기억하기 »	2타 써 보며 기억하기 »	3타 연상법으로 강화하기

01 adventure
[ædvéntʃər 애드벤철]

명 모험
▸ **모험**을 하다 have an _____
▸ **모험**담 _____ stories

애
드
벤
철
모 험

02 cartoon
[kɑːrtúːn 칼~투~운]

명 만화
▸ **만화**를 보다 watch a _____
▸ 인기 있는 **만화** a popular _____

칼
투
운
만 화

03 century
[séntʃəri 쎈추리]

명 100년, 세기
▸ **100년** 전에 a _____ ago
▸ 21**세기** the 21st _____

힘이
쎈 (센) 메
추 리 가
1 0 0 년 도
넘게 살았다.

100살

04 chef
[ʃef 쉐프]

명 요리사, 주방장
▸ 유명한 **요리사** a famous _____
▸ 그 **주방장**은 식당에서 일한다.
  The _____ works in a restaurant.

쉐 프 는
요 리 사 다.

05 college
[kɑ́ːlidʒ 칼~리지]

명 대학
▸ **대학** 도서관 a _____ library
▸ **대학**에 입학하다 enter _____

칼 을 뽑은
리 어왕이
지 상에서 가장 좋은
대 학 에 합격했다.

06 customer
[kʌ́stəmər 커스터머]

명 손님, 고객
▸ 단골**손님** a regular _____
▸ **고객** 서비스 _____ service

커 다란
스 머프가
터 벅터벅 걸어서
머 나먼 곳에 있는
손 님 들을 맞이한다.

07 drawer
[drɔːr 드로~어]

명 서랍
▸ 서랍을 열다   open the _____
▸ 책상 서랍   a desk _____

드 로 어 서 랍

08 envelope
[énvəlòup 엔벌로웁]

명 봉투
▸ 서류 봉투   a document _____
▸ 편지를 봉투에 넣다
  put a letter into an _____

엔 벌 로 웁 봉 투

09 exit
[éksit 엑시트]

명 출구, 퇴장
▸ 영화관의 출구   the theater's _____
▸ 퇴장하다   make one's _____

엑 스트라는 시 트 를 챙겨 출 구 로 나갔다.

10 memory
[méməri 메모리]
memorial 형 기념하기 위한, 추모의

명 기억
▸ 좋은 기억을 가지다
  have a good _____
▸ 행복한 기억   a happy _____

메 모 왕 리 어왕의 기 억

11 playground
[pléigràund 플레이그라운드]

명 놀이터, 운동장
▸ 놀이터에서 놀다
  play on the _____
▸ 학교 운동장   a school _____

플 레 이 그 라 운 드 놀 이 터

12 screen
[skriːn 스크뤼~인]

명 화면, 스크린
▸ 컴퓨터 화면   a computer _____
▸ 스크린을 보다   look at the _____

스 크 뤼 인 화 면

13 blanket
[blǽŋkit 블랭킷]

명 담요
▸ 부드러운 담요   a soft _____
▸ 담요로 덮다   cover with a _____

블 랭 킷 담 요

14 furniture
[fə́:rnitʃər 펄~니철]

명 가구

▸ **가구** 한 점 a piece of _____

▸ 새 **가구**를 사다 buy new _____

펄
니
철
가 구

---

15 wheel
[wi:l 위~일]

명 바퀴

▸ 자전거 **바퀴** a bicycle _____

▸ 고장 난 **바퀴** a broken _____

위
일
바 퀴

---

16 honey
[hʌ́ni 허니]

명 꿀

▸ **꿀** 한 병 a bottle of _____

▸ **꿀**벌 _____ bees

허
니
꿀

---

17 dead
[ded 데드]

형 죽은

▸ **죽은** 동물 a _____ animal

▸ 그 벌레는 **죽어** 있다. The bug is _____.

데
드
죽 은

---

18 normal
[nɔ́:rməl 노~멀]
(반) abnormal 형 비정상적인

형 보통의, 정상적인

▸ **보통의** 하루 a _____ day

▸ 체온은 **정상**이에요.
Your temperature is _____.

멀쩡해

노 랗고
멀 쩡한
보 통 의 장난감

---

19 whole
[houl 홀]

형 전체의, 모든

▸ 반 **전체** the _____ class

▸ **전국**을 여행하다
travel across the _____ country

홀 로 세상
전 체 의 모습을
알기는 쉽지 않다.

---

20 anywhere
[énihwɛər 애니웨어]

부 ① 어디든 ② 어디에서도

▸ 세계 **어디든** 가다
go _____ in the world

▸ 나는 내 지갑을 **어디서도** 찾을 수 없어.
I can't find my wallet _____.

애 니 메이션 대사를
웨 어 (외워)두면
어 디 든
쓸 수 있다.

---

21 quite
[kwait 콰잇]

- 상당히, 꽤
  - ▸ 상당히 큰 _____ big
  - ▸ 꽤 먼 길 _____ a long way

콰
잇
상 당 히

트로 머쉬룸 버거는 몸이 아플 때

조심스럽게 먹어야 한다.

22 upstairs
[ˈʌpstɛ́ərz 업스테얼즈]

- 위층으로, 위층에
  - ▸ 위층으로 가다 go _____
  - ▸ 제 이웃은 위층에 살아요.
    My neighbor lives _____.

업
스
테
얼
즈
위 층 으 로

23 puzzle
[pʌ́zəl 퍼즐]

puzzled 형 어리둥절해 하는

- 명 퍼즐, 수수께끼
- 동 어리둥절하게 만들다
  - ▸ 단어 퍼즐 a word _____
  - ▸ 어리둥절해 보이다 look _____d

퍼
즐
퍼 즐

24 ring
[riŋ 륑]

- 명 반지 동 (종·전화가) 울리다
  - ▸ 결혼 반지 a wedding _____
  - ▸ 전화기가 울린다. The phone _____s.

륑
반 지

25 coach
[koutʃ 코우취]

- 동 지도하다
- 명 (스포츠 팀의) 코치, 지도원
  - ▸ 팀을 지도하다 _____ a team
  - ▸ 축구 코치 a soccer _____

코
우
취
지 도 하 다

26 pity
[píti 피티]

pitiful 형 측은한

- 명 연민, 동정심
- 동 연민을 느끼다, 유감스러워하다
  - ▸ 연민을 느끼다 feel _____
  - ▸ 나는 아픈 강아지에게 연민을 느껴.
    I _____ the sick puppy.

피
티
연 민

터가 연 파에서 그에게 연민을 느꼈다.

27 slice
□
[slais 슬라이스]

명 조각 동 썰다, 자르다

▸ 피자 한 **조각** a _____ of pizza
▸ 칼로 **썰다** _____ with a knife

슬 라임
이
스 르륵 흘러 작은
조 각 이 되었다.

28 order
□
[ɔ́:rdər 오~더]

동 ① 주문하다 ② 명령하다
명 ① 주문 ② 순서, 질서 ③ 명령

▸ 음식을 **주문하다** _____ food
▸ 알파벳 **순서로** in alphabetical _____

오 징어 하나
더
주 문 할 게 요!

29 yet
□
[jet 옛]

부 ① 아직 ② 벌써 접 그렇지만

▸ 나는 그 영화를 **아직** 보지 못했어.
  I haven't seen that movie _____.
▸ 이 레스토랑은 싸**지만** 맛있어.
  This restaurant is cheap _____
  delicious.

옛 버릇을
아 직
못 고쳤다니!

30 since
□
[sins 씬스]

전 ~부터
접 ① ~한 이후로, ~한 지 ② ~이므로

▸ 나는 작년**부터** 여기에 살고 있다.
  I've lived here _____ last year.
▸ 전쟁이 끝난 **지** 10년이 되었다.
  It has been 10 years _____ the war
  ended.

씬 (신)선한
스 시 파티는 10월 13일
부 터 열렸다.

스시 파티
10월 13일

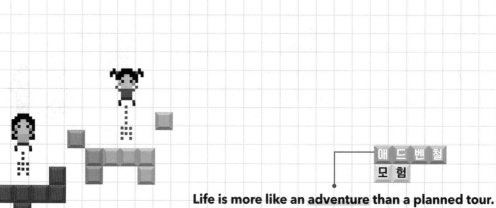

애 드 벤 철
모 험

Life is more like an adventure than a planned tour.
인생은 계획된 여행보다는 모험에 가깝다.

DAY 20 일일 테스트

A 영어는 우리말로, 우리말은 영어로 쓰세요.

01 adventure _____
02 cartoon _____
03 century _____
04 college _____
05 customer _____
06 envelope _____

07 출구, 퇴장 _____
08 퍼즐, 수수께끼 _____
09 위층으로, 위층에 _____
10 연민, 연민을 느끼다 _____
11 주문하다, 주문 _____
12 아직, 그렇지만 _____

B 빈칸에 알맞은 단어를 적어 어구를 완성하세요.

13 부엌 서랍   a kitchen _____
14 슬픈 기억   a sad _____
15 실내 놀이터   an indoor _____
16 넓은 화면   a wide _____
17 따뜻한 담요   a warm _____
18 가구 한 세트   a set of _____

19 버스의 바퀴   the _____s on the bus
20 꿀단지   a _____ jar
21 꽤 많은 사람들   _____ a lot of people
22 다이아몬드 반지   a diamond _____
23 가수를 지도하다   _____ singers
24 파이 한 조각   a _____ of pie

C 보기에서 알맞은 단어를 골라 문장을 완성하세요.

보기	dead whole chef anywhere since normal

25 A famous _____ prepared the dish.   유명한 **요리사**가 그 요리를 준비했다.

26 The plant is almost _____ because I didn't water it.   그 식물은 내가 물을 주지 않아서 거의 **죽었다.**

27 The _____ human body temperature is about 37℃.   **정상적인** 인간의 신체 온도는 약 섭씨 37도이다.

28 You can see the _____ museum in one day.   당신은 하루에 박물관 **전체**를 볼 수 있어요.

29 I haven't seen our guide _____.   나는 우리 가이드를 **어디에서도** 보지 못했어.

30 He has practiced _____ last month.   그는 지난달**부터** 연습했다.

점수: / 30

정답 p.383

DAY 21

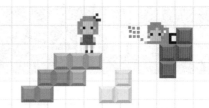

발음 익히기

1타 읽으며 기억하기 》 2타 써 보며 기억하기 》 3타 연상법으로 강화하기

01 journey
[dʒə́ːrni 저~니]

몡 여행, 여정

▸ 기차 **여행** a train _____

▸ **여행**을 떠나다 go on a _____

저 먼 바다로
니 모를 찾아 가는
여 행

---

02 bill
[bil 빌]

몡 ① 지폐 ② 계산서, 청구서

▸ 20달러 **지폐** a 20 dollar _____

▸ **계산서**를 지불하다 pay a _____

빌 게이츠는 항상 손에
지 폐 를
들고 있겠지?

---

03 bit
[bit 빗]

몡 조금, 약간

▸ **조금**만 기다려. Wait a _____.

▸ **약간** 슬픈 a little _____ sad

문의
빗 장이
조 금
열렸다.

---

04 scissors
[sízərz 씨절스]

몡 가위

▸ **가위** 한 자루 a pair of _____

▸ **가위**를 다룰 때 조심하세요.
Be careful with the _____.

씨
절
스
가 위

---

05 war
[wɔːr 워]

몡 전쟁

▸ 제2차 세계대전 World W_____ II

▸ **전쟁**이 드디어 끝났다.
The _____ is finally over.

워 워!
전 쟁 을
해선 안 돼!

---

06 channel
[tʃǽnl 채널]

몡 ① 채널 ② 경로, 수로

▸ **채널**을 바꾸다 change the _____

▸ 깊은 **수로** a deep _____

보
채 는
널 위해
채 널 을
바꿨다.

---

07 site
[sait 싸이트]

명 ① 위치, 장소 ② 현장
- 역사적 **장소** a historic _____
- 캠핑장 a camping _____

싸 이 코패스가
트 집을 잡으며
위 치를
해킹했다.

---

08 area
[ɛ́əriə 에리어]
㊀ region 명 지역

명 ① 지역 ② 구역 ③ 분야
- 위험한 **지역** a dangerous _____
- 주차 **구역** a parking _____

예 일
리 언이
어 부를 납치한
지 역이
여기야.

---

09 boss
[bɔːs 보~스]

명 상사
- **상사**와 무언가를 논의하다
  discuss something with the _____
- 그는 **상사**처럼 행동한다.
  He acts like the _____.

보 검이가
스 파게티를 먹자
상 사가
핀잔을 주었다.

---

10 capital
[kǽpətl 캐피털]

명 ① 수도 ② 대문자 ③ 자본금
- 북경은 중국의 **수도**이다.
  Beijing is the _____ of China.
- **대문자**로 써 주세요.
  Please write in _____s.

캐 리어에
피 가 묻었지만
털 고
수 도로
돌아왔다.

---

11 engineer
[èndʒiníər 엔쥐니얼]
engine 명 엔진, 기관

명 기술자, 기사
- **기술자**가 문제를 해결했다.
  The _____ solved the problem.
- 철도 **기사** a railway _____

엔
쥐
니
얼
기 술 자

---

12 purse
[pəːrs 펄~스]

명 (여성용) 지갑, 핸드백
- 가죽 **지갑** a leather _____
- **핸드백**을 가지고 다니다 carry a _____

펄 쩍 뛰어 일어나
스 트레칭을 한 후,
지 갑을
챙겨 나갔다.

13 receipt
[risíːt 뤼씨~트]

명 영수증

▸ 영수증에 서명하다 sign the _____

▸ 영수증 좀 주시겠어요?
 Can I have a _____?

뤼
씨
트
영 수 증

14 rubber
[rʌ́bər 뤄버]

명 고무

▸ 고무줄 a _____ band

▸ 그 공은 고무로 만들어졌다.
 The ball is made of _____.

뤄 (러)시아의
버 스 바퀴도
고 무 로
만들어졌다.

15 sightseeing
[sáitsìːiŋ 싸잇씨~잉]
sightsee 동 관광하다, 구경하다

명 관광

▸ 관광 버스 a _____ bus

▸ 관광을 가다 go _____

싸
잇
씨
잉
관 광

16 instruction
[instrʌ́kʃən 인스트뤽션]
instruct 동 지시하다, 가르치다

명 설명, 지시

▸ 설명서 an _____ book

▸ 선생님의 지시에 따르다
 follow a teacher's _____s

인
스
트
뤽
션
설 명

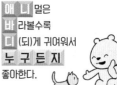

17 anybody
[énibàdi 애니바디]

대 누구든지, 아무나

▸ 누구든지 영웅이 될 수 있다.
 A_____ can be a hero.

▸ 아무나에게 물어보다 ask _____

애 니 멀은
바 라볼수록
디 (되)게 귀여워서
누 구 든 지
좋아한다.

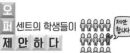

18 offer
[ɔ́ːfər 오~퍼]

동 제안하다, 제공하다

▸ 돕겠다고 제안하다 _____ to help

▸ 할인을 제공하다 _____ a discount

오
퍼 센트의 학생들이 제안한다
제 안 하 다

19 lend
[lend 렌드]
⊕ borrow 동 빌리다

동 빌려주다
- 돈을 빌려주다 _____ money
- 우산 좀 빌려줄 수 있니?
  Can you _____ me an umbrella?

렌 즈가
드 (더)럽지만
빌 려 주 다

20 lay
[lei 레이]

동 ① 놓다, 두다 ② 낳다
- 아기를 내려놓다
  _____ the baby down
- 알을 낳다 _____ an egg

레 미콘 옆에
이 것을
놓 다
툭!

21 lower
[lóuər 로워]
⊕ raise 동 올리다

동 ① 낮추다 ② 내리다
- 온도를 낮추다 _____ the temperature
- 선반에서 큰 상자를 내리다
  _____ a big box from a shelf

너무 시끄
로 워 (러워) 소리를
낮 추 다
소리 낮춰!

22 underground
[ʌ́ndərgràund 언덜그롸운드]

형 지하의
- 지하 터널 an _____ tunnel
- 지하주차장
  an _____ parking lot

언
덜
그
롸
운
드
지 하 의

23 extra
[ékstrə 엑스트뤄]

형 여분의, 추가의
- 여분의 우유를 얻다 get _____ milk
- 추가 비용 없이 at no _____ cost

엑
스
트
뤄
여 분 의

24 mad
[mæd 매드]
madness 명 정신 이상, 광기

형 ① 미친, 정신 이상인 ② 화난
- 광견 a _____ dog
- 나는 그에게 너무 화가 났다.
  I was so _____ at him.

매
드
미 친

25 modern

[mάːdərn 마~던]

modernize 동 현대화하다

형 현대의, 근대의

▸ 현대 미술 _____ art

▸ 근대 한국사 _____ Korean history

마
던
현 대 의

26 perhaps

[pərhǽps 펄햅스]

부 아마도, 어쩌면

▸ 아마도 네가 맞을 거야.
P_____ you're right.

▸ 어쩌면 내일 눈이 올지도 몰라.
P_____ it will snow tomorrow.

펄 (퍼)레이드에서
햅 (햅)반을 먹고 있는
스 위스인은
아 마 도
라면 또한 좋아할 것이다.

27 probably

[prάːbəbli 프라~버블리]

probable 형 그럴듯한

부 아마

▸ 아마 괜찮을 거야. It'll _____ be OK.

▸ 나는 아마 좀 늦을 것 같아.
I'll _____ be a little late.

프 라 (라)이팬에
버 블 티를 요
리 하면
아 마 맛이 없을거야.

28 somewhere

[sʌ́mhwὲər 썸웨어]

부 어딘가에, 어딘가로

▸ 도시 어딘가에 _____ in the city

▸ 어딘가로 운전하다 drive _____

썸 (섬)에서
웨 딩드레스를
어 부가
어 딘 가 에 걸치고 있다.

29 badly

[bǽdli 배들리]

bad 형 나쁜, 심한

부 ① 나쁘게, 서투르게 ② 몹시, 심하게

▸ 누군가에 대해 나쁘게 말하다
speak _____ of someone

▸ 심하게 다치다 be _____ hurt

배 에서
들 리 는 소리에
나 쁘 게 반응했다.

30 fit

[fit 핏]

동 꼭 맞다, 적합하다
형 ① 건강한 ② 적합한, 알맞은

▸ 재킷이 잘 맞는다.
The jacket _____s well.

▸ 건강을 유지하다 keep _____

핏
꼭 맞 다

저~니
여 정

The journey of a thousand miles begins with one step.
천 마일의 여정도 한 걸음부터 시작된다. (=천 리 길도 한 걸음부터)

DAY 21 일일 테스트

A 영어는 우리말로, 우리말은 영어로 쓰세요.

01 bill   _____

02 perhaps   _____

03 anybody   _____

04 boss   _____

05 engineer   _____

06 purse   _____

07 고무   _____

08 관광   _____

09 가위   _____

10 놓다, 낳다   _____

11 지하의   _____

12 미친, 화난   _____

B 빈칸에 알맞은 단어를 적어 어구를 완성하세요.

13 약간 걱정하는   a little _____ worried

14 전쟁에서 승리하다   win the _____

15 뉴스 채널   the news _____

16 바람이 많이 부는 지역   a windy _____

17 스페인의 수도   the _____ of Spain

18 영수증을 인쇄하다   print a _____

19 설명을 듣다   listen to _____s

20 가격을 낮추다   _____ the price

21 여분 옷 한 벌   an _____ set of clothes

22 어딘가로 걸어가다   walk _____

23 서투르게 차를 주차하다   park the car _____

24 서랍에 꼭 맞다   _____ in a drawer

C 보기에서 알맞은 단어를 골라 문장을 완성하세요.

보기	site lend probably journey modern offer

25 I made the _____ on foot.   나는 걸어서 여행했다.

26 The police are already at the _____ of the crash.   경찰은 이미 사고 현장에 있다.

27 We can _____ you a 10 percent discount.   저희가 10% 할인을 제공해드릴 수 있습니다.

28 Can you _____ me 5,000 won?   나에게 5천 원을 빌려줄 수 있니?

29 The telephone is a _____ invention.   전화기는 현대의 발명품이다.

30 You _____ noticed, but the elevator is broken.   아마 알고 있겠지만, 엘리베이터가 고장 났어.

점수: / 30

정답 p.383

DAY 22

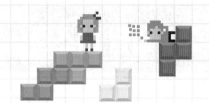

발음 익히기

1타 읽으며 기억하기 »	2타 써 보며 기억하기 »	3타 연상법으로 강화하기

01 castle
[kǽsl 캐슬]

명 성
‣ 오래된 성   an old _____
‣ 성문을 열다   open the _____ gate

캐
슬
성

02 engine
[éndʒin 엔쥔]
engineer 명 기술자, 기사

명 엔진, 기관
‣ 엔진을 고치다   fix the _____
‣ 엔진에서 나오는 연기
  smoke from the _____

엔 간에서는
쥔 (진)짜
엔 진 을
구별하기 어렵다.

03 entrance
[éntrəns 엔트뤈스]
enter 동 들어가다

명 ① 입구, 문 ② 입장, 입장권
‣ 정문   the front _____
‣ 무료 입장   free _____

엔
트
뤈
스
입 구

04 headache
[hédeik 헤드에이크]

명 두통
‣ 고통스러운 두통   a painful _____
‣ 두통이 있다   have a _____

헤
드
에
이
크
두 통

05 net
[net 넷]

명 그물, 망사
‣ 고기잡이 그물   a fishing _____
‣ 그물로 잡다   catch with a _____

넷
그 물

06 path
[pæθ 패쓰]

명 길
▸ 숲속의 오솔길
a _____ through the forest
▸ 길을 따라가다 follow a _____

07 shame
[ʃeim 쉐임]
shameful 형 수치스러운, 창피한

명 ① 수치심, 부끄러움
② 안타까운 일, 유감
▸ 수치심을 느끼다 feel _____
▸ 정말 안타까운 일이야! What a _____!

08 sheet
[ʃi:t 쉬~트]

명 ① (종이) 한 장 ② (침대 등의) 시트
▸ 종이 한 장을 접다
fold a _____ of paper
▸ 침대에 깨끗한 시트를 씌우다
put clean _____s on a bed

쉬 트에 앉아서 책을
한 장씩
읽었다.

09 soul
[soul 쏘울]
soulful 형 감정이 풍부한

명 영혼, 정신
▸ 불쌍한 영혼 a poor _____
▸ 육체와 정신 body and _____

10 autumn
[ɔ́:təm 어~텀]
유 fall 명 가을

명 가을, 가을철
▸ 초가을 early _____
▸ 가을 단풍 _____ leaves

어피치
텀블러는
가을
한정품인가요?

11 department
[dipɑ́:rtmənt 디팔~트먼트]

명 부서, 과
▸ 영업부 the sales _____
▸ 역사학과
the D_____ of History

마케팅 기획 인사

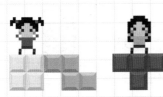

12 chemistry
[kéməstri 케머스트뤼]
chemical 형 화학의 명 화학 물질

명 화학
▸ **화학** 강의 a _____ course
▸ **화학**을 공부하다 study _____

케머스트뤼 화학

13 passport
[pǽspɔːrt 패쓰폴~트]

명 여권
▸ **여권** 사진 a _____ photo
▸ **여권**을 분실하다 lose a _____

패쓰폴트 여권

14 pool
[puːl 푸~울]

명 ① 수영장 ② 웅덩이
▸ **수영장**에서 수영하다 swim in a _____
▸ 진흙탕 a mud _____

푸울 수영장

15 secretary
[sékrətèri 세크뤠터리]

명 비서
▸ 새로 온 **비서** the new _____
▸ **비서**를 구하다 look for a _____

세 개의
크 뤠용을 들고
터 프하게
리 무진을 운전하는
비서

16 leather
[léðər 레덜]

명 가죽
▸ **가죽** 재킷을 입다
  wear a _____ jacket
▸ **가죽**으로 만들어진 made of _____

레덜 가죽

17 repair
[ripέər 뤼페어]

동 수리하다, 고치다
▸ 지붕을 **수리하다** _____ a roof
▸ 제 컴퓨터를 **고쳐주실** 수 있나요?
  Can you _____ my computer?

뤼 (리)어카를
페 (폐)기하면
어 부가
수 리 한 다

18 shut
[ʃʌt 셧]
shutdown 명 폐쇄

동 (문·창문 등을) 닫다
▸ 문을 **닫다** _____ the door
▸ 서랍이 **닫히지** 않는다.
  The drawer doesn't _____.

셧 닫다

19 steal
[sti:l 스티~일]

동 훔치다, 도둑질하다
▸ 아이디어를 훔치다 _____ an idea
▸ 지갑을 도둑질하다 _____ a purse

스
티
일
훔 치 다

20 usual
[júːʒuəl 유~쥬얼]
usually 분 보통, 대개

형 보통의, 평상시의
▸ 그는 보통 때보다 더 일찍 일어났다.
He got up earlier than _____.
▸ 평상시 기온 the _____ temperature

유 명
쥬 얼 리 샵의 손님 수는
보 통 수준이다.

21 double
[dʌ́bl 더블]

형 ① 두 배의 ② 2인용의
▸ 두 배의 보수를 받다 receive _____ pay
▸ 2인용 침대 a _____ bed

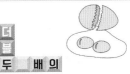

더
블
두 배 의

22 electric
[iléktrik 일렉트뤽]
electricity 명 전기

형 전기의
▸ 전등 an _____ light
▸ 전기 기타를 연주하다
play an _____ guitar

일
렉
트
뤽
전 기 의

23 single
[síŋgl 씽글]

형 ① 단 하나의 ② 1인용의
▸ 단 한 명의 손님 a _____ guest
▸ 1인실 a _____ room

씽
글
단 하 나 의

24 pleasant
[plézənt 플레전트]
pleasantly 분 즐겁게, 유쾌하게

형 즐거운, 기분 좋은
▸ 즐거운 여행 a _____ journey
▸ 즐거운 주말 보내.
Have a _____ weekend.

플 라밍고와
레 밍의 귀여운
전 트 (투)는
즐 거 운
볼거리이다.

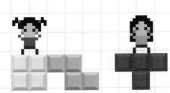

쓰 울
영 혼

Dance is the hidden language of the soul.
춤은 영혼의 숨겨진 언어이다.

25 such
[sʌtʃ 써치]
such as 예를 들어 (~와 같은)

형 ① 그러한, ~와 같은 ② 아주 ~한

▸ 나는 **그러한** 일은 절대 하지 않을 거야.
I would never do ＿＿＿＿ things.
▸ **아주** 아름다운 날이에요.
It's ＿＿＿＿ a beautiful day.

26 immediately
[imíːdiətli 이미~디엇리]
immediate 형 즉각적인

부 즉시

▸ **즉시** 떠나라. Leave ＿＿＿＿＿＿＿.
▸ 그녀는 **즉시** 대답했다.
She answered ＿＿＿＿＿＿＿.

27 except
[iksépt 익쎕트]
exception 명 예외, 제외

전 ~을 제외하고, ~ 외에

▸ 우리는 일요일을 **제외하고** 매일 운동해요.
We exercise every day ＿＿＿＿＿
Sundays.
▸ 그 **외에** ＿＿＿＿＿ for that

28 sort
[sɔːrt 쏠~트]

명 종류, 유형
동 분류하다, 구분하다

▸ 새로운 **종류**의 음악
a new ＿＿＿＿ of music
▸ 쓰레기를 **분류하다** ＿＿＿＿ the trash

29 rent
[rent 뤤트]

동 빌리다, 빌려주다
명 집세, 임차료

▸ 자동차를 **빌리다** ＿＿＿＿ a car
▸ **집세**를 올리다 raise the ＿＿＿＿

30 pardon
[páːrdn 팔~든]

동 용서하다
감 ① 실례합니다. ② 뭐라고요?

▸ 저의 실수를 **용서해주세요**.
P＿＿＿＿ me for my mistake.
▸ **실례합니다**만, 여기 자리 있나요?
P＿＿＿＿ me, but is this seat taken?

DAY 22 일일 테스트

A 영어는 우리말로, 우리말은 영어로 쓰세요.

01 soul _____

02 net _____

03 steal _____

04 double _____

05 electric _____

06 shut _____

07 가을 _____

08 수영장, 웅덩이 _____

09 길 _____

10 비서 _____

11 성 _____

12 용서하다, 실례합니다 _____

B 빈칸에 알맞은 단어를 적어 어구를 완성하세요.

13 단 한 마디 a _____ word

14 영문과 the English _____

15 집세를 낮추다 lower the _____

16 가죽 신발 a _____ shoe

17 옷을 분류하다 _____ clothes

18 시계를 수리하다 _____ a watch

19 화학 선생님 a _____ teacher

20 시끄러운 엔진 a loud _____

21 부드러운 시트 a soft _____

22 여권 번호 a _____ number

23 즉시 해결하다 solve _____

24 즐거운 저녁 a _____ evening

C 보기에서 알맞은 단어를 골라 문장을 완성하세요.

> 보기   shame   headache   except   entrance   usual   such

25 The man blocked the _____. 그 남자는 **입구**를 막았다.

26 I was busy all day long, as _____. 나는 **평상시**와 같이 하루종일 바빴다.

27 Eat lots of vegetables _____ as carrots and onions. 당근이나 양파**와 같은** 채소를 많이 먹으렴.

28 The problem gave him a _____. 그 문제는 그에게 **두통**을 주었다.

29 Every model _____ that one is expensive. 저기 있는 하나**를 제외하고** 모든 모델이 비싸다.

30 He felt a lot of _____. 그는 많은 **수치심**을 느꼈다.

점수: / 30

정답 p.383

DAY 23

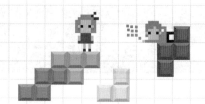

1타 읽으며 기억하기 »	2타 써 보며 기억하기 »	3타 연상법으로 강화하기

01 wallet
[wɑ́:lit 월~릿]

몡 지갑
▸ 두꺼운 **지갑** a fat _____
▸ **지갑**을 줍다 pick up a _____

월
릿
지 갑

02 talent
[tǽlənt 탤런트]
talented 혱 재능이 있는

몡 ① 재능 ② 재능 있는 사람, 인재
▸ 예술적인 **재능**을 가지다
  have an artistic _____
▸ 젊은 **인재** a young _____

탤 (텔)레비전 속
런 닝맨 멤버는
트 램폴린에
재 능이
있구나.

03 ground
[graund 그라운드]

몡 ① 땅 ② 땅바닥, 지면
▸ **땅** 위에 눕다 lie on the _____
▸ 그는 **땅바닥**으로 넘어졌다.
  He fell to the _____.

그
라
운
드
땅

04 hero
[híərou 히어로]

몡 영웅
▸ 전쟁 **영웅** a war _____
▸ **영웅**이 되다 become a _____

히 (희)망을 갖고
어 둠을 물리친
로 봇은
영 웅이 되었다.

05 scene
[si:n 씬]

몡 ① 장면 ② 현장
▸ 영화의 한 **장면** a _____ in a movie
▸ 사고 **현장** the _____ of an accident

씬 (신)나는
장 면!

06 sand
[sænd 쌘드]

몡 ① 모래 ② 모래사장
▸ 모래성 a _____ castle
▸ **모래사장**에서 놀다 play in the _____

쌘
드
모 래

07 contest
[ká:ntest 칸~테스트]

몡 대회, 시합

▸ 노래자랑 **대회** a singing _____

▸ **시합**에 참가하다 enter a _____

08 shape
[ʃeip 쉐입]

몡 모양, 형태

▸ 정사각형 **모양** a square _____

▸ **형태**를 바꾸다 change _____

09 skin
[skin 스킨]

몡 ① 피부 ② 껍질

▸ 창백한 **피부** pale _____

▸ 바나나 **껍질** a banana _____

10 rock
[rak 롹]

몡 ① 바위 ② 록 (음악)

▸ **바위** 위에 앉다 sit on a _____

▸ **록** 밴드 a _____ band

11 stripe
[straip 스트라이프]

몡 줄무늬

▸ 가는 **줄무늬** a thin _____

▸ 흑백 **줄무늬** black and white _____s

12 tip
[tip 팁]

몡 ① (뾰족한) 끝 ② 조언

▸ 손가락 **끝** the _____ of one's finger

▸ 유용한 **조언** useful _____s

If you have a talent, protect it.
재능이 있다면, 그것을 지켜라.

13 coin
☐ [kɔin 코인]

명 동전
▸ 동전 수집가 a _____ collector
▸ 동전을 세다 count some _____s

14 item
☐ [áitəm 아이템]

명 품목, 물품
▸ 품목의 목록 a list of _____s
▸ 사치품 a luxury _____

15 excite
☐ [iksáit 익싸이트]
excited 형 신이 난, 흥분한

동 흥분시키다, 들뜨게 하다
▸ 이 책은 독자들을 흥분시킨다.
  This book _____s readers.
▸ 군중을 들뜨게 하다 _____ a crowd

16 recycle
☐ [rìːsáikəl 뤼~싸이클]
recycling 명 재활용

동 재활용하다
▸ 쓰레기를 재활용하다 _____ waste
▸ 그 도시는 유리와 플라스틱을 재활용한다.
  The city _____s glass and plastic.

17 reduce
☐ [ridjúːs 뤼듀~스]
reduction 명 감소, 축소

동 줄이다, 낮추다, 감소하다
▸ 비용을 줄이다 _____ the cost
▸ 방 온도를 낮추다
  _____ the room's temperature

18 smart
☐ [smɑːrt 스말~트]
ⓤ clever 형 영리한, 똑똑한

형 똑똑한, 영리한
▸ 똑똑한 학생 a _____ student
▸ 영리한 계획 a _____ plan

19 asleep

[əslíːp 어슬리~프]

형 잠이 든, 자고 있는

▸ 잠들다　fall _____

▸ 계속 **자고 있다**　stay _____

20 neat

[niːt 니~트]

형 단정한, 정돈된

▸ **정돈된** 방　a _____ room

▸ **단정하고** 깔끔한　_____ and clean

21 through

[θruː 쓰루]

전 ~을 통해, ~ 사이로

▸ 창문을 **통해** 보다
　look _____ the window

▸ 숲 **사이로** 걷다
　walk _____ the forest

쓰루 리랑카에서 사 온 비 반지를 통해 엄마와 나는 더 친해졌다.

22 without

[wiðáut 위다웃]

전 ~ 없이, ~하지 않고

▸ 지도 **없이** 여행하다
　travel _____ a map

▸ **쉬지 않고** 하루 종일 일하다
　work all day _____ a break

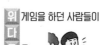

위다웃 게임을 하던 사람들이 음 없이 돌아갔다.

23 while

[wail 와일]

접 ① ~하는 동안　② ~하는 한편

▸ **샤워하는 동안**　_____ in the shower

▸ 내가 짧은 머리카락을 가지고 있는 **한편**, 그는 긴 머리카락을 가지고 있다.
I have short hair, _____ he has long hair.

와일 와이퍼를 닦는 을 하는 동안 누나는 놀고 있었다.

24 suit
[su:t 쑤~트]

명 정장 동 ① 맞다 ② 어울리다

▸ 회색 정장 a gray _____

▸ 취향에 **맞다** _____ one's taste

쑤
트
정 장

25 power
[páuər 파월]

명 힘, 능력 동 동력을 공급하다

▸ 음악의 **힘** the _____ of music

▸ 기계에 **동력을 공급하다** _____ a machine

파
월
힘

26 kid
[kid 키드]

명 아이 동 농담하다

▸ 예의 바른 **아이** a polite _____

▸ 그냥 **농담**한 거야. I'm just _____ding.

키 가 크고
드 리블을 잘하는
아 이

27 wonder
[wʌ́ndər 원더]

동 ① 궁금해하다, 궁금하다 ② 놀라다
명 ① 놀라움 ② 놀라운 일

▸ 미래에 대해 **궁금해하다**
 _____ about the future

▸ **놀라움**으로 가득찬 full of _____

원 더우먼이 악당의 비밀을
더 많이
궁 금 해 하 다

28 store
[stɔ:r 스토~얼]

명 가게, 상점 동 저장하다

▸ 바쁜 **가게** a busy _____

▸ 음식을 **저장하다** _____ food

스
토
얼
가 게

핸드폰 할인매장

29 stick
[stik 스틱]

명 막대기 동 ① 붙이다 ② 찌르다

▸ 긴 **막대기** a long _____

▸ 포스터를 벽에 **붙이다**
 _____ a poster on the wall

스
틱
막 대 기

30 tidy
[táidi 타이디]

형 깔끔한, 잘 정돈된 동 정리하다

▸ 나는 **깔끔한** 사람이야. I'm a _____ person.

▸ 책상을 **정리하다** _____ a desk

넥
타 이의
디 (되)게
깔 끔 한 무늬

DAY 23 일일 테스트

A 영어는 우리말로, 우리말은 영어로 쓰세요.

01 stripe _____

02 recycle _____

03 smart _____

04 asleep _____

05 neat _____

06 wonder _____

07 동전 _____

08 ~하는 동안 _____

09 아이, 농담하다 _____

10 지갑 _____

11 흥분시키다 _____

12 장면, 현장 _____

B 빈칸에 알맞은 단어를 적어 어구를 완성하세요.

13 거대한 바위   a huge _____

14 오래된 영웅들   old _____es

15 땅에서 자라다   grow from the _____

16 조언을 구하다   ask for a _____

17 크기를 줄이다   _____ the size

18 정장을 입어보다   try on a _____

19 달의 모양   the _____ of the moon

20 전력을 사용하다   use electric _____

21 막대기를 들다   hold a _____

22 가게까지 운전하다   drive to the _____

23 해변의 모래   _____ on the beach

24 방을 정리하다   _____ a room

C 보기에서 알맞은 단어를 골라 문장을 완성하세요.

보기	skin talent through without item contest

25 We walked _____ the jungle together.   우리는 밀림 **사이로** 함께 걸었다.

26 The baby has pale _____.   아기가 창백한 **피부**를 가지고 있다.

27 My friend won a singing _____.   내 친구는 노래자랑 **대회**에서 우승했다.

28 She has a _____ for writing.   그녀는 글재주가 있다.

29 He went to the airport _____ a passport.   그는 여권 **없이** 공항에 갔다.

30 How much is this _____?   이 **물품**은 얼마인가요?

점수: / 30

정답 p.384

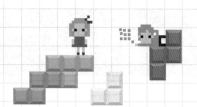

DAY 24

발음 익히기

1타 읽으며 기억하기 »	2타 써 보며 기억하기 »	3타 연상법으로 강화하기

01 joke
[dʒouk 조크]

명 농담
- 웃기는 **농담** a funny _____
- **농담**을 하다 tell a _____

조금 게한 농담

02 breath
[breθ 브레쓰]
breathe 통 숨쉬다, 호흡하다

명 숨, 호흡
- **숨**을 참다 hold one's _____
- 심**호흡** a deep _____

브레인 쓰 (스)토밍하며 숨 쉬기

03 choice
[tʃɔis 초이쓰]
choose 통 선택하다, 고르다

명 선택, 선택권
- 어려운 **선택** a difficult _____
- 더 나은 **선택**을 하다
  make a better _____

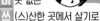
여기에 살겠어
초인들이 이웃 없는 쓰 (스)산한 곳에서 살기로 선 택을 했다.

04 fur
[fəːr 퍼]

명 털, 모피
- 고양이의 **털**을 빗어주다
  brush a cat's _____
- **모피** 코트 a _____ coat

밥을 많이 퍼 먹어서 털 이 많이 났다.

05 shade
[ʃeid 쉐이드]

명 그늘
- 나무의 **그늘** the _____ of a tree
- **그늘**에 앉다 sit in the _____

쉐 이 드 그 늘

06 palace
[pǽlis 팰리스]

명 궁전, 궁
- 환상적인 **궁전** a fantastic _____
- **궁전** 관광 a tour of a _____

팰 리 스 궁 전

07 twin
☐
[twin 트윈]

명 쌍둥이

▸ 일란성 **쌍둥이** identical _____s

▸ 나에겐 **쌍둥이** 여동생(언니)이 있어.
I have a _____ sister.

트윈
쌍 둥 이

08 beauty
☐
[bjúːti 뷰~티]
beautiful 휑 아름다운

명 ① 아름다움, 미 ② 미인

▸ 무지개의 **아름다움**
the _____ of a rainbow

▸ 유명한 **미인** a famous _____

뷰티
아 름 다 움

09 captain
☐
[kǽptin 캡틴]

명 ① 지도자 ② 선장

▸ **주장** a team _____

▸ 배의 **선장** a ship's _____

캡을 쓴
틴 에이저
지 도 자

10 opinion
☐
[əpínjən 어피니언]

명 의견, 생각

▸ 다른 **의견**을 갖다
have a different _____

▸ 내 **생각**에는 in my _____

어깨에
피 가 났네.
니 (이) 약을
언 제 바를래?
의 견 부터
물을게.

의견을
알려줘

11 pill
☐
[pil 필]

명 알약

▸ 두통약 a _____ for a headache

▸ **알약**을 먹다 take a _____

필 터를 교체할 때는
알 약 이
최고다!

기침 알약약!
필터청소!

12 flag
☐
[flæg 플래그]

명 깃발

▸ 태극기 the Korean _____

▸ **깃발**을 올리다 raise a _____

플
래
그
깃 발

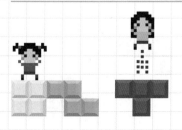

뷰~티
아 름 다 움

Beauty is in the eye of the beholder.
아름다움이란 보는 사람의 눈에 달려 있다.

13 hole
[houl 호울]

몡 구멍, 구덩이
▸ 깊은 **구멍** a deep _____
▸ **구덩이**를 파다 dig a _____

호 울
구 멍

14 speech
[spiːtʃ 스피~취]

몡 연설, 말하기
▸ 지루한 **연설** a boring _____
▸ **연설**을 준비하다 prepare a _____

스 피 취
연 설

15 universe
[júːnəvə̀ːrs 유~니버~스]
universal 혱 우주의

몡 우주
▸ **우주** 전체 the whole _____
▸ **우주**에 있는 별들 stars in the _____

유 치원생들이
니 꺼내꺼 하면서
버 스를 타고
우 주 로 간다.
저 뿔
니꺼~

16 weigh
[wei 웨이]
weight 몡 무게

됭 무게를 재다, 무게가 ~이다
▸ 여행가방의 **무게를 재다** _____ a suitcase
▸ 그것의 **무게**는 약 1톤이다.
  It _____ s about a ton.

웨 이
무 게 를
재 다

17 dig
[dig 디그]

됭 ① (땅을) 파다 ② 파내다, 캐다
▸ **땅을** 더 깊이 **파**! D_____ deeper!
▸ 감자를 **캐다** _____ up some potatoes

디 (되)게
그 리운 보석을 찾으려고 땅을
파 다

18 hang
[hæŋ 행]

됭 걸다, 매달다, 매달리다
▸ 코트를 **걸다** _____ up a coat
▸ 벽에 시계를 **매달다**
  _____ a clock on the wall

행 주를
걸 다

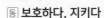
19 protect

[prətékt 프뤄텍트]

protective 휑 보호하는

동 보호하다, 지키다

▸ 환경을 **보호하다**
_____ the environment

▸ 손을 **보호하기** 위해 장갑을 껴라.
Wear gloves to _____ your hands.

프뤄텍트
보 호 하 다

20 communicate

[kəmjú:nikèit 커뮤~니케이트]

communication 휑 의사소통

동 ① 의사소통하다 ② 연락하다

▸ 명확히 **의사소통하다**
_____ clearly

▸ 이메일로 **연락하다**
_____ by e-mail

커뮤니케이트
의 사 소 통 하 다

21 everyday

[évridei 에브뤼데이]

형 매일의, 일상적인

▸ **매일의** 사건   an _____ event

▸ **일상**생활   _____ life

에브뤼데이
매 일 의

22 common

[ká:mən 카~먼]

형 ① 공통의 ② 흔한

▸ **공통의** 언어   a _____ language

▸ **흔한** 이야기   a _____ story

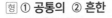

카 (car)를 타고 떠나는
먼 여행이 우리들
공 통 의
관심사이다.

23 main

[mein 메인]

형 주요한, 주된

▸ **주요** 등장인물   the _____ character

▸ **주된** 목표에 대해 이야기하다
talk about the _____ goal

주요한
식량이야
메 밀은
인 간의
주 요 한
식량이었다.

24 outdoor

[áutdɔ̀:r 아웃도~어]

outdoors 튀 야외에서 형 야외

형 야외의

▸ **야외** 행사   an _____ event

▸ **야외** 활동을 즐기다
enjoy _____ activities

아, 웃도
리(윗도리) 좀 입
어!
야 외 의
날씨는 추워.

Part 2 중학 필수 영단어

DAY 24

해커스 3연타 중학영단어

25 helpful
[hélpfəl 헬프풀]

형 도움이 되는

▸ **도움이 되는** 설명
  _____ information

▸ 네가 많은 **도움이 되었어.**
  You were very _____.

헬 기의
프 로펠러를
풀 때
도 움 이
되 는 것이 뭘까?

26 social
[sóuʃəl 소셜]
society 명 사회

형 사회적인, 사회의

▸ 인간은 **사회적인** 동물이다.
  Man is a _____ animal.

▸ **사회** 문제를 해결하다
  solve _____ problems

소 설 속
셜 록 홈즈는
사 회 적 인
사람이 아니다.

27 bitter
[bítər 비럴]

형 ① 쓴 ② 쓰라린 ③ 혹독한

▸ **쓴맛** a _____ taste

▸ **쓰라린** 기억 a _____ memory

비
럴
쓴

28 someday
[sʌ́mdei 썸데이]

부 언젠가, 훗날

▸ 나는 **언젠가** 호주에 가보고 싶어.
  I want to go to Australia _____.

▸ 우리는 **훗날** 다시 만날거야.
  We'll meet again _____.

썸 (섬)에서도
데 이 터가
언 젠 가 잘 터지겠지?

29 folk
[fouk 포크]

명 사람들 (folks), 가족 형 민속의

▸ 나이 든 **사람들** the old _____s

▸ **민속** 음악 _____ music

포 기하지 않고 도전하면서
크 는
사 람 들

30 human
[hjú:mən 휴~먼]

형 인간의 명 인간

▸ **인간의** 뇌 the _____ brain

▸ 그 강아지는 **인간**인 것처럼 걷는다.
  The dog walks like a _____.

휴 지의 원재료인 나무가
면 미래에 사라질 수도 있는 것은
인 간 의
욕심 때문이다.

먼 미래를
생각해!

DAY 24 일일 테스트

A 영어는 우리말로, 우리말은 영어로 쓰세요.

01 twin _____
02 captain _____
03 flag _____
04 universe _____
05 folk _____
06 human _____

07 도움이 되는 _____
08 숨, 호흡 _____
09 (땅을) 파다, 파내다 _____
10 의사소통하다 _____
11 아름다움, 미인 _____
12 그늘 _____

B 빈칸에 알맞은 단어를 적어 어구를 완성하세요.

13 스웨터에 난 구멍   a _____ in a sweater
14 매일의 일과   an _____ routine
15 거울을 걸다   _____ a mirror
16 농담에 웃다   laugh at a _____
17 사회적인 변화   a _____ change
18 가까운 훗날에   _____ soon

19 사생활을 보호하다   _____ one's privacy
20 잘못된 선택을 하다   make the wrong _____
21 말하기 대회   a _____ contest
22 무게가 40kg이다   _____ 40kg
23 야외 운동   _____ sports
24 주요 화제   the _____ topic

C 보기에서 알맞은 단어를 골라 문장을 완성하세요.

보기	opinion fur pill common palace bitter

25 The hat is made of _____.   그 모자는 털로 만들어졌다.

26 I had a _____ taste in my mouth.   나는 입에서 쓴맛을 느꼈다.

27 I told her my _____ of the class president.   나는 그녀에게 반장에 대한 내 의견을 말했다.

28 That's a _____ worry among students.   그것은 학생들 사이에서 흔한 걱정이다.

29 We went on a tour of the _____.   우리는 궁전 관광을 갔다.

30 The nurse brought him a _____.   간호사는 그에게 약약을 가져다주었다.

점수: / 30

정답 p.384

Part 2 중학 필수 영단어

DAY 24

해커스 3연타 중학영단어

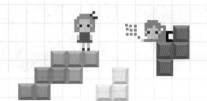

DAY 25

발음 익히기

| 1타 읽으며 기억하기 » | 2타 써 보며 기억하기 » | 3타 연상법으로 강화하기 |

01 alarm
[əlάːrm 얼라~앎]

명 ① 경보(기) ② 알람, 자명종
- 화재 **경보기** a fire _____
- **알람**을 끄다 turn off an _____

얼
라
앎
경 보

조심해!

02 disease
[dizíːz 디지~즈]

명 질병, 병
- 심각한 **질병** a serious _____
- **병**으로 죽다 die from a _____

디
지
즈
질 병

03 friendship
[fréndʃip 프뤤드쉽]

명 우정
- 진정한 **우정** true _____
- 친밀한 **우정**을 쌓다
  form a close _____

프
뤤
드
쉽
우 정

04 interest
[íntərəst 인터뤠스트]
interesting 형 흥미로운

명 관심, 흥미
- 다른 사람의 일에 **관심**을 가지다
  take _____ in others' work
- 같은 **흥미**를 가지다
  have the same _____

인 간과
터 미네이터의
뤠 스 (슬)링 한 판 승부는
트 위터에서
관 심 을 받고 있다.

05 poem
[póuəm 포엠]

명 시
- **시**를 쓰다 write a _____
- 자연에 관한 **시** a _____ about nature

포 도밭 사나이를 사랑한
엠 마의
시

엠마의 시

06 situation
[sìtʃuéiʃən 시츄에이션]

명 상황
- 위험한 **상황** a dangerous _____
- 어려운 **상황**에서 벗어난
  out of a difficult _____

시 츄와
에 (애)니메
이 션 을 보고 있는
상 황

07 skill
[skil 스킬]

명 ① 기술 ② 능력
▶ 새로운 **기술**을 배우다 learn a new _____
▶ 언어 **능력** language _____s

스
킬
기 술

---

08 direction
[dirékʃən 디렉션]
direct 형 직접적인, 직행의

명 ① 방향 ② 지시, 사용법
▶ 옳은 **방향** the right _____
▶ 간단한 **사용법** simple _____s

디
렉
션
방 향

---

09 jail
[dʒeil 제일]
⊕ prison 명 교도소, 감옥

명 감옥, 교도소
▶ **감옥**에 가다 go to _____
▶ **감옥**을 탈출하다 break out of _____

제 일 잘 나가다 붙잡혀
감 옥 에 갔다.

---

10 knee
[ni: 니~이]

명 무릎
▶ **무릎**을 다치다 hurt one's _____
▶ **무릎**을 꿇고 앉다 sit on one's _____s

니
이
무 릎

---

11 pork
[pɔːrk 포~크]

명 돼지고기
▶ **돼지고기**를 먹다 eat _____
▶ **돼지갈비** _____ ribs

포 장을
크 게 한
돼 지 고 기

---

12 shadow
[ʃǽdou 쉐도우]

명 ① 그림자 ② 어둠, 그늘
▶ 건물의 **그림자** the building's _____
▶ **그늘**에 서다 stand in the _____

쉐
도
우
그 림 자

---

13 sunset
[sʌ́nset 썬쎗]

명 ① 일몰, 해 질 녘 ② 저녁 노을
▶ **일몰**을 기다리다 wait for the _____
▶ 아름다운 **저녁 노을** a beautiful _____

썬
쎗
일 몰

Part 2 중학 필수 영단어

DAY 25

해커스 3연타 중학영단어

14 accept
[əksépt 억쎕트]
acceptable 혱 받아들일 수 있는

동 받아들이다, 받다
▸ 충고를 받아들이다 _____ advice
▸ 현금을 받다 _____ cash

억쎕트
받 아 들 이 다

15 deliver
[dilívər 딜리벌]
delivery 뗑 배달

동 배달하다, 전달하다
▸ 우편물을 배달하다 _____ mail
▸ 소식을 전달하다 _____ news

딜리벌
배 달 하 다

16 dive
[daiv 다이브]

동 잠수하다, 물속으로 뛰어들다
▸ 깊이 잠수하다 _____ deep
▸ 수영장에 뛰어들다 _____ into a pool

다이브
잠 수 하 다

17 reach
[riːtʃ 뤼~치]

동 ① 도착하다, 도달하다 ② 손을 뻗다
▸ 정상에 도달하다 _____ the top
▸ 소금을 잡으려고 손을 뻗다
_____ for the salt

뤼치
(리)본을 단
어리더가 서울에
도 착 하 다

18 strike
[straik 스트라이크]

동 세게 치다, 부딪치다
▸ 방망이로 공을 세게 치다
_____ a ball with a bat
▸ 벽에 부딪치다 _____ on a wall

스트롸이크
세 게   치 다

19 lonely
[lóunli 론리]

혱 외로운
▸ 외로운 인생 a _____ life
▸ 외로움을 느끼다 feel _____

론리
은 해리포터를 기다렸지만
포터들만 오고
외로운
시간만 보냈다.

외로워

20 ordinary
[ɔ́ːrdənèri 오~더내리]

혱 보통의, 일상적인
▸ 보통 사람들 _____ people
▸ 일상적인 삶 an _____ life

오더를
내리는
보통의
지도자들

보통의
지도자시!

21 sharp
[ʃɑːrp 샬~프]

형 날카로운, 뾰족한

▸ 날카로운 고통 a _____ pain
▸ 뾰족한 바늘 a _____ needle

샬 프
날 카 로 운

22 ahead
[əhéd 어헤드]

부 ① 앞으로, 앞에 ② 미리

▸ 앞으로 똑바로 가다 go straight _____
▸ 미리 계획을 세우다 plan _____

어 지럽게
헤 매다
드 디어
앞 으로
나갔다.

23 forever
[fərévər 포뤠벌]

부 영원히

▸ 영원히 살다 live _____
▸ 우리는 영원히 절친한 친구야.
  We are best friends _____.

문제를
포 기하고
뤠 벌 려(내버려) 두면
영 원 히 고칠 수 없다.

24 score
[skɔːr 스코~어]

동 득점하다 명 득점, 점수

▸ 우리 팀은 3점을 득점했다.
  Our team _____d three points.
▸ 시험 점수 an exam _____

스 페인
코 인을
어 렵게 구하고 1점을
득 점 하 다

25 hug
[hʌg 허그]

동 껴안다, 포옹하다 명 껴안기, 포옹

▸ 개를 껴안다 _____ a dog
▸ 강한 포옹 a big _____

+1점
허
그
껴 안 다

26 respect
[rispékt 리스펙트]
respectful 형 존경심을 보이는, 공손한

명 존경, 존중 동 존경하다, 존중하다

▸ 깊은 존경심을 나타내다
  show deep _____
▸ 다른 사람들을 존중하다 _____ others

그
리 스 가 경제 위기에 있는 것은
펙 트 (팩트)이지만 고대에는
존 경 받는 철학자를 낳았다.

디 뤡 션
방 향

Effort and courage are not enough without direction.
노력과 용기도 방향 없이는 충분하지 않다.

Part 2 중학 필수 영단어 · DAY 25 · 해커스 3연타 중학영어

27 speed
[spi:d 스피~드]

명 속도
동 ① 빨리 가다 ② 속도 위반을 하다

‣ 속도를 줄이다   reduce one's _____

‣ 차를 타고 재빨리 가버리다
  _____ away in a car

28 hike
[haik 하이크]

동 도보 여행하다, 하이킹하다
명 도보 여행, 하이킹

‣ 숲속을 도보 여행하다
  _____ through a forest

‣ 하이킹을 하러 가다   go on a _____

29 experience
[ikspíəriəns 익스피리언스]

동 경험하다, 체험하다   명 경험, 체험

‣ 다른 문화를 경험하다
  _____ a different culture

‣ 경험에서 배우다   learn from _____

30 female
[fí:meil 피~메일]

명 여성   형 여성의, 암컷의

‣ 남녀 모두   both males and _____s

‣ 첫 번째 여성 조종사
  the first _____ pilot

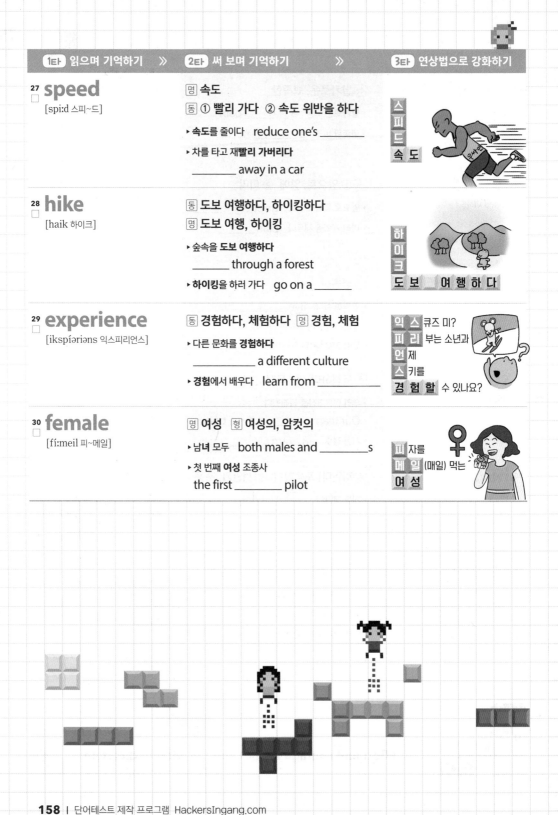

DAY 25 일일 테스트

A 영어는 우리말로, 우리말은 영어로 쓰세요.

01 friendship _____

02 interest _____

03 poem _____

04 skill _____

05 jail _____

06 sunset _____

07 외로운 _____

08 보통의, 일상적인 _____

09 득점하다, 득점 _____

10 껴안다, 껴안기 _____

11 경험하다, 경험 _____

12 여성, 여성의 _____

B 빈칸에 알맞은 단어를 적어 어구를 완성하세요.

13 알람을 맞추다   set an _____

14 지시를 따르다   follow _____s

15 무릎을 굽히다   bend one's _____s

16 돼지고기 한 점   a slice of _____

17 어두운 그림자   a dark _____

18 변화를 받아들이다   _____ changes

19 신문을 배달하다   _____ newspapers

20 드럼을 세게 치다   _____ a drum

21 뾰족한 칼   a _____ knife

22 미리 생각하다   think _____

23 연장자를 존중하다   _____ elders

24 빛의 속도   the _____ of light

C 보기에서 알맞은 단어를 골라 문장을 완성하세요.

보기	dive situation disease hike reach forever

25 I don't want to catch a deadly _____.   나는 죽을병에 걸리고 싶지 않아.

26 What caused this _____?   무엇이 이 **상황**을 초래했나요?

27 The swimmer _____d deeply.   수영 선수가 깊이 **잠수했다**.

28 He _____ed the top of the mountain.   그는 산꼭대기에 **도착했다**.

29 Once a thief, _____ a thief.   한 번 도둑이면 **영원히** 도둑이다.

30 We _____d through the desert.   우리는 사막을 통과하여 **하이킹했다**.

점수: / 30

정답 p.384

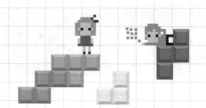

DAY 26

발음 익히기

1타 읽으며 기억하기 »	2타 써 보며 기억하기 »	3타 연상법으로 강화하기

01 grocery
[gróusəri 그로서리]

명 식료품점, 식료품
▸ 식료품점   a _____ store
▸ 식료품을 사러 가다
　go _____ shopping

그 로 서 리
터리
쪽 방향
어카 옆
식 료 품 점 최고!

02 hometown
[hòumtáun 호움타운]

명 고향
▸ 고향을 그리워하다
　miss one's _____
▸ 부산은 제 고향이에요.
　Busan is my _____.

호 움 타 운
고 향

03 birth
[bə:rθ 벌~쓰]

명 ① 출생, 출산 ② 시작, 출현
▸ 생년월일   date of _____
▸ 대중음악의 출현
　the _____ of pop music

벌 거벗은 임금님의
쓰 을픈(슬픈)
출 생 의 비밀

04 branch
[bræntʃ 브랜치]

명 ① 나뭇가지 ② 지사, 분점
▸ 나뭇가지를 붙잡다
　hold onto a _____
▸ 은행 지점   a _____ of a bank

유명
브 랜드의
치 마가
나 뭇 가 지 에
걸려있다.

05 chance
[tʃæns 찬스]

명 ① 기회 ② 가능성
▸ 마지막 한 번의 기회   one last _____
▸ 시험에 합격할 가능성
　a _____ to pass the exam

찬 찬히 얻은
스 타가 될
기 회

TV 오디션

06 court
[kɔːrt 코~트]

명 ① 법정, 법원
② (테니스·배구 등의) 코트

▸ 법정에 서다　go to _____
▸ 테니스 코트　a tennis _____

코 알라 인형이
트 더(뜨려)져서
법 정에
섰다.

---

07 enemy
[énəmi 에너미]

명 적군, 적

▸ 적군과 싸우다　fight with an _____
▸ 천적　a natural _____

에 이미는
너 무
미 안해서
적 군을
풀어줬다.

---

08 height
[hait 하이트]
high 형 높은

명 ① 높이 ② 키

▸ 산의 높이　the _____ of a mountain
▸ 키를 확인하다　check one's _____

하
이
트
높 이

---

09 hunger
[hʌ́ŋgər 헝걸]
hungry 형 배고픈

명 ① 굶주림, 기아 ② 배고픔

▸ 굶주림으로 허약한　weak with _____
▸ 배고픔과 갈증　_____ and thirst

꼬르륵

헝
걸
굶 주 림

---

10 complain
[kəmpléin 컴플레인]
complaint 명 불평

동 ① 불평하다 ② 고통을 호소하다

▸ 그는 항상 불평한다.
　He _____s all the time.
▸ 소음에 대한 고통을 호소하다
　_____ about the noise

컴 퓨터 광고 속
플 레 인 요거트가 맛없다고
불 평 하 다

---

11 control
[kəntróul 컨트로울]

동 ① 통제하다, 지배하다
② 조절하다, 조정하다

▸ 나쁜 습관을 통제하다
　_____ a bad habit
▸ 음량을 조절하다　_____ the volume

컨
트
로
울
통 제 하 다

---

12 fold
[fould 폴드]

동 접다

▸ 반으로 접다　_____ in half
▸ 담요를 접다　_____ a blanket

폴 폴 날린 낙엽을
드 러서(들어서)
접 다

13 freeze
[fri:z 프뤼~즈]

동 얼다, 얼리다

‣ 물은 0도에서 **언다**.
Water _____s at 0℃.
‣ 음식을 **얼리다** _____ food

프 뤼 즈 / 얼 다

14 imagine
[imǽdʒin 이매진]

imagination 명 상상력

동 상상하다

‣ 미래를 **상상하다** _____ the future
‣ 인터넷이 없는 하루는 **상상할** 수 없어!
I can't _____ a day without the Internet!

이 매 진 / 상 상 하 다

15 inform
[infɔ́:rm 인폼]

information 명 정보

동 알리다, 통지하다

‣ 사람들에게 위험을 **알리다**
_____ people of danger
‣ 학생들에게 규칙에 대해 **통지하다**
_____ students about a rule

인 품 / 알 리 다
인간이 품 나게 자신을 알리다 I'm here!

16 colorful
[kʌ́lərfəl 컬러플]

color 명 색깔

형 ① (색이) 다채로운 ② 알록달록한 ③ 화려한

‣ 단풍잎은 **색이 다채롭다**.
Autumn leaves are _____.
‣ **알록달록한** 풍선들 _____ balloons

컬 러 플 / 다 채 로 운

17 active
[ǽktiv 액티브]

activity 명 활동

형 ① 활동적인 ② 적극적인

‣ **활동적인** 아이 an _____ kid
‣ **적극적인** 역할을 하다
take an _____ role

액 티 브 / 활 동 적 인
액정 깨진 티브이는 활동적인 나 때문이다.

18 bold
[bould 보울드]

형 ① 용감한, 대담한 ② 굵은, 선명한

‣ **용감한** 행동 a _____ action
‣ **굵은** 선 _____ lines

보 울 드 / 용 감 한

19 deaf
[def 데프]

형 귀가 들리지 않는, 청각 장애가 있는

▸ 그는 오른쪽 귀가 들리지 않는다.
He is _____ in his right ear.

▸ 청각 장애가 있는 사람 a _____ person

---

20 northern
[nɔ́ːrðərn 놀~던]
north 명 북, 북쪽

형 북쪽의, 북부의

▸ 북쪽 숲 a _____ forest

▸ 북부 지역 the _____ area

---

21 apart
[əpáːrt 어팔~트]

부 ① 따로 ② 떨어져

▸ 따로 살다 live _____

▸ 벤치들은 3미터 떨어져 있다.
The benches are three meters _____.

---

22 trick
[trik 트릭]
tricky 형 교만한, 미묘한

명 ① 속임수 ② 마술 동 속이다

▸ 카드 마술 a card _____

▸ 날 속이려고 하지 마!
Don't try to _____ me!

---

23 crash
[kræʃ 크뤠시]

동 충돌하다, 추락하다
명 ① 충돌, 추락 ② 요란한 소리

▸ 서로 충돌하다 _____ into each other

▸ 항공기 추락 사고 a plane _____

---

24 gain
[gein 게인]

동 ① 얻다 ② 증가하다
명 ① 이익 ② 증가

▸ 점수를 얻다 _____ points

▸ 고통 없이는 얻는 것도 없다.
No pain, no _____.

25 paste
[peist 페이스트]

명 ① 반죽 ② 풀 동 풀로 붙이다

▸ 밀가루 **반죽** a flour _____

▸ 벽에 포스터를 **풀로 붙이다**
_____ a poster on the wall

페이스트 반죽

26 challenge
[tʃǽlindʒ 챌린지]

명 도전
동 ① 도전하다 ② 이의를 제기하다

▸ **도전**을 받아들이다 accept a _____

▸ 세계신기록에 **도전하다**
_____ the world record

챌 (첼)로에 묻은 때를
린 스로
지 우는 데
도 전 !

27 general
[dʒénərəl 제너럴]
generally 뷘 일반적으로

형 일반적인, 보편적인 명 장군

▸ **일반적인** 생각 a _____ view

▸ 그 **장군**은 그의 군인들을 이동시켰다.
The _____ moved his soldiers.

제 (쟤)가
너 럴 (를) 그런 눈으로 보는 건
일 반 적 인 게
아니야.

28 elder
[éldər 엘더]

명 연장자 형 나이가 더 많은, 손위의

▸ **연장자**에게 이야기하다 speak to an _____

▸ 나의 **형(오빠)** my _____ brother

엘 더
연 장 자

AGE +10

29 giant
[dʒáiənt 자이언트]

형 거대한
명 ① (이야기 속의) 거인 ② 거장, 위인

▸ **거대한** 나무 a _____ tree

▸ **거인**만큼 큰 as tall as a _____

자 !
이 제
연 니가
트 럭을
거 대 한 크기로 만듭니다.

30 awake
[əwéik 어웨이크]

형 깨어 있는 동 깨다, 깨우다

▸ 왜 아직도 **깨어 있니**?
Why are you still _____?

▸ 낮잠에서 **깨다** _____ from a nap

어 서 일어나!
웨 (외)치면
이 크 !
깨 어 있 는
상태가 될 것이다.

DAY 26 일일 테스트

A 영어는 우리말로, 우리말은 영어로 쓰세요.

01 grocery _____

02 court _____

03 enemy _____

04 hunger _____

05 complain _____

06 freeze _____

07 상상하다 _____

08 알리다, 통지하다 _____

09 용감한, 굵은 _____

10 귀가 들리지 않는 _____

11 따로, 떨어져 _____

12 연장자, 나이가 더 많은 _____

B 빈칸에 알맞은 단어를 적어 어구를 완성하세요.

13 나뭇가지에 매달리다 hang from a _____

14 흥미로운 도전 an interesting _____

15 건물의 높이 the _____ of a building

16 교통을 통제하다 _____ the traffic

17 봉투를 접다 _____ an envelope

18 화려한 꽃들 _____ flowers

19 북쪽의 기후 a _____ climate

20 영리한 속임수 a clever _____

21 벽과 충돌하다 _____ into a wall

22 힘을 얻다 _____ power

23 보편적인 믿음 a _____ belief

24 거대한 고래 a _____ whale

C 보기에서 알맞은 단어를 골라 문장을 완성하세요.

보기	awake	chance	birth	hometown	active	paste

25 Do you miss your _____? 고향이 그리우세요?

26 Please write down your name and date of _____. 당신의 이름과 **생년월일**을 적어주세요.

27 This is your last _____. 이게 당신의 마지막 **기회**예요.

28 She took an _____ role in the meeting. 그녀는 회의에서 **적극적인** 역할을 수행했다.

29 She mixed flour and water to make a _____. 그녀는 **반죽**을 만들기 위해 밀가루와 물을 섞었다.

30 Is the baby _____? 아기가 **깨어 있나요**?

점수: / 30

정답 p.384

DAY 27

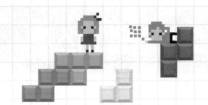

발음 익히기

1타 읽으며 기억하기 》》 **2타** 써 보며 기억하기 》》 **3타** 연상법으로 강화하기

01 prison
[prízən 프뤼즌]

⊞ 교도소, 감옥
▸ **교도소**에서 나오다 get out of _____
▸ 지하 **감옥** an underground _____

프 뤼 즌 브레이크는
교 도 소
탈출 드라마다.

02 bug
[bʌg 버그]

⊞ 벌레, 곤충
▸ 아주 작은 **벌레** a tiny _____
▸ **벌레**를 잡다 catch a _____

버 그
벌 레

03 officer
[ɔ́:fisər 오~피써]

⊞ ① 장교 ② 관리, 공무원
▸ 공군 **장교** an air force _____
▸ 경찰관 a police _____

오 피 써
장 교

04 temple
[témpl 템플]

⊞ 절, 사원
▸ 절에 머무르다 stay at a _____
▸ 불교 **사원** a Buddhist _____

템 플 절

05 system
[sístəm 시스템]

⊞ ① 체계, 시스템 ② 제도, 체제
▸ 난방 **시스템** a heating _____
▸ **제도**를 만들다 create a _____

시 내의
스 님들이 운영하는
템 플스테이는
체 계 가 잘 잡혀있다.

06 throat
[θrout 쓰로우트]

⊞ 목, 목구멍
▸ 연기가 내 **목**을 아프게 했다.
  The smoke hurt my _____.
▸ **목구멍**에 통증을 느끼다
  feel a pain in one's _____

쓰 로 우 트 목

07 thumb
[θʌm 썸]

몡 엄지손가락
- 엄지손가락을 베다 cut one's _____
- 양손 엄지를 들어 추천하다
  two _____s up

썸 (섬) 사람들은
엄 지 손 가 락이
크나?

08 valley
[væli 밸리]

몡 계곡, 골짜기
- 깊은 계곡 a deep _____
- 산골짜기 a mountain _____

밸 (벨)이 눌
리 면
계 곡 으로
뛰어가!

09 wing
[wiŋ 윙]

몡 날개
- 새의 날개 a bird's _____s
- 비행기 날개
  the _____s of an airplane

윙
날 개

10 youth
[juːθ 유~쓰]
youthful 톙 젊은

몡 ① 젊은 시절 ② 젊음, 청춘
- 젊은 시절의 꿈
  the dreams of one's _____
- 젊음을 낭비하다 waste one's _____

유 명인이
쓰 는
젊 은 시 절 이야기

11 zone
[zoun 조운]

몡 지역, 구역
- 전쟁 지역 a war _____
- 주차 금지 구역 a no-parking _____

조
운
지 역

NO SMOKING ZONE
금연구역

12 booth
[buːθ 부~쓰]

몡 (칸막이를 한) 작은 공간, 부스
- 작은 공간을 설치하다 set up a _____
- 티켓 부스 a ticket _____

부
쓰
작 은
공 간

Booth 11

썰~취
찾 다

If you search for perfection, you might look forever.
완벽을 찾는다면, 영원히 찾아야 할 수도 있다.

Part 2 중학 필수 영단어

DAY 27

해커스 3연타 중학영단어

13 spaceship
[spéisʃip 스페이스쉽]

명 우주선
▸ 우주선을 타고 가다 fly a _____
▸ 우주선을 발사하다 launch a _____

스 페 이 스 쉽
우 주 선

---

14 cart
[kɑːrt 칼~트]

명 수레, 카트
▸ 수레를 밀다 push a _____
▸ 쇼핑 카트 a shopping _____

칼 트
수 레

---

15 tag
[tæg 태그]

명 꼬리표, 태그
▸ 가격표 a price _____
▸ 태그를 잘라내다 cut off a _____

태 그
꼬 리 표

---

16 produce
[prədjúːs 프로듀~스]
product 명 제품, 생산물

동 생산하다, 만들다
▸ 석유를 생산하다 _____ oil
▸ 자동차를 만들다 _____ cars

프 로 듀 스
102에서 아이돌을
생 산 하 다

---

17 clap
[klæp 클랩]

동 박수를 치다, 손뼉을 치다
▸ 크게 박수를 치다 _____ loudly
▸ 손뼉을 치다 _____ one's hands

클 랩
박 수 를
치 다

---

18 spoil
[spɔil 스포일]

동 ① 망치다, 못 쓰게 만들다
     ② 버릇없게 키우다
▸ 계획을 망치다 _____ one's plan
▸ 아이를 버릇없게 키우다 _____ a child

스 포 일 러가 영화를
망 치 다

19 pure
[pjuər 퓨얼]

형 순수한, 깨끗한
▸ 순금 _____ gold
▸ 깨끗한 물 _____ water

퓨얼 순수한

20 rough
[rʌf 러프]
roughly 부 거칠게, 대략

형 ① (행동이) 거친 ② 거칠거칠한
③ 대강의, 대략적인
▸ 거친 경기를 벌이다 play a _____ game
▸ 거칠거칠한 피부 _____ skin

러프 시아와 랑스의 거친 축구 경기

21 silent
[sáilənt 싸일런트]
silence 명 침묵

형 조용한, 침묵을 지키는
▸ 도서관 조용했다.
The library was _____.
▸ 침묵을 지키다 stay _____

싸일런트 조용한

22 similar
[símələr 씨믈러]
similarly 부 비슷하게, 마찬가지로

형 비슷한, 유사한
▸ 비슷한 취향을 가지다
have _____ tastes
▸ 유사한 문화 a _____ culture

씨믈러 비슷한

23 stupid
[stjú:pid 스튜~핏]

형 어리석은, 바보 같은, 멍청한
▸ 어리석은 결정을 하다
make a _____ decision
▸ 바보 같은 실수 a _____ mistake

스튜핏 어리석은

24 sense
[sens 쎈쓰]
sensitive 형 세심한, 예민한

명 감각 동 느끼다
▸ 오감 the five _____s
▸ 위험을 느끼다 _____ danger

쎈쓰 있는 사람은
감각 있는 사람이다.

25 switch
[switʃ 스위치]

명 ① 전환, 변경 ② (전기) 스위치
동 전환하다, 바꾸다

▸ 색의 **변경** a _____ of colors
▸ 장소를 **바꾸다** _____ places

스 위 스산
치 즈는 기분
전 환 에
도움이 된다.

26 trade
[treid 트뤠이드]

명 거래, 무역
동 거래하다, 무역하다

▸ 국제 **무역** an international _____
▸ 정보를 **거래하다** _____ information

트 뤠 이 드
거 래

27 trust
[trʌst 트뤄스트]
trustworthy 형 신뢰할 수 있는

명 신뢰 동 신뢰하다, 믿다

▸ 많은 **신뢰**를 보여주다
show a lot of _____
▸ 날 믿어! T_____ me!

트 뤄 스 트
신 뢰

28 roll
[roul 로울]

동 ① 굴리다, 구르다 ② 말다
명 두루마리

▸ 그 공은 언덕 아래로 **굴러**갔다.
The ball _____ed down the hill.
▸ 화장지 한 **두루마리**
a _____ of toilet paper

로 울
굴 리 다

29 search
[səːrtʃ 썰~취]

동 ① 찾다, 탐색하다
② (컴퓨터) 검색하다
명 ① 찾기, 수색 ② (컴퓨터) 검색

▸ 책을 **찾다** _____ for a book
▸ 온라인 **검색** an online _____

썰
취
찾 다

30 average
[ǽvəridʒ 애버뤼지]

형 평균의 명 평균(값)

▸ **평균** 키 the _____ height
▸ **평균** 이상으로 above _____

애 버 (에버)랜드에
뤼 (리)본을 매고
지 금 오는 사람들은
평 균 의 키를
가진 사람들이다.

DAY 27 일일 테스트

A 영어는 우리말로, 우리말은 영어로 쓰세요.

01 temple _____

02 switch _____

03 valley _____

04 wing _____

05 youth _____

06 zone _____

07 우주선 _____

08 꼬리표, 태그 _____

09 박수를 치다 _____

10 망치다, 버릇없게 키우다 _____

11 엄지손가락 _____

12 체계, 제도 _____

B 빈칸에 알맞은 단어를 적어 어구를 완성하세요.

13 교도소에 갇히다   be stuck in _____

14 신뢰와 존경   _____ and respect

15 샤워 부스   a shower _____

16 전력을 생산하다   _____ electricity

17 깨끗한 공기   _____ air

18 대략적인 원고   a _____ draft

19 조용한 마을   a _____ village

20 어리석은 실수   a _____ mistake

21 촉감   the _____ of touch

22 외국 무역   foreign _____

23 신문지를 말다   _____ up a newspaper

24 평균 이하로   below _____

C 보기에서 알맞은 단어를 골라 문장을 완성하세요.

보기	throat search bug officer cart similar

25 He caught a _____ in a net.   그는 망에 있는 **벌레**를 잡았다.

26 The police _____ gave her a speeding ticket.   경찰관은 그녀에게 속도위반 딱지를 주었다.

27 A fish bone is stuck in his _____.   가시가 그의 **목구멍**에 걸려 있다.

28 He pushed the _____ to the garage.   그는 차고로 **수레**를 밀었다.

29 They have _____ wallets.   그들은 비슷한 지갑을 가지고 있다.

30 The family _____ed for the missing child.   가족은 실종된 아이를 **찾아다녔다**.

점수: / 30

정답 p.384

Part 2 중학 필수 영단어

DAY 27

해커스 3연타 중학영단어

DAY 28

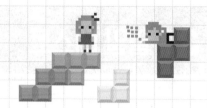

발음 익히기

1타 읽으며 기억하기 》 2타 써 보며 기억하기 》 3타 연상법으로 강화하기

01 soldier
[sóuldʒər 쏠저]

명 군인, 병사
▸ 군인이 되다 become a _____
▸ 용감한 병사 a brave _____

쏠 로라 커플을
저 주하는
군 인

02 cotton
[ká:tn 카~튼]

명 ① 면직물 ② 솜, 목화
▸ 면담요 a _____ blanket
▸ 목화를 기르다 grow _____

카 튼
면 직 물

03 solution
[səlú:ʃən 썰루~션]
solve 통 해결하다, 풀다

명 ① 해결책, 해법 ② 해답, 정답
▸ 쉬운 해결책 an easy _____
▸ 해답을 찾다 find a _____

썰
루
션
해 결 책

04 amount
[əmáunt 어마운트]

명 양, 액수
▸ 물의 양 the _____ of water
▸ 액수를 줄이다 reduce the _____

어 마 어마한
운 을 가진
트 리사는 많은
양 의 돈을 벌었다.

05 condition
[kəndíʃən 컨디션]

명 ① 상태 ② 조건
▸ 상태가 좋다 be in good _____
▸ 조건을 변경하다 change a _____

컨 디 셔너로 머리를
션 한(시원한)
상 태 로
만들 수 있다.

06 monster
[má:nstər 만~스털]

명 괴물
▸ 끔찍한 괴물 a terrible _____
▸ 괴물처럼 생기다 look like a _____

만
스
털
괴 물

07 truth
[tru:θ 트루~쓰]
true 형 사실인, 진정한

명 진실, 사실
▸ **진실**을 발견하다 discover the _____
▸ 사건의 **진실**
  the _____ about the accident

트루쓰 리색 모자를 쓴 돌프가 러진 사건의
진 실

---

08 metal
[métl 메들]

명 금속
▸ **금속** 배관 a _____ pipe
▸ **금속**으로 만들어진 made of _____

메들
금 속

---

09 mystery
[místəri 미스터뤼]
mysterious 형 이해하기 힘든, 신비한

명 수수께끼, 신비
▸ 과학적 **수수께끼** a scientific _____
▸ 화성의 **신비** the _____ of Mars

뭐가 들었지?

미스터뤼
수 수 께 끼

---

10 cage
[keidʒ 케이쥐]

명 새장, (짐승의) 우리
▸ **새장**을 닫다 shut a _____
▸ **우리** 속 동물들 animals in the _____

케이쥐
새 장

---

11 crew
[kru: 크루]

명 ① 승무원, 탑승원 ② 팀, 무리
▸ 항공기 **승무원** a flight _____
▸ 수리**팀** a repair _____

크루 (커)다란 플를 탄
승 무 원

---

12 decision
[disíʒən 디씨전]
decide 동 결정하다, 결심하다

명 결정
▸ 용감한 **결정** a bold _____
▸ **결정**하다 make a _____

디씨전
결 정

---

13 appear
[əpíər 어피어]

동 ① **나타나다**
　 ② ~인 것 같다, ~으로 보이다
▸ 행사에 **나타나다** _____ at an event
▸ 잠이 든 **것 같다** _____ to be asleep

어 라? 꽃이 피어 나면서 새롭게
나 타 났 다

14 destroy
[distrɔ́i 디스트뤄이]

동 파괴하다

▸ 환경을 **파괴하다**
＿＿＿＿＿＿ the environment

▸ 평화를 **파괴하다** ＿＿＿＿＿＿ the peace

디
스
트
뤄
이
파 괴 하 다

---

15 allow
[əláu 얼라우]

allowance 명 용돈

동 허락하다

▸ 누군가가 들어오도록 **허락하다**
＿＿＿＿＿＿ someone to enter

▸ 의사는 내가 뛰는 것을 **허락하지** 않았다.
The doctor didn't ＿＿＿＿＿ me to run.

얼 굴
라 인이
우 월한 사람의 참가를
허 락 하 다

---

16 erase
[iréis 이레이스]

eraser 명 지우개

동 지우다, 없애다

▸ 틀린 답을 **지우다**
＿＿＿＿＿＿ a wrong answer

▸ 자국을 **없애다** ＿＿＿＿＿＿ a mark

이
레 이 스 무늬를
지 우 자

---

17 decorate
[dékərèit 데커뤠이트]

decoration 명 장식, 장식품

동 장식하다, 꾸미다

▸ 케이크를 **장식하다** ＿＿＿＿＿＿ a cake

▸ 방을 **꾸미다** ＿＿＿＿＿＿ a room

데
커
뤠
이
트
장 식 하 다

---

18 expect
[ikspékt 익스펙트]

expectation 명 기대, 예상

동 기대하다, 예상하다

▸ 그에게 너무 많은 걸 **기대하진** 마.
Don't ＿＿＿＿＿＿ too much of him.

▸ 극심한 교통량을 **예상하다**
＿＿＿＿＿＿ heavy traffic

익 살스러운
스 위스 사람의
펙 트 (팩트) 폭격을
기 대 하 다

---

19 handsome
[hǽnsəm 핸썸]

형 잘생긴

▸ **잘생긴** 남자 a ＿＿＿＿＿＿ man

▸ 너 오늘 정말 **잘생겨보인다!**
You look very ＿＿＿＿＿＿ today!

핸 리는
썸 을 좋아하는
잘 생 긴
사람이다.

20 forward
[fɔ́:rwərd 포~워드]
(반)backward (부)뒤로

(부)**앞으로**

▸ **앞으로** 걷다 step _____

▸ **앞으로** 움직이다 move _____

포 위된
워 리어
드 (들)아,
앞 으 로!

21 fortunately
[fɔ́:rtʃənətli 포~추너틀리]
fortune (명)행운, 재산

(부)**다행히, 운 좋게도**

▸ 우리는 **다행히** 시험에 통과했다.
We _____ passed the exam.

▸ 나는 **운 좋게도** 상을 탔다.
I _____ won the prize.

포 스터를 그릴 때
추 임새를
너 (넣)으니
틀 리는 부분을
다 행 히 고칠 수 있었다.

얼쑤-!

22 though
[ðou 도우]

(접)**~이지만**

▸ 어리**지만**, 그는 현명하다.
T_____ he is young, he is wise.

▸ 작**지만**, 그녀는 충분히 강하다.
T_____ she is small, she is strong enough.

도 와주도록 할게.
우 리는 적
이 지 만

23 track
[træk 트뤡]

(명)① 길 ② 자국, 발자국
(동)**추적하다, 뒤쫓다**

▸ 기찻길 train _____s

▸ 동물을 **뒤쫓다** _____ an animal

트
뤡
길

24 support
[səpɔ́:rt 서포~트]

(동)**지지하다, 지원하다**
(명)**지지, 지원**

▸ 의견을 **지지하다**
_____ one's opinion

▸ 고객 **지원**을 제공하다
offer customer _____

서 쪽의
포 켓몬이
트 리 보호를
지 지 하 다

25 tap
[tæp 탭]

(동)**톡톡 두드리다** (명)**수도꼭지**

▸ 책상을 **톡톡 두드리다** _____ a desk

▸ 수도꼭지를 잠그다 turn off the _____

탭 을릿(태블릿) PC를
톡 톡
두 드 리 다

Part 2 중학 필수 영단어

DAY 28

해커스 3연타 중학영단어

26 flow
[flou 플로우]

동 흐르다 명 흐름

- 바다로 **흐르다** _____ into the ocean
- 시간의 **흐름** the _____ of time

플로우 흐르다

27 handle
[hǽndl 핸들]

동 **처리하다, 다루다** 명 **손잡이**

- 상황을 **처리하다** _____ a situation
- **손잡이**를 붙잡다 grab a _____

핸들 처리하다

28 lock
[lak 락]

동 **잠그다, 잠기다** 명 **자물쇠, 잠금장치**

- 문을 **잠그다** _____ a door
- 자전거 **잠금장치** a bicycle _____

락 잠그다

29 dot
[dat 닷]

명 **점** 동 **점을 찍다, 점으로 그리다**

- 검은 **점** a black _____
- 종이에 **점을 찍다** _____ on paper

닷 점

· · · • ● ← Dot

30 patient
[péiʃənt 페이션트]

patience 명 참을성, 인내

형 **참을성 있는** 명 **환자**

- **참을성 있는** 부모 _____ parents
- **환자**를 돌보다 care for a _____

페이션트 참을성 있는

서 포~트 지지

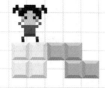

You can do anything with passion and support.
열정과 지지가 있다면 뭐든지 할 수 있다.

DAY 28 일일 테스트

A 영어는 우리말로, 우리말은 영어로 쓰세요.

01 cotton _____   07 장식하다, 꾸미다 _____

02 amount _____   08 잘생긴 _____

03 though _____   09 앞으로 _____

04 decision _____   10 다행히, 운 좋게도 _____

05 destroy _____   11 톡톡 두드리다, 수도꼭지 _____

06 allow _____   12 새장, (짐승의) 우리 _____

B 빈칸에 알맞은 단어를 적어 어구를 완성하세요.

13 스트레스를 다루다 _____ stress   19 언덕 아래로 흐르다 _____ down a hill

14 금속 탐지기 a _____ detector   20 수수께끼를 풀다 solve a _____

15 거대한 괴물 a giant _____   21 건강 상태 a health _____

16 최선의 해결책 the best _____   22 죽은 것 같다 _____ to be dead

17 환자의 체온 a _____'s temperature   23 영화 팀 a movie _____

18 지도에 있는 점 a _____ on the map   24 사슴을 뒤쫓다 _____ a deer

C 보기에서 알맞은 단어를 골라 문장을 완성하세요.

> 보기   soldier   erase   support   lock   truth   expect

25 She is strongly _____ed by her students. 그녀는 자신의 학생들에게 강력한 **지지를 받고** 있다.

26 He _____ed the bathroom door. 그는 화장실 문을 **잠갔다**.

27 I didn't _____ the question. 그 질문은 **예상하지** 않았다.

28 The _____ fought in the war. 그 **군인**은 전쟁에서 싸웠다.

29 She wasn't able to guess the _____. 그녀는 **진실**을 짐작할 수 없었다.

30 The teacher _____d the words on the whiteboard. 선생님은 화이트보드의 단어를 **지웠다**.

점수: / 30

정답 p.384

DAY 29

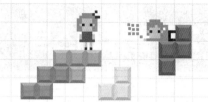

발음 익히기

| 1타 읽으며 기억하기 | » | 2타 써 보며 기억하기 | » | 3타 연상법으로 강화하기 |

01 powder
[páudər 파우덜]

명 가루, 분말
- 가루가 되다 turn into _____
- 카레 가루로 요리하다
  cook with curry _____

파
우
덜
가 루

02 success
[səksés 썩쎄스]
successful 형 성공한

명 성공
- 성공담 a _____ story
- 건강은 성공에 있어 중요하다.
  Health is important for _____.

썩 (석)쇠에 올린
쎄 (세) 점의 고기를
스 을쩍 먹는 데
성 공 !

03 title
[táitl 타이들]

명 ① 제목 ② 명칭, 호칭
- 영화 제목 the _____ of the movie
- 공식 명칭 the official _____

타
이
들
제 목

04 accent
[ǽksent 액센트]

명 ① 강세, 억양 ② 말투, 사투리
- 이상한 억양 a strange _____
- 사투리로 말하다 speak with an _____

액
센
트
강 세

05 background
[bǽkgraund 백그라운드]

명 배경
- 배경 음악 _____ music
- 역사적인 배경
  the historical _____

백 팀은 경기장
그 라 운 드 를
배 경 으로
사진을 찍었다.

06 cave
[keiv 케이브]

명 동굴
- 지하 동굴 an underground _____
- 동굴에서 길을 잃다 get lost in a _____

케
이
브
동 굴

07 fear
[fiər 피어]

명 공포, 두려움

▸ **공포**로 창백해진   pale with _____

▸ 죽음에 대한 **두려움**이 있다
   have a _____ of death

피어 오르는
공포

08 jar
[dʒɑːr 자~알]

명 병, 항아리

▸ **병**을 동전으로 채우다
   fill a _____ with coins

▸ 꿀 **항아리**   a _____ of honey

자 알 (잘) 익은 과일을
병 에 넣자!

09 pattern
[pǽtərn 패턴]

명 ① 무늬
② (사고·행동 등의) 양식, 패턴

▸ 줄**무늬**   a striped _____

▸ 수면 **패턴**   a sleeping _____

패
턴
무 늬

10 peace
[piːs 피~스]

peaceful 형 평화로운

명 평화

▸ **평화**의 순간   a moment of _____

▸ 전쟁 이후의 **평화**   _____ after the war

피 곤할 때
스 르륵 자면
평 화 로워진다.

11 product
[prɑ́ːdʌkt 프로~덕트]

produce 동 생산하다, 만들다

명 제품, 생산물

▸ **제품** 목록   a _____ catalog

▸ 신**제품**을 팔다   sell a new _____

프 로 들은 코치
덕 분에 규칙적으로
트 레이닝하고, 좋은
제 품 을 먹는다.

12 dust
[dʌst 더스트]

dusty 형 먼지투성이인

명 먼지

▸ **먼지**를 털다   shake the _____ off

▸ 하늘이 **먼지**로 노랗게 변했다.
   The sky turned yellow with _____.

더 러운
스 트 리트에
먼 지 가
많다.

13 tax
[tæks 택스]

tax-free 형 면세의

명 세금

▸ **세금**을 올리다   raise _____

▸ 요금에는 **세금**이 포함돼 있어요.
   The rates include _____.

택 시 기사나 버
스 기사나 모두
세 금 을 낸다.   세금

Part 2 중학 필수 영단어

DAY 29

해커스 3연타 중학영단어

14 escape
[iskéip 이스케이프]

동 도망치다, 탈출하다
▸ 재빨리 **도망치다** _____ quickly
▸ 감옥에서 **탈출하다** _____ from prison

15 refuse
[rifjúːz 뤼퓨~즈]

동 거절하다, 거부하다
▸ 제안을 **거절하다** _____ an offer
▸ 대화하기를 **거부하다** _____ to talk

16 slip
[slip 슬립]
slippery 형 미끄러운

동 미끄러지다
▸ 얼음판에서 **미끄러지다** _____ on ice
▸ 바닥에서 **미끄러지다** _____ on the floor

17 false
[fɔːls 폴~스]

형 틀린, 거짓의
▸ **틀린** 답 a _____ answer
▸ 진실 혹은 **거짓인** true or _____

18 original
[ərídʒənəl 오뤼지널]
origin 명 기원, 출신

형 ① 원래의 ② 독창적인
▸ **원래의** 계획으로 돌아가다
go back to the _____ plan
▸ **독창적인** 생각 an _____ idea

(오리)는 힘들고
쳐도
부러지지 않고
원래의
모습으로 헤엄쳤다.

이게 내
일레 모습이야!

19 pregnant
[prégnənt 프레그넌트]
pregnancy 명 임신

형 임신한
▸ **임신하다** become _____
▸ **임신한** 여성들을 위한 지원
support for _____ women

20 fancy
[fǽnsi 팬시]

형 ① 화려한 ② 값비싼, 고급의

▸ 화려한 차 a _____ car

▸ 고급 식당 a _____ restaurant

팬 이 선물한
시 계는
화 려 하 다

21 nowadays
[náuədèiz 나우어데이즈]

부 요즘에는

▸ 와이파이가 요즘에는 어디에나 있다.
Wi-Fi is everywhere _____.

▸ 요즘에는 차가 많다.
N_____, there are lots of cars.

나 는
우 산이
어 제 꼭 필요했어.
데 이트하는
즈 음에 비가 왔거든.
요 즘 에 는 날씨가 변덕스러워.

22 research
[rísərtʃ 뤼서~치]
researcher 명 연구원

명 연구, 조사 동 연구하다, 조사하다

▸ 연구 주제
the subject of the _____

▸ 질병을 연구하다 _____ a disease

뤼 (리)듬을
서 서히 타는 저
치 어리더는 춤
연 구 를
많이 했다.

23 damage
[dǽmidʒ 대미지]

명 손상, 피해
동 손상을 주다, 해를 끼치다

▸ 피해를 복구하다 repair some _____

▸ 흡연은 너의 건강에 해를 끼칠 수도 있어.
Smoking may _____ your health.

대 지에 영향을
미 친
지 구의
손 상

24 row
[rou 로우]

동 노를 젓다 명 줄, 열

▸ 앞으로 노를 젓다 _____ forward

▸ 한 줄로 서다 stand in a _____

로 딩되는 동안
우 진이가
노 를   젓 다

25 sail
[seil 쎄일]

동 항해하다 명 ① 돛 ② 항해

▸ 바다를 건너 항해하다
_____ across the ocean

▸ 돛을 달다 set a _____

쎄
일
항 해 하 다

26 display
[displéi 디스플레이]

동 전시하다, 진열하다 　명 전시, 진열

▸ 그림을 전시하다　_____ a painting

▸ 전시된　on _____

디
스
플
레
이
전 시 하 다

---

27 maximum
[mǽksəməm 맥스멈]

형 최대의, 최고의

명 (수량·규모·속도 등의) 최대, 최고

▸ 최고 점수　the _____ score

▸ 최대치에 도달하다　reach the _____

맥
스
멈
최 대 의

이게 최대야!

---

28 routine
[ruːtíːn 루~틴]

routinely 부 일상적으로

명 일상, 일과　형 일상적인

▸ 매일의 일상　an everyday _____

▸ 일상적인 검진　a _____ check-up

루 프탑 카페에서
틴 트를 바르는 것은
일 상 이다.

---

29 direct
[dirékt 디렉트]

directly 부 곧장, 똑바로

형 ① 직접적인　② 직행의

동 감독하다, 지휘하다

▸ 직항편　a _____ flight

▸ 영화를 감독하다　_____ a film

디
렉
트
직 접 적 인

---

30 besides
[bisáidz 비싸이즈]

부 게다가　전 ~ 외에

▸ 이 책은 너무 길어. 게다가, 지루해.
　This book is too long. B_____ , it's boring.

▸ 나는 영어 외에 일본어도 할 수 있어.
　B_____ English, I can also speak Japanese.

비 싸~
이 집은
즈 응(정)말 비싸~
게 다 가
맛도 없어.

DAY 29 일일 테스트

A 영어는 우리말로, 우리말은 영어로 쓰세요.

01	powder	_____	**07** 미끄러지다	_____
02	routine	_____	**08** 거절하다, 거부하다	_____
03	title	_____	**09** 임신한	_____
04	background	_____	**10** 항해하다, 돛	_____
05	cave	_____	**11** 직접적인, 감독하다	_____
06	dust	_____	**12** 게다가, ~ 외에	_____

B 빈칸에 알맞은 단어를 적어 어구를 완성하세요.

13 진정한 성공   true _____

14 화려한 유니폼   a _____ uniform

15 남부 지방 사투리   a southern _____

16 연구를 완성하다   complete the _____

17 한 줄로   in a _____

18 상점 진열   a store _____

19 평화를 지키다   protect the _____

20 꽃무늬   a floral _____

21 폭풍에 의한 피해   _____ from the storm

22 세금을 내다   pay _____

23 원작자   the _____ writer

24 두려움과 싸우다   fight one's _____s

C 보기에서 알맞은 단어를 골라 문장을 완성하세요.

보기	escape jar false product maximum nowadays

25 Sometimes, there is _____ information on the Internet.   때때로, 인터넷엔 **틀린** 정보가 있다.

26 She searched for the _____ online.   그녀는 온라인에서 **제품**을 찾았다.

27 A monkey _____d from the zoo.   원숭이가 동물원에서 **탈출했다**.

28 _____, many people have smartphones.   요즘, 많은 사람들이 스마트폰을 가지고 있다.

29 I dropped a _____ of jam.   나는 잼 **병**을 떨어뜨렸다.

30 You can stay for a _____ of five years.   당신은 **최대** 5년 동안 체류할 수 있다.

점수:	/ 30

정답 p.385

Part 2 중학 필수 영단어

DAY 29

해커스 3연타 중학영단어

DAY 30

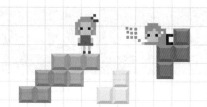

1타 읽으며 기억하기 »	2타 써 보며 기억하기 »	3타 연상법으로 강화하기

01 thief
[θiːf 띠~프]

명 도둑
▸ **도둑**을 잡다 catch a _____
▸ 보석 **도둑** a jewel _____

띠 를 두른 채
프 랑스 국경을 넘은
도 둑

02 topic
[táːpik 토~픽]

명 화제, 주제
▸ 흥미로운 **화제** an interesting _____
▸ 책의 **주제** the _____ of the book

토 플 시험을 보던 사람이
픽 쓰러진 것이
화 제 이다.

03 value
[vǽljuː 밸류]
valuable 형 가치가 큰, 귀중한

명 가치
▸ 소장품의 **가치**
the _____ of a collection
▸ **가치**가 커지다 gain in _____

밸 (벨)트 하나로
류 (유)명해진 그 브랜드의
가 치 는 대단하다.
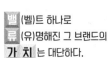

04 closet
[kláːzit 클라~짓]

명 벽장
▸ 비어 있는 **벽장** an empty _____
▸ **벽장**에 보관하다 store in a _____

클
라
짓
벽 장

05 humor
[hjúːmər 휴~멀]
humorous 형 재미있는, 유머러스한

명 유머, 익살
▸ **유머** 감각 a sense of _____
▸ **익살**스러운 이야기 a story with _____

휴
멀
유 머

깔깔깔

06 base
[beis 베이스]
basic 형 기본적인

명 ① 기초 ② 본사 ③ (군사) 기지
▸ 튼튼한 **기초** a strong _____
▸ 육군 **기지** an army _____

베
이
스
기 초

07 cancer
[kǽnsər 캔서]

몡 암

▸ **암**을 제거하다 remove _____
▸ **암** 연구 _____ research

08 coast
[koust 코우스트]

몡 해안, 연안

▸ **해안**을 따라 운전하다
drive along the _____
▸ **해안**에 있는 마을
a village on the _____

09 couple
[kʌ́pl 커플]

몡 ① 한 쌍, 둘 ② 커플, 부부

▸ 두 사람 a _____ of people
▸ **커플**이 되다 become a _____

10 death
[deθ 데쓰]
dead 혱 죽은

몡 죽음, 사망

▸ 끔찍한 **죽음** a terrible _____
▸ 적의 **사망** the _____ of an enemy

11 disadvantage
[dìsədvǽntidʒ 디스어드밴티쥐]
맨 advantage 몡 강점, 이점

몡 불리한 점, 약점

▸ 심각하게 **불리한 점**
a serious _____
▸ 강점과 **약점**
advantages and _____s

12 fault
[fɔːlt 폴~트]
faulty 혱 결함이 있는, 불완전한

몡 ① 잘못, 책임 ② 단점, 결점

▸ 그건 네 **책임**이야. It's your _____.
▸ **단점**을 고치다 correct one's _____s

13 fountain
[fáuntən 파운튼]

몡 분수, 샘

▸ 공원에 있는 **분수**
a _____ in the park
▸ **샘**에서 물을 마시다
drink water from a _____

파
운
튼
분 수

---

14 fuel
[fjúːəl 퓨~얼]

몡 연료

▸ **연료** 가격 the price of _____
▸ 석유를 **연료**로 사용하다 use oil as _____

퓨
얼
연 료

---

15 period
[píːəriəd 피~리오~드]

몡 기간, 시기, 시대

▸ 축제 **기간** a festival _____
▸ 같은 **시기**의 of the same _____

피 리를 불며
오 케스트라에서
드 럼을 친
기 간이
꽤 된다.

시작 --------- 지금

---

16 pleasure
[pléʒər 플레저]
pleasant 휑 즐거운, 기분 좋은

몡 즐거움, 기쁨

▸ 배우는 것에 **즐거움**을 느끼다
take _____ in learning
▸ 삶의 **기쁨** the _____s of life

플 레이 스테이션을
저 와 함께 하면
즐 거 움을
느낄 수 있습니다.

같이 즐거워요!

---

17 warn
[wɔːrn 원]

동 경고하다

▸ 위험에 대해 **경고하다**
_____ about a danger
▸ 아이들에게 조심하라고 **경고하다**
_____ kids to be careful

원 한이 많은 귀신을 조심하라고
경 고 하 다

경고!
원한쌓인 귀신

---

18 bet
[bet 벳]

동 ① 돈을 걸다, 내기를 걸다
② 확신하다, 단언하다

▸ 천 원을 걸다 _____ 1,000 won
▸ 나는 좋은 일이 일어날 것이라고 **확신**해.
I _____ something good will happen.

벳 (뱃)사람들이 어획량에
돈 을 걸 다

Part 2 중학 필수 영단어

DAY 30

해커스 3연타 중학영어

19 **connect**
☐
[kənékt 커넥트]

connection 뎅 연결, 관련성

동 잇다, 연결하다

▸ 점들을 잇다 _____ the dots

▸ 두 선로를 연결하다 _____ two tracks

커 다란
넥 타이와 옷깃
트 음(틈)새를
잇 다

20 **unknown**
☐
[ʌ̀nnóun 언노운]

형 알려지지 않은, 무명의

▸ 알려지지 않은 이유들로
for _____ reasons

▸ 무명작가 an _____ writer

언 니와
노 래한 전기사의
운 알 려 지 지
않 은 정체

21 **western**
☐
[wéstərn 웨스턴]

west 뎅 서쪽

형 ① 서쪽의, 서부의 ② 서양의

▸ 서부 유럽 W_____ Europe

▸ 서양 문화 W_____ culture

웨 스 턴
서 쪽 의

22 **alive**
☐
[əláiv 얼라이브]

형 살아 있는, 살아서

▸ 그 남자는 여전히 살아 있다.
The man is still _____.

▸ 살아서 집에 돌아오다
come back home _____

얼 라 이 브
살 아 있 는

23 **ashamed**
☐
[əʃéimd 어쉐임드]

형 부끄러운, 창피한

▸ 부끄러워하지 마세요.
Don't be _____.

▸ 창피한 감정을 느끼다 feel _____

어 쉐 임 드
부 끄 러 운

24 **exact**
☐
[igzǽkt 이그잭트]

exactly 閔 정확히

형 정확한

▸ 정확한 양 an _____ amount

▸ 정확한 철자를 쓰다
write the _____ spelling

이 그 ~
잭 (재)킷 어딘가가
트 (터)졌는데
정 확 한
위치를 모르겠네?

휴~멀
유 머

Humor is humanity's greatest blessing.
유머는 인간의 가장 위대한 축복이다.

25 familiar
[fəmíljər 퍼밀리어]

형 ① 익숙한, 친숙한 ② ~을 잘 아는
▶ 익숙한 목소리   a _____ voice
▶ 나는 그를 잘 안다.
  I'm _____ with him.

퍼
밀
리
어
익 숙 한

26 former
[fɔ́:rmər 포~머]

형 예전의, 과거의
▶ 예전에는   in _____ times
▶ 이전 세계 챔피언
  a _____ world champion

포 비가
머 리를 굴리며
예 전 의 일을
기억해냈다.

27 private
[práivət 프라이벗]
privacy 명 사생활

형 사적인, 개인적인
▶ 사적인 대화   a _____ conversation
▶ 개인실을 예약하다
  book a _____ room

프 롸 이 (프라이)는
벗 이 없어
사 적 인 이야기를
할 사람이 없었다.

28 scream
[skri:m 스크림]

동 소리치다, 비명을 지르다   명 비명
▶ 누군가 도와달라고 소리쳤다.
  Someone _____ed for help.
▶ 한밤중의 비명   a _____ at midnight

스 위트 어니언
크 림 (크림)을 먹고
소 리 치 다

29 blank
[blæŋk 블랭크]

명 빈칸, 공백   형 공백의, 빈
▶ 빈칸을 채우다   fill in the _____s
▶ 빈 공간   a _____ space

블
랭
크
빈 칸

30 plenty
[plénti 플렌티]

명 많음, 풍요
형 (~ of) 충분한, 많은
▶ 풍요의 땅   a land of _____
▶ 충분한 음식을 제공하다
  serve _____ of food

플
렌
티
많 음

DAY 30 일일 테스트

A 영어는 우리말로, 우리말은 영어로 쓰세요.

01 value _____
02 closet _____
03 coast _____
04 death _____
05 disadvantage _____
06 pleasure _____

07 경고하다 _____
08 돈을 걸다, 확신하다 _____
09 알려지지 않은, 무명의 _____
10 살아 있는, 살아서 _____
11 부끄러운, 창피한 _____
12 소리치다, 비명 _____

B 빈칸에 알맞은 단어를 적어 어구를 완성하세요.

13 정확한 시간 the _____ time
14 사적인 공간 a _____ space
15 지루한 주제 a boring _____
16 두 명의 아이들 a _____ of kids
17 도둑을 쫓다 follow a _____
18 섬의 서부 도시 the island's _____ city

19 많은 풍선을 걸다 hang _____ of balloons
20 익숙한 광고 a _____ advertisement
21 암을 유발하다 cause _____
22 연구 기지 a research _____
23 궁전의 분수 a _____ in a palace
24 연료를 태우다 burn _____

C 보기에서 알맞은 단어를 골라 문장을 완성하세요.

보기 blank   humor   period   fault   connect   former

25 He was the greatest poet in that _____. 그는 그 **시대**에 가장 훌륭한 시인이었다.
26 She has a good sense of _____. 그녀는 좋은 **유머** 감각을 가지고 있다.
27 I tried to correct my _____s. 나는 내 **잘못**을 고치려고 노력했다.
28 They _____ed the restaurant to the museum. 그들은 식당을 박물관과 **연결했다**.
29 The _____ president gave a speech. **이전** 대통령이 연설했다.
30 Please fill in the _____s. **빈칸**을 채워주세요.

점수: / 30

정답 p.385

Review Test DAY 16~30

MP3 |

Listen and Check

A 단어를 듣고 빈칸에 알맞은 영어 단어를 쓰세요. 🎧

01 _____	06 _____	11 _____
02 _____	07 _____	12 _____
03 _____	08 _____	13 _____
04 _____	09 _____	14 _____
05 _____	10 _____	15 _____

B 어구 또는 문장을 듣고 빈칸에 알맞은 영어 단어를 쓰세요. 🎧

16 _____ in time

17 get lost in the _____

18 He fell to the _____.

19 learn from _____

20 _____ English, I can also speak Japanese.

내신 Up!

객관식 다음 중 밑줄 친 단어의 의미가 잘못 쓰인 것은?

① There are a lot of <u>customers</u> in the café.

② I lost my <u>passport</u> last week.

③ We watched the <u>sunset</u> in the morning.

④ I have a <u>thousand</u> won.

⑤ My favorite season is <u>autumn</u>.

주관식 주어진 설명에 가장 적절한 단어는?

a large building where a king or queen lives

답: _____

점수:	/ 22

정답 p.385

 # Word Game

 ⟦ Crossword Puzzle ⟧

앞에서 배운 단어를 기억하며 모두 채워 보세요.

ACROSS

1 Jessica said that math is her favorite   과목   .

4 The bedrooms in this house are   위층에   .

6   현대의   phones are like little computers.

7 He's lying to hide his   수치심   .

8 Some cities   재활용하다   waste paper.

9 I   궁금하다   if I can pass this test.

DOWN

2 The   영리한   dog understands what we say.

3 I'll try not to make a   실수   this time.

5 Have a safe   여행   !

10 Did you accept the   도전   ?

정답 p.385

DAY 31

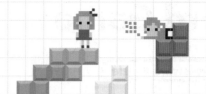

발음 익히기

1타 읽으며 기억하기 »	2타 써 보며 기억하기 »	3타 연상법으로 강화하기

01 technology
[teknάːlədʒi 테크날~러지]
technological 형 과학 기술의

명 (과학) 기술
▸ 첨단 **기술**   high _____
▸ 나는 컴퓨터 **기술**에 관심이 있어.
  I'm interested in computer
  _____.

테 디베어의
크 기에
날 러 (놀라)
지 마.
기 술 의
힘이야.

---

02 ghost
[goust 고우스트]

명 유령, 귀신
▸ **유령** 이야기   a _____ story
▸ 너는 **귀신**을 믿니?
  Do you believe in _____s?

고
우
스
트
유 령

---

03 expert
[ékspəːrt 엑스펄~트]

명 전문가
▸ 화학 **전문가**   a chemistry _____
▸ **전문가**에게 묻다   ask an _____

엑
스
펄
트
전 문 가

---

04 issue
[íʃuː 이슈]

명 ① 문제, 쟁점   ② (출판물의) 호
▸ **문제**를 논하다   discuss an _____
▸ 잡지의 최신 **호**
  the latest _____ of a magazine

이
슈
문 제

크림 빵을 누가 버렸는지가
문제이다.

---

05 tool
[tuːl 투~울]

명 도구, 연장
▸ 원예용 **도구**   a garden _____
▸ **연장**을 사용하다   use a _____

투 울
도 구

툴대며 문을 고칠
도구를
찾는다.

06 lawyer
[lɔ́:jər 로~여]

몡 변호사

▸ **변호사**와 판사 _____s and judges

▸ **변호사**와 상담하다 speak to one's _____

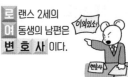
로 랜스 2세의
여 동생의 남편은
변 호 사 이다.

07 purpose
[pə́:rpəs 펄~퍼스]

몡 목적

▸ 주요 **목적** the main _____

▸ 연설의 **목적**
the _____ of the speech

펄 (퍼)레이드는 큰
퍼 포먼
스 를
목 적 으로
한다.

08 shoulder
[ʃóuldər 쇼울더]

몡 어깨

▸ 튼튼한 **어깨** strong _____s

▸ **어깨**를 잡다 grab one's _____

쇼
울
더
어 깨

09 position
[pəzíʃən 포지션]

몡 ① 위치 ② 자세 ③ 직위

▸ 고정된 **위치** a fixed _____

▸ 편안한 **자세**로 앉다
sit in a comfortable _____

포 장마차는
지 난주
션 한(시원한)
위 치 로
옮겼다.

10 society
[səsáiəti 소싸이어티]

몡 사회, 집단

social 몡 사회적인, 사회의

▸ 현대 **사회** modern _____

▸ **집단**의 구성원 a member of _____

맙
소 싸 (사)!
이 게
어 떻게
티 안 나게
사 회 에서 잊혀져?

11 gun
[gʌn 건]

몡 총

▸ **총**을 가지고 다니다 carry a _____

▸ 사냥**총** a hunting _____

건
총

12 advantage
[ædvǽntidʒ 애드밴티쥐]

advantageous 몡 이로운, 유리한
take advantage of
~을 기회로 활용하다

몡 이점, 장점

▸ 교육의 **이점**
the _____ of education

▸ 큰 **장점**이 있다
have a big _____

애
드
밴
티
쥐
이 점
긴 꼬리가
내
이점이야

---

13 attach
[ətǽtʃ 어태치]

동 붙이다, 첨부하다

▸ 가격표를 **붙이다** _____ a price tag

▸ 이메일에 파일을 **첨부하다**
  _____ a file to an e-mail

어 !
태 균이가
치 과에서 교정기를
붙 였 다 !

---

14 locate
[lóukeit 로케이트]

location 명 장소

동 ① 찾아내다, ~의 위치를 알아내다
　② (be located) 위치하다,
　　위치를 정하다

▸ 잃어버린 지갑을 **찾아내다**
  _____ a lost wallet

▸ 은행이 어디에 **위치해 있**나요?
  Where is the bank _____d?

로 켓 모양
케 이크를 파는 마
트 를
찾 아 내 다

마트 케이크 팝니다
여기에 있었네

---

15 shoot
[ʃuːt 슛]

shot 명 발사

동 ① 쏘다 ② 촬영하다

▸ 총을 **쏘다** _____ a gun

▸ 영화를 **촬영하다** _____ a movie

숏 ! 하고 화살이 날아가 호랑이를
쏘 다

숏!

---

16 remain
[riméin 리메인]

동 ① 여전히 ~이다 ② 남다

▸ **여전히 침착하다** _____ calm

▸ 그 기차는 역에 **남아있을** 거야.
  The train will _____ in the station.

우
리 (리) 식당의
메 인 요리는
여 전 히 피자
이 다

---

17 injure
[índʒər 인저]

injury 명 부상

동 부상을 입다, 부상을 입히다

▸ 엄지손가락에 **부상을 입다**
  _____ one's thumb

▸ **부상을 입**은 선수 an _____d player

인 간이
저 서
부 상 을
입 다

---

18 bury
[béri 베리]

동 묻다, 매장하다

▸ 타임캡슐을 **묻다** _____ a time capsule

▸ 지하에 **매장하다** _____ underground

블루
베 리 (리)를 땅에
묻 다

---

19 silly
[síli 씰리]

형 어리석은, 바보 같은

▸ **어리석은** 계획 a _____ plan

▸ **바보 같은** 소리 하지 마. Don't be _____.

씰 리 (실리)를 챙기지 않는 건
어 리 석 은
행동이야.

20 upper
[ʌ́pər 어퍼]

형 위쪽의, 더 위에 있는

▸ 나무의 **위쪽** 부분
　the _____ part of a tree

▸ **더 위에 있는** 층　the _____ floor

어 퍼 컷으로
위 쪽 의
상대를 때렸다.

---

21 basic
[béisik 베이직]
basically 뿐 기본적으로, 근본적으로

형 ① 기본적인 ② 기초적인

▸ **기본적인** 기술　a _____ skill

▸ **기초** 어휘　_____ vocabulary

베 틀로
이
직 물을 짜는 건
기 본 적 인 방식이다.

---

22 therefore
[ðéərfɔ̀ːr 데얼포]

부 그러므로, 따라서

▸ 나는 생각한다, **그러므로** 나는 존재한다.
　I think, _____ I am.

▸ **따라서**, 저는 도움이 필요해요.
　T_____, I need some help.

데 면데면한
얼 굴들이 많이
포 함되었다.
그 러 므 로
어색한 이 파티…

---

23 rather
[rǽðər 뤠더]

부 ① 오히려, 차라리 ② 꽤, 약간

▸ 나는 **차라리** 컴퓨터 게임을 할래.
　I'd _____ play computer games.

▸ 이 문제는 **꽤** 어렵다.
　This question is _____ difficult.

뤠 (레)모네이드에 설탕을
더 하는 게
오 히 려 낫다.

---

24 hardly
[hɑ́ːrdli 하~들리]
hard 형 어려운

부 거의 ~ 않다

▸ 너의 말이 **거의 들리지 않아**.
　I can _____ hear you.

▸ 저는 그녀를 **거의** 알지 **못해요**.
　I _____ know her.

하 마는 아무것도
들 리 지 않아
거 의 움직이지
않 았 다

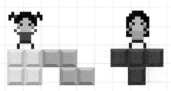

애 드 밴 티 쥐
이 점

Only people who take advantages can enjoy them.
기회를 활용하는 사람만이 그것을 즐길 수 있다.

Part 2 중학 필수 영단어

DAY 31

해커스 3연타 중학영단어

25 rescue
[réskju: 뤠스큐~우]
rescuer 뎽 구조자

뎽 구하다, 구조하다 뎽 구출, 구조
▸ 선원을 **구조하다** _____ crew members
▸ **구조선** a _____ boat

뤠 스 큐 우
구 하 다

26 guard
[gɑːrd 가~드]

뎽 경호원, 경비 뎽 지키다, 보호하다
▸ 교도소 **경비** a prison _____
▸ 성을 **지키다** _____ the castle

가 수가
드 (들)어갈 때 보호하는
경 호 원

27 spot
[spɑt 스팟]

뎽 ① 장소 ② 점, 반점 뎽 발견하다
▸ 지도에 **장소를** 표시하다
　mark a _____ on a map
▸ 오류를 **발견하다** _____ an error

스 위트
팟 (팥빵을 먹을
장 소 를
찾아라!

28 transfer
[trænsfə́ːr 트랜스퍼]

뎽 ① 옮기다, 이동하다 ② 환승하다
뎽 이동, 환승
▸ 다른 학교로 **옮기다**
　_____ to another school
▸ **송금** a money _____

트 랜 스 포머
퍼 즐을 내 방으로
옮 기 다

29 total
[tóutl 토털]
totally 뎽 완전히, 전적으로

뎽 전체의, 총 뎽 합계, 총액
▸ **총** 인원
　the _____ number of people
▸ **총액을** 합산하다 add up the _____

토 익 점수가
털 털 털리니
전 체 의 문제집을
바꿔야겠다!

30 downtown
[dàuntáun 다운타운]

뎽 도심지에, 도심지로 뎽 도심의
▸ **도심지에** 주차하다 park _____
▸ **도심지의** 아파트
　a _____ apartment

다
운
타
운
도 심 지 에

DAY 31 일일 테스트

A 영어는 우리말로, 우리말은 영어로 쓰세요.

01 ghost   _____

02 issue   _____

03 gun   _____

04 advantage   _____

05 locate   _____

06 spot   _____

07 위치, 자세   _____

08 그러므로, 따라서   _____

09 오히려, 꽤   _____

10 쏘다, 촬영하다   _____

11 여전히 ~이다, 남다   _____

12 옮기다, 이동   _____

B 빈칸에 알맞은 단어를 적어 어구를 완성하세요.

13 우주 과학 기술   space _____

14 컴퓨터 전문가   a computer _____

15 이메일의 목적   the _____ of the e-mail

16 어깨너머로   over one's _____

17 바보 같은 농담   a _____ joke

18 한국 사회   Korean _____

19 우표를 붙이다   _____ a stamp

20 경비견   a _____ dog

21 발목에 부상을 입다   _____ an ankle

22 쓰레기를 매장하다   _____ trash

23 기본적인 욕구   a _____ need

24 총액   the _____ price

C 보기에서 알맞은 단어를 골라 문장을 완성하세요.

보기	hardly tool upper lawyer downtown rescue

25 This is a _____ for digging holes.   이것은 구멍을 파기 위한 **도구**이다.

26 The man called his _____ from jail.   그 남자는 교도소에서 그의 **변호사**를 불렀다.

27 We sat in the _____ level of the theater.   우리는 극장의 **위쪽** 층에 앉았다.

28 I am a beginner, so I can _____ speak Japanese.   나는 초보자라서, 일본어를 **거의** 하지 **못해**.

29 The crew was _____d from the sinking ship.   선원들은 가라앉는 배에서 **구조되었다**.

30 I had trouble parking _____.   나는 **도심지**에 주차하는 데 어려움을 겪었다.

점수: / 30

정답 p.386

DAY 32

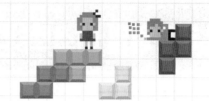

발음 익히기

1타 읽으며 기억하기 »	2타 써 보며 기억하기 »	3타 연상법으로 강화하기

01 trend
[trend 트렌드]

명 동향, 추세
▸ 전 세계적인 **동향** a worldwide _____
▸ 증가하는 **추세** a growing _____

트렌치코트와
드레스가 최근 패션
동향을
보여준다.

---

02 frame
[freim 프레임]

명 틀, 액자
▸ 창**틀** a window _____
▸ 사진 **액자** a picture _____

프레임틀

---

03 series
[síri:z 씨뤼~즈]

명 ① 연속, 일련 ② 시리즈
▸ **일련**의 사고 a _____ of accidents
▸ 만화 **시리즈** a cartoon _____

씨뤼즈
연속

---

04 alphabet
[ǽlfəbèt 앨퍼벳]

명 알파벳, 문자 체계
▸ 영어 **알파벳** the English _____
▸ **알파벳** 문자 letters in the _____

알퍼벳
알 파 벳

ABCDEFG
HIJKLMN

---

05 union
[júːnjən 유~니언]

명 ① 협회, 조합 ② 연방, 연합
▸ **협회**를 결성하다 form a _____
▸ 유럽 **연합** the European U_____

유니콘과 푸른
언덕이
협회의
상징이다.

---

06 architect
[áːrkətèkt 알~크텍트]
architecture 명 건축학

명 건축가
▸ 건물의 **건축가**
   the _____ of a building
▸ 유명한 **건축가** a famous _____

알크텍트
건 축 가

---

07 crime
[kraim 크라임]
criminal 명 범죄자

명 범죄
▸ **범죄** 현장 a _____ scene
▸ 심각한 **범죄** a serious _____

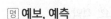

크 라 임
범 죄

---

08 forecast
[fɔ́ːrkæst 폴~캐스트]

명 예보, 예측
▸ 일기예보 a weather _____
▸ 예측을 하다 make a _____

폴 캐 스 트
예 보

내일의 날씨

---

09 author
[ɔ́ːθər 어~써]

명 작가, 저자
▸ 유명한 **작가** a well-known _____
▸ 책의 **저자** the _____ of a book

어 써 작 가
서 글을 너는 작가 잖아!

---

10 equipment
[ikwípmənt 이큅먼트]

명 장비, 용품
▸ **장비**를 설치하다 set up _____
▸ 스포츠 **용품** sports _____

이 큅 먼 트
장 비

---

11 horror
[hɔ́ːrər 호~럴]
horrible 형 끔찍한

명 공포, 경악
▸ **공포** 영화 a _____ movie
▸ **공포**에 질린 얼굴 a look of _____

호 럴
공 포

---

12 quality
[kwáːləti 퀄~러티]

명 품질, 질
▸ **품질**을 높이다 raise the _____
▸ 삶의 **질** the _____ of life

퀄 러 티
품 질

---

13 tube
[tjuːb 튜~브]

명 관, 튜브
▸ 유리**관** a glass _____
▸ **튜브**를 짜다 squeeze a _____

튜 브
관

Part 2 중학 필수 영단어

DAY 32

해커스 3영타 중학영단어

14 **candle**
[kǽndl 캔들]

명 양초

▸ **양초**에 불을 붙이다 light a _____

▸ **촛대** a _____ holder

캔 들
양 초

15 **silence**
[sáiləns 싸일런스]

silent 형 조용한, 침묵을 지키는

명 ① **침묵** ② **고요, 적막**

▸ **침묵**을 깨다 break the _____

▸ 밤의 **고요** the _____ of the night

싸 일 런 스
침 묵

쉿!

16 **none**
[nʌn 넌]

대 아무도 ~ 않다

▸ 이 펜들 중에 **아무것도** 써지지 **않는다.**
  N_____ of these pens work.

▸ **아무것도** 완료되지 **않았다.**
  N_____ are finished.

넌 지금 마음속으로
아 무 도 신경 쓰지
않 아

17 **drag**
[dræg 드래그]

동 **끌다, 끌리다**

▸ 창 쪽으로 의자를 **끌다**
  _____ a chair to the window

▸ 땅에 **끌리다** _____ along the ground

드 르륵 소리를
래 (내)며
그 릇이 든 서랍을
끌 다

18 **translate**
[trænsléit 트뢴슬레이트]

translation 명 번역, 통역

동 **번역하다, 통역하다**

▸ 책을 **번역하다** _____ a book

▸ 영어를 한국어로 **통역하다**
  _____ from English to Korean

트 뢴 슬 레 이 트
번 역 하 다

안녕하세요!

Hello!

퀄~러 티
질

Quality is better than quantity.
양보다는 질이 낫다.

19 advise
[ədváiz 어드바이즈]
advice 명 조언, 충고

동 조언하다, 충고하다
▸ 친구에게 **조언하다** _____ a friend
▸ 강력히 **충고하다** strongly _____

어 드 바 이 즈
조 언 하 다

20 attend
[əténd 어텐드]
attendance 명 출석

동 ① 참석하다, 출석하다 ② 다니다
▸ 수업에 **출석하다** _____ classes
▸ 같은 학교에 **다니다**
_____ the same school

어 이, 금방 갈
텐 께(테니까) 먼저
드 러(들어)가지 말고 같이
참 석 하 자

21 eastern
[íːstərn 이~스턴]
east 명 동쪽

형 ① 동쪽의, 동부의 ② 동양의
▸ **동쪽** 해안 the _____ coast
▸ **동양의** 전통 an E_____ tradition

이 십 번
스 릴 있게
턴 을 도는
동 쪽 의
공연가

22 dull
[dʌl 덜]

형 ① 지루한, 재미없는 ② 무딘
　③ 둔한, 멍청한
▸ **지루한** 강의 a _____ course
▸ **무딘** 미각 a _____ sense of taste

덜
지 루 한 표정

23 gentle
[dʒéntl 젠틀]

형 ① 친절한, 온화한
　② 부드러운, 잔잔한
▸ **친절한** 사람 a _____ person
▸ **부드러운** 바람 a _____ wind

젠
틀
친 절 한

24 anytime
[énitàim 애니타임]

부 언제든지, 언제나
▸ **언제든지** 나에게 물어보렴.
You can ask me _____.
▸ 사고는 **언제나** 어디서나 일어날 수 있다.
Accidents can happen _____ and
anywhere.

애 니 메이션을 보는
타 임 은
언 제 든 지
좋다.

25 aloud
[əláud 얼라우드]

〔부〕① 소리 내어 ② 큰소리로

▸ 책을 **소리 내어** 읽다
read the book _____
▸ **큰소리로** 웃다 laugh _____

얼 굴만 한
라 면을
우 드 득
소 리 내 어
부쉈다.

26 iron
[áiərn 아이언]

〔명〕철, 쇠 〔동〕다림질하다

▸ **철**봉   an _____ bar
▸ 셔츠를 **다림질하다** _____ a shirt

아
이
언
철

27 attack
[ətǽk 어택]

〔명〕공격, 습격 〔동〕공격하다, 습격하다

▸ **공격**을 받고 있는 under _____
▸ 적을 **공격하다** _____ an enemy

어
택
공 격

28 battle
[bǽtl 배틀]

〔명〕전투, 투쟁 〔동〕싸우다, 투쟁하다

▸ **전투**에서 이기다 win a _____
▸ 암과 **싸우다** _____ with cancer

배
틀
전 투

29 doubt
[daut 다웃]

doubtful 〔형〕의심스러운

〔명〕의심, 의문 〔동〕의심하다, 의혹을 품다

▸ **의심**이 가득한 full of _____
▸ 진실을 **의심하다** _____ the truth

다 들 왜 내가
웃 는지 물으며
의 심 을
품었다.

30 wrap
[ræp 뢥]

〔동〕① 포장하다 ② 둘러싸다
〔명〕포장지

▸ 선물을 **포장하다** _____ a present
▸ 선물 **포장지** gift _____

뢥
포 장 하 다

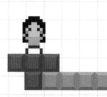
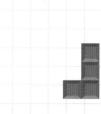

DAY 32 일일 테스트

A 영어는 우리말로, 우리말은 영어로 쓰세요.

01 frame _____ 07 양초 _____

02 series _____ 08 번역하다, 통역하다 _____

03 trend _____ 09 조언하다, 충고하다 _____

04 union _____ 10 참석하다, 다니다 _____

05 architect _____ 11 철, 다림질하다 _____

06 horror _____ 12 포장하다, 포장지 _____

B 빈칸에 알맞은 단어를 적어 어구를 완성하세요.

13 범죄를 신고하다 report a _____ 19 동쪽의 바람 an _____ wind

14 잔잔한 물결 _____ waves 20 무딘 칼 a _____ knife

15 캠핑용품 camping _____ 21 그물을 끌다 _____ a net

16 품질을 시험하다 test the _____ 22 큰소리로 울부짖다 cry _____

17 튜브를 불다 blow into a _____ 23 마을을 습격하다 _____ a village

18 도서관의 적막함 _____ in the library 24 의심하며 말하다 speak with _____

C 보기에서 알맞은 단어를 골라 문장을 완성하세요.

보기	alphabet anytime author none battle forecast

25 The book was signed by the _____. 책에 저자의 서명을 받았다.

26 There are 26 letters in the English _____. 영어 알파벳에는 26개의 문자가 있다.

27 _____ of the stores sell newspapers. 상점들 중 아무 곳도 신문을 팔지 않는다.

28 Leave _____ you want. 원한다면 언제든지 떠나라.

29 The weather _____ said it would be rainy. 일기예보에서 비가 올 것이라고 했다.

30 The soldier was killed in a _____. 그 군인은 전투에서 죽었다.

점수: / 30

정답 p.386

Part 2 중학 필수 영단어

DAY 32

해커스 3연타 중학영단어

DAY 33

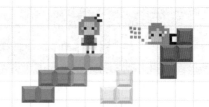

발음 익히기

1타 읽으며 기억하기 » **2타** 써 보며 기억하기 » **3타** 연상법으로 강화하기

01 ceremony
[sérəmòuni 쎄뤄모우니]

몡 **의식, 식**

▸ 시상식에 참석하다
  attend an awards _____
▸ 결혼식   a wedding _____

쎄 뤄 모 우 니 의 식

02 cliff
[klif 클리프]

몡 **절벽, 벼랑**

▸ 바닷가에 있는 **절벽** a _____ by the sea
▸ **벼랑**에서 떨어지다   fall off a _____

클 리 프 절 벽

03 crop
[krap 크랍]

몡 **농작물, 수확물**

▸ **농작물**을 재배하다   grow a _____
▸ 옥수수 **수확물**   corn _____

크 랍 농 작 물

04 occasion
[əkéiʒən 어케이전]

occasional 혱 가끔의

몡 ① **경우, 때** ② **행사**

▸ 모든 **경우**에   for every _____
▸ 특별한 **행사**   a special _____

어른들 몰래
케이크에 불을
전부 붙인
경우
신난다!

05 technique
[tekní:k 텍니~크]

몡 ① **기법** ② **기술**

▸ 그림 **기법**   a drawing _____
▸ 새로운 **기술**   a new _____

기타의
연주 기법

텍 니 크 기 법

06 goods
[gudz 굿즈]

몡 **제품, 상품**

▸ **제품**을 생산하다   produce _____
▸ 비싼 **상품**   expensive _____

거리 장단에 맞춰
즐겁게 춤추는
제품 판매원

굿 즈 제 품

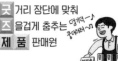

07 mess
[mes 메쓰]
messy 휑 엉망인, 지저분한

명 엉망인 상태, 엉망
▸ **엉망인 상태**로 만들다 make a _____
▸ 방은 **엉망**이었다.
　The room was a _____.

메
쓰
엉 망 인 　 상 태

08 edge
[edʒ 에쥐]

명 ① 모서리, 끝, 가장자리
　② (칼 등의) 날
▸ 탁자의 **모서리** the _____ of the table
▸ 뾰족한 **날** a sharp _____

에 프킬라를
쥐 (지)렁이가 있는 책상
모 서 리 에
뿌렸다.

09 border
[bɔ́ːrdər 볼~덜]

명 국경
▸ 두 나라 사이의 **국경**
　the _____ between two countries
▸ **국경**을 넘다 cross a _____

볼 일이 있어도
덜 (들)어갈 수 없는
국 경

10 shore
[ʃɔːr 쇼~얼]

명 (바다, 호수 등의) 물가
▸ 바위투성이의 **물가** a rocky _____
▸ 호숫가 the _____ of a lake

쇼
얼
물 가

11 ladder
[lǽdər 래덜]

명 사다리
▸ 나무로 된 **사다리** a wooden _____
▸ **사다리**를 오르다 climb a _____

래
덜
사 다 리

12 port
[pɔːrt 폴~트]

명 항구
▸ **항구** 도시 a _____ town
▸ **항구**에 도착하다 arrive at a _____

폴
트
항 구

13 sew
[sou 쏘우]

동 ① 꿰매다 ② 바느질하다
▸ 단추를 **꿰매다** _____ a button
▸ 손으로 **바느질하다** _____ by hand

바늘이
쓰 옥! 매
우 잘
꿰 매 다

Part 2 중학 필수 영단어

DAY 33

해커스 3연타 중학영단어

14 realize
[ríːəlàiz 뤼얼~라이즈]
realization 명 깨달음, 실현

동 ① 깨닫다 ② 실현하다
▸ 실수를 깨닫다 _____ one's mistake
▸ 꿈을 실현하다 _____ a dream

15 recommend
[rèkəménd 뤠커멘드]
recommendation 명 추천, 권고

동 추천하다, 권하다
▸ 식당을 추천하다
_____ a restaurant
▸ 책을 추천하다 _____ a book

16 operate
[ɑ́ːpərèit 아~퍼레잇]
operation 명 수술

동 ① 작동하다, 조작하다 ② 수술하다
▸ 기계를 조작하다 _____ a machine
▸ 뇌를 수술하다 _____ on a brain

17 select
[səlékt 썰렉트]
selected 형 선택된, 선발된

동 선택하다, 선발하다
▸ 물품을 선택하다 _____ an item
▸ 팀원을 선발하다
_____ team members

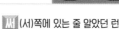

18 southern
[sʌ́ðərn 써던]
south 명 남쪽

형 남쪽의, 남부의
▸ 남쪽의 도시 a _____ city
▸ 남부 아프리카 _____ Africa

19 essential
[isénʃəl 이쎈셜]

형 필수적인
▸ 필수적인 부분 an _____ part
▸ 필수적인 정보 _____ information

20 electronic
[ilektrά:nik 일렉트라닉]

형 전자의

▸ 전자 피아노 an _____ piano
▸ 전자화된 은행 업무 _____ banking

일렉트라닉
전 자 의

21 terrific
[tərífik 터뤼픽]

형 멋진, 훌륭한

▸ 멋진 영화였어!
The movie was _____!
▸ 훌륭한 생각 a _____ idea

엉
터 뤼 (리) 같지만
픽 션처럼
멋 진
결말이었다.

Terrific!!!

22 awful
[ɔ́:fəl 어~풀]

형 끔찍한, 지독한

▸ 끔찍한 자동차 충돌사고
an _____ car crash
▸ 지독한 냄새 an _____ smell

어 우~
풀 태우는 냄새는 정말
끔 찍 해 !

23 narrow
[nǽrou 내뤄우]

형 좁은

▸ 좁은 거리 a _____ street
▸ 좁은 시야 a _____ view

내 뤄 우
좁 은

24 raw
[rɔ: 뤄~어]

형 ① 익히지 않은, 날것의
② 가공되지 않은

▸ 날고기 _____ meat
▸ 가공되지 않은 자료 _____ data

뤄 어
익 히 지
않 은

25 indeed
[indí:d 인디~드]

부 ① 정말 ② 확실히

▸ 정말 감사해요.
Thank you very much _____.
▸ 확실히 좋은 생각이네요.
It is _____ a good idea.

인 구가
디 (되)게
드 물어지는가?
정 말 그렇다.

예전엔

Part 2 중학 필수 영단어

DAY 33

해커스 3연타 중학영단어

26 charge
[tʃɑ:rdʒ 촬~쥐]

명 ① 요금 ② 책임, 담당
동 ① 청구하다 ② 충전하다

▸ 추가 요금   an extra _____
▸ 배터리를 충전하다   _____ a battery

촬 (차)례대로
쥐 (지)불하세요,
요 금 을!

27 relative
[rélətiv 렐러티브]
relate 동 관련시키다

명 친척, 동족
형 비교상의, 상대적인

▸ 가까운 친척   a close _____
▸ 상대적 가치   a _____ value

렐
러
티
브
친 척

이모   사촌형   삼촌

28 equal
[í:kwəl 이~퀄]
equality 명 평등

형 같은, 동등한
동 같다, ~이다

▸ 동등한 권리   _____ rights
▸ 3 더하기 2는 5이다.
  Three plus two _____s five.

이 렇게
퀄 리티가 좋아져도
같 은
가격이라니!

29 tight
[tait 타이트]
tightly 부 단단히

형 꽉 조이는, 단단한
부 꽉, 단단히

▸ 꽉 조이는 청바지   _____ jeans
▸ 꽉 잡으세요!   Hold on _____!

타
이
트
꽉   조 이 는

30 alike
[əláik 얼라이크]

형 비슷한 부 비슷하게, 똑같이

▸ 쌍둥이는 비슷해 보인다.
  Twins look _____.
▸ 비슷하게 생각하다   think _____

얼
라
이
크
비 슷 한

DAY 33 일일 테스트

A 영어는 우리말로, 우리말은 영어로 쓰세요.

01 crop	_____	**07** 전자의	_____
02 shore	_____	**08** 끔찍한, 지독한	_____
03 ladder	_____	**09** 좁은	_____
04 port	_____	**10** 익히지 않은, 날것의	_____
05 operate	_____	**11** 정말, 확실히	_____
06 essential	_____	**12** 비슷한, 비슷하게	_____

B 빈칸에 알맞은 단어를 적어 어구를 완성하세요.

13 전통 의식 a traditional _____	**19** 천천히 깨닫다 slowly _____
14 위험한 절벽 a dangerous _____	**20** 남쪽 지역 _____ regions
15 성대한 행사 a great _____	**21** 멋진 일 a _____ job
16 효과적인 기술 an effective _____	**22** 담당하다 be in _____
17 전자 제품 electronic _____	**23** 상대적인 성공 a _____ success
18 바느질하는 것을 배우다 learn to _____	**24** 창문을 꽉 닫다 close the window _____

C 보기에서 알맞은 단어를 골라 문장을 완성하세요.

보기	equal mess border edge recommend select

25 My mom said that my room is a _____.   엄마는 내 방이 **엉망**이라고 말했다.

26 A note is stuck to the _____ of the monitor.   메모는 화면 **가장자리**에 붙어 있다.

27 You need a passport to cross the _____.   **국경**을 넘으려면 여권이 필요하다.

28 I will _____ you a restaurant in Busan.   내가 너에게 부산의 한 식당을 **추천할게**.

29 The coach _____ed players for the next game.   코치는 다음 경기를 위해 선수들을 **선발했다**.

30 Everyone has _____ rights.   모든 사람은 **동등한** 권리를 가지고 있다.

점수: / 30

정답 p.386

DAY 34

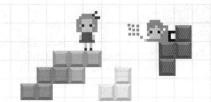

발음 익히기

1타 읽으며 기억하기 »	2타 써 보며 기억하기 »	3타 연상법으로 강화하기

01 fare
[fɛər 페어]

명 요금, 통행료
▸ 버스 **요금**   the bus _____
▸ **통행료**를 지불하다   pay the _____

페 (폐)하~
어 린이
요 금 을
내려주십시오.

페하!
어린이
요금을..

02 departure
[dipáːrtʃər 디팔~철]
반 arrival 명 도착

명 출발
▸ **출발** 시각   the _____ time
▸ **출발** 탑승구를 확인하다
  check the _____ gate

디
팔
철
출 발

03 leisure
[líːʒər 리~절]

명 여가
▸ **여가** 시간   _____ time
▸ **여가** 활동을 즐기다
  enjoy a _____ activity

리
절
여 가

04 beast
[biːst 비~스트]

명 짐승, 야수
▸ **짐승**을 사냥하다   hunt a _____
▸ 미녀와 **야수**   Beauty and the B_____

비
스
트
짐 승

05 gap
[gæp 갭]

명 ① **틈, 구멍** ② **차이, 격차**
▸ 가운데에 있는 **틈**   a _____ in the middle
▸ 나이 **차이**   an age _____

갭
틈

06 sum
[sʌm 썸]

명 ① **액수** ② **합계**
▸ 많은 **액수**의 돈
  a large _____ of money
▸ 총**합계**   the total _____

썸
액 수

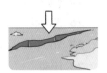

07 destination
[dèstənéiʃən 데스트네이션]

몡 목적지, 도착지

▸ **목적지**에 도착하다
arrive at a _____

▸ 최종 **목적지** the final _____

데 스 트 네 이 션
목 적 지

08 poet
[póuit 포잇]
poetry 몡 시

몡 시인

▸ 무명 **시인** an unknown _____

▸ **시인**이 되다 become a _____

포 잇 도주를
따라 마시는
시 인

09 canal
[kənǽl 커낼]

몡 운하, 수로

▸ **운하**에 있는 배 boats on a _____

▸ **수로**를 파다 dig a _____

커 낼 운 하

10 nephew
[néfju: 네퓨]
niece 몡 여자 조카

몡 남자 조카

▸ 나의 어린 **남자 조카**
my little _____

▸ **남자 조카**를 돌보다
take care of one's _____

네 퓨 다리로 기고
-하며 코 고는 내
남 자 조 카
퓨~

11 cattle
[kǽtl 캐틀]

몡 소 (무리)

▸ **소**를 키우다 raise _____

▸ 들판에 **소 무리**가 있다.
There are _____ in the field.

캐 틀 소

12 quit
[kwit 큇]

동 그만두다

▸ 일을 **그만두다** _____ one's job

▸ 담배를 **끊으세요**! Q_____ smoking!

큇 그 만 두 다

13 surround
[səráund 써라운드]
surrounding 형 주위의

동 둘러싸다, 에워싸다

▸ 나무가 공원을 **둘러싸고** 있다.
Trees _____ the park.

▸ 그는 친구들에게 **에워싸여** 있다.
He is _____ed by friends.

써
라
운
드
둘러싸다

14 bless
[bles 블레쓰]

동 축복하다, 은혜를 베풀다

▸ 신의 **축복**이 있기를!
God _____ you!

▸ **축복받은** 날이에요. It's a _____ed day.

블
레
쓰
축복하다

15 cancel
[kǽnsəl 캔쓸]

동 취소하다

▸ 약속을 **취소하다**
_____ an appointment

▸ 예약을 **취소하다** _____ a reservation

캔
쓸
취소하다

16 rob
[rab 랍]
robber 명 강도, 도둑

동 도둑질하다, 털다

▸ 집을 **도둑질하다** _____ a house

▸ 은행을 **털다** _____ a bank

랍
도둑질하다

17 disagree
[dìsəgrí: 디스어그리]
disagreement 명 의견 충돌

동 동의하지 않다, 의견이 다르다

▸ 결정에 **동의하지 않다**
_____ about a decision

▸ 나는 너와 **의견이 달라**.
I _____ with you.

디스크가 완치되기
어렵다는 말에
그리
동의하지
않다

18 mild
[maild 마일드]

형 ① 순한, 가벼운 ② (날씨가) 온화한

▸ **순한** 비누 a _____ soap

▸ **온화한** 날씨 _____ weather

마
일
드
순한

디스어그리
의견이 다르다

Disagree with ideas, not people.
사람이 아닌, 생각과 의견을 달리하라.

19 brief

[bri:f 브뤼~프]

briefly 图 잠시, 간단히

형 ① 짧은 ② 간단한

▸ **짧은** 인터뷰를 하다
  have a _____ interview

▸ **간단한** 연설을 준비하다
  prepare a _____ speech

브 라우니와
뤼 (리)코타 치즈 샐러드를
프 (퍼)먹으며
짧 은 휴식을 가졌다.

---

20 romantic

[roumǽntik 뤄우맨틱]

romance 图 연애, 로맨스

형 낭만적인, 로맨틱한

▸ **낭만적인** 휴가 a _____ vacation

▸ **로맨틱한** 소설 _____ fiction

뤄
우
맨
틱
낭 만 적 인

---

21 plain

[plein 플레인]

형 ① 소박한, 꾸미지 않은 ② 분명한
   ③ 무늬가 없는

▸ **소박한** 음식 _____ food

▸ **분명하고** 간단한 _____ and simple

플
레
인
소 박 한

---

22 annual

[ǽnjuəl 애뉴얼]

형 ① 매년의, 연례의 ② 한 해의, 연간의

▸ **연례** 축제 an _____ festival

▸ **연간** 소득 an _____ income

애
뉴
얼
매 년 의

---

23 minimum

[mínəməm 미니멈]

형 최저의, 최소한의

▸ **최저** 비용 the _____ expense

▸ **최소한의** 노력으로
  with _____ effort

미 니 밴은 간신히
멈 추었다.
최 저
속도로 달려서.

---

24 otherwise

[ʌ́ðərwàiz 어덜와이즈]

부 ① 그렇지 않으면 ② 다르게

▸ 더 빨리 달려. **그렇지 않으면** 우리는 버스를
  놓칠 거야.
  Run faster. O_____ we will miss
  the bus.

▸ 나는 **다르게** 생각해. I think _____.

어
덜
와
이
즈
그 렇 지 않 으 면

25 state
[steit 스테이트]

명 ① 상태 ② 국가
　③ (미국·오스트레일리아 등의) 주
동 말하다, 진술하다

▸ 좋은 건강 **상태**에 있는
　in a good _____ of health
▸ 이유를 **말하다** _____ a reason

스 테 이 크는 역시
트 럭에 실어 와야 가장 좋은
상 태 로
먹을 수 있다.

26 label
[léibəl 레이블]

명 상표, 라벨 동 라벨을 붙이다

▸ 병에 있는 **상표** the _____ on a bottle
▸ 제품에 **라벨을 붙이다** _____ a product

레
이
블
상 표

27 link
[liŋk 링크]

명 ① 연결, 관련성 ② 고리
동 연결하다, 관련짓다

▸ 웹 사이트 **연결** a _____ to a website
▸ 다리는 두 섬을 **연결한다.**
　The bridge _____s two islands.

링 크
연 결

28 load
[loud 로우드]

명 짐, 화물 동 (짐을) 싣다

▸ 큰 **짐** a large _____
▸ 상자들을 차에 **싣다**
　_____ boxes into a car

로
우
드
짐

29 request
[rikwést 리퀘스트]

require 동 필요로 하다, 요구하다

명 요청, 요구사항
동 요청하다, 신청하다

▸ **요청**에 의해 by _____
▸ 환불을 **요청하다** _____ a refund

게임을
리 드하려면
퀘 스 트 의
요 청 을 잘 들어야 한다.

30 either
[í:ðər 이~더]

형 대 (둘 중) 어느 하나(의)
부 ~도 또한 (~않다)

▸ **어느 하나의** 선택지 _____ option
▸ 나도 그것을 좋아하지 **않는다.**
　I don't like it _____.

이 런! 이렇게
더 럽다니! 둘 중
어 느
하 나 의
그릇을 쓰지?

DAY 34 일일 테스트

A 영어는 우리말로, 우리말은 영어로 쓰세요.

01 beast _____ **07** 소박한, 분명한 _____

02 gap _____ **08** 매년의, 한 해의 _____

03 sum _____ **09** 남자 조카 _____

04 otherwise _____ **10** 짐, (짐을) 싣다 _____

05 rob _____ **11** 요청, 요청하다 _____

06 state _____ **12** 동의하지 않다 _____

B 빈칸에 알맞은 단어를 적어 어구를 완성하세요.

13 왕복 통행료 a round-trip _____ **19** 온화한 여름 a _____ summer

14 이른 출발 an early _____ **20** 짧은 대화 a _____ conversation

15 여가 시간을 가지다 have _____ time **21** 낭만적인 저녁 식사 a _____ dinner

16 술을 끊다 _____ drinking **22** 상표를 확인하다 check the _____

17 적을 에워싸다 _____ the enemy **23** 밀접한 관련성 a close _____

18 신에 의해 축복받은 _____ed by God **24** 유명한 시인 a famous _____

C 보기에서 알맞은 단어를 골라 문장을 완성하세요.

보기	cattle	either	destination	canal	minimum	cancel

25 We will arrive at our _____ soon. 우리의 **목적지**에 곧 도착할 것이다.

26 Did you talk with _____ of your parents? 부모님 중 **어느 한** 분과 얘기해 봤니?

27 Venice has beautiful streets and _____s. 베니스에는 아름다운 거리와 **운하**가 있다.

28 The _____ in the field look peaceful. 들판에 있는 **소 무리**는 평화로워 보인다.

29 I want to _____ my reservation. 저는 제 예약을 **취소**하고 싶어요.

30 The _____ number of people per table is two. 테이블당 **최소** 인원은 2명이다.

점수: / 30

정답 p.386

DAY 35

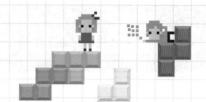

발음 익히기

1타 읽으며 기억하기 »	2타 써 보며 기억하기 »	3타 연상법으로 강화하기

01 laboratory
[lǽbərətɔ̀:ri 래브뤄토뤼]

명 실험실
- 실험실에서 일하다
  work in a _____
- 화학 실험실   a chemistry _____

래브뤄토뤼
실 험 실

02 professor
[prəfésər 프로페썰]

명 교수
- 대학교수   a college _____
- 교수님께 이야기하다
  talk to a _____

프 로 처럼
페 이지의 문제를
썰 (설)명하며 푸는
교 수

03 volume
[vá:lju:m 발~류~움]

명 ① 음량 ② 용량
- 음량을 낮추다   turn down the _____
- 교통량   the _____ of traffic

발
류
움
음 량

04 tail
[teil 테일]

명 꼬리
- 긴 꼬리   a long _____
- 꼬리를 감추다   hide one's _____

테
일
꼬 리

05 contract
[ká:ntrækt 칸~트뤡트]

명 계약, 계약서
- 계약을 하다   make a _____
- 계약서에 서명하다   sign a _____

칸
트
뤡
트
계 약

06 miracle
[mírəkl 미뤄클]

명 기적
- 기적을 믿다   believe in _____s
- 그건 기적이야!   It's a _____!

미 국
뤄 (라)이스는
클 라스가 다르다.
기 적 의
맛이네!
기적의맛

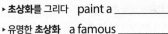
07 portrait
[pɔ́:rtrit 폴~트릿]
portray 통 그리다, 표현하다

명 초상화
▸ 초상화를 그리다 paint a _____
▸ 유명한 초상화 a famous _____

08 symbol
[símbəl 씸벌]
symbolize 통 상징하다

명 ① 상징 ② 기호
▸ 국가적 상징 a national _____
▸ 지도에 있는 기호 _____s on a map

09 riddle
[rídl 뤼들]

명 수수께끼
▸ 흥미로운 수수께끼
  an interesting _____
▸ 수수께끼를 풀다 solve a _____

10 emotion
[imóuʃən 이모션]
emotional 형 감정적인

명 감정
▸ 감정을 표현하다 express _____s
▸ 다양한 감정 various _____s

11 feather
[féðər 페덜]

명 깃털
▸ 화려한 깃털 a colorful _____
▸ 젖은 깃털 a wet _____

12 harmony
[háːrməni 할~머니]

명 조화, 화합
▸ 조화롭게 살다 live in _____
▸ 사회적 화합 social _____

Miracles happen everyday.
기적은 매일 일어난다.

13 mixture
[míkstʃər 믹스처]

® 혼합물, 혼합 재료

▸ 혼합물에 물을 추가하세요.
Add water to the _____.

▸ 우유와 달걀의 **혼합물**
a _____ of milk and eggs

믹 서로 만든
스 무디?
처 음 보는
혼 합 물
이네~

무슨 혼합물이지?

---

14 signal
[sígnəl 씨그널]

® 신호

▸ **신호**를 보내다   send a _____

▸ 교통 **신호**   traffic _____ s

씨
그
널
신 호

---

15 spirit
[spírit 스피릿]
spiritual ⑱ 정신의, 영혼의

® 정신, 영혼

▸ 창의적인 **정신**   a creative _____

▸ 자유로운 **영혼**을 가지다
have a free _____

스 멀스멀
피 곤하면
릿 (이)상해지는
정 신

---

16 nail
[neil 네일]

® ① 손톱 ② 못

▸ **손톱**을 물다   bite one's _____ s

▸ **못**을 치다   hit a _____

네 일 (내일)
손 톱 을 깎자.

내일
깎자

---

17 cell
[sel 쎌]

® 세포

▸ 피부 **세포**   skin _____ s

▸ 새로운 뇌**세포**   new brain _____ s

쎌 (셀) 수 없이 많은 우리 몸의
세 포

---

18 delete
[dilíːt 딜리~트]

⑧ 삭제하다, 지우다

▸ 파일을 **삭제하다**   _____ a file

▸ 메시지를 **지우다**   _____ a message

딜
리
트
삭 제 하 다

Delete

---

19 shave
[ʃeiv 쉐이브]

⑧ 면도하다

▸ 수염을 **면도하다**   _____ off one's beard

▸ 하루에 한 번 **면도하다**   _____ once a day

쉐
이
브
면 도 하 다

20 stretch
[stretʃ 스트뤠치]

동 ① 늘이다, 늘어나다
② (팔다리를) 뻗다

▸ 고무 밴드를 늘이다
_____ a rubber band

▸ 다리를 뻗다 _____ one's legs

스 트 뤠 스를 받으면
치 과에 가서 교정기를
늘 이 는 것도 도움이 된다.

21 bend
[bend 벤드]

동 ① 굽히다 ② 구부리다

▸ 앞으로 굽히다 _____ forward

▸ 나뭇가지를 구부리다 _____ a tree branch

벤 드
굽 히 다

22 peel
[piːl 피~일]

동 벗기다, 깎다

▸ 스티커를 벗기다 _____ off a sticker

▸ 사과를 깎다 _____ an apple

피 일
벗 기 다

23 despite
[dispáit 디스파잇]

전 ~에도 불구하고

▸ 비에도 불구하고, 나는 콘서트를 즐겼다.
D_____ the rain, I enjoyed the concert.

▸ 나는 그의 결점에도 불구하고 그를 좋아한다.
I like him _____ his faults.

디 (되)게 큰
스 파 가
잇 (있음)
에 도 불 구 하 고
그 지역에 가지 않았다.

24 within
[wiðín 위딘]

전 ① ~ 이내에 ② ~ 안에

▸ 일주일 이내에 _____ a week

▸ 집 안에 _____ the house

위 내시경은
딘 (진)짜로 한 시간
이 내 에 끝난다.

25 unless
[ənlés 언레스]

접 ~하지 않는 한, ~이 아니면

▸ 더 열심히 공부하지 않는 한 시험에 떨어질 거야.
You'll fail the exam _____ you study harder.

▸ 기차를 놓치지 않으면, 늦지 않을거야.
You won't be late _____ you miss the train.

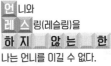
언 니와
레 스 링(레슬링)을
하 지 않 는 한
나는 언니를 이길 수 없다.

Part 2 중학 필수 영단어

DAY 35

해커스 3연타 중학영단어

26 although
[ɔːlðóu 얼~도우]

접 **(비록) ~이긴 하지만**

▸ **비록** 나는 피곤했**지만**, 숙제를 끝냈다.
　A_____ I was tired, I finished my homework.

▸ **비록** 휴가에 돈이 많이 들었**지만**, 재미있었다.
　A_____ it was expensive, the vacation was fun.

얼 굴이
도 우처럼 넓적
하 긴
하 지 만
그것도 나름의 매력이야!

27 master
[mǽstər 매스터]

명 **달인, 거장** 동 **숙달하다**

▸ 체스의 **달인** a chess _____

▸ 기술을 **숙달하다** _____ a skill

매 스컴을 통해
터 널 짓기의
달 인이
알려졌다.

28 murder
[mə́ːrdər 멀~더]
murderer 명 살인자

명 **살인** 동 **살해하다**

▸ **살인** 사건 a _____ case

▸ 사람을 **살해하다** _____ a person

멀
더
살 인

29 volunteer
[vàːləntíər 발~런티어]

동 **자원하다, 자진하다, 자원 봉사를 하다**
명 **자원봉사자**

▸ **자진**해서 돕다 _____ to help

▸ **자원봉사자** 직원 _____ staff

발 린타인 데이에
티 를 마시며
어 렵게 입대를
자 원 하 다

2.14
발런타인 데이

30 bark
[bɑːrk 바~크]

동 **짖다**
명 ① **개 짖는 소리** ② **나무껍질**

▸ **짖는** 개 a _____ing dog

▸ 부드러운 **나무껍질** soft _____

바 지가 너무
크 다고 개가
짖 다

멍멍!

DAY 35 일일 테스트

A 영어는 우리말로, 우리말은 영어로 쓰세요.

01 symbol _____
02 riddle _____
03 feather _____
04 harmony _____
05 signal _____
06 spirit _____

07 손톱, 못 _____
08 세포 _____
09 굽히다, 구부리다 _____
10 벗기다, 깎다 _____
11 (비록) ~이긴 하지만 _____
12 짖다, 개 짖는 소리 _____

B 빈칸에 알맞은 단어를 적어 어구를 완성하세요.

13 과학 실험실   a science _____
14 생물학 교수   a biology _____
15 음량을 조절하다   control the _____
16 감정을 보이다   show _____s
17 유도의 거장   a judo _____
18 케이크 혼합 재료   a cake _____

19 문장을 삭제하다   _____ a sentence
20 면도하고 샤워하다   _____ and shower
21 계약서를 쓰다   write a _____
22 끔찍한 살인   a terrible _____
23 초상화 화가   a _____ painter
24 몇 분 이내에   _____ few minutes

C 보기에서 알맞은 단어를 골라 문장을 완성하세요.

| 보기 | despite | unless | miracle | Stretch | tail | volunteer |

25 Do you believe in _____s? 기적을 믿으세요?

26 _____ the cold weather, we went for a walk. 추운 날씨에도 불구하고, 우리는 산책을 나갔다.

27 The cat hid its _____. 그 고양이는 자신의 꼬리를 숨겼다.

28 _____ your arms as high as you can. 팔을 뻗을 수 있는 만큼 쭉 뻗으세요.

29 I _____ at the homeless center on weekends. 나는 주말마다 노숙자 센터에서 자원 봉사를 한다.

30 We can't go climbing _____ the rain stops. 비가 그치지 않는 한 우린 등산을 할 수 없어.

점수: / 30

정답 p.386

DAY 36

발음 익히기

| 1타 읽으며 기억하기 » | 2타 써 보며 기억하기 » | 3타 연상법으로 강화하기 |

01 independence
[ìndipéndəns 인디펜던스]
independent 혱 독립된, 독립적인

몡 독립
▸ **독립** 기념**일** I_____ Day
▸ **독립운동**
   an _____ movement

인
디
펜
던
스
독 립

02 mud
[mʌd 머드]
muddy 혱 진흙투성이인

몡 진흙
▸ **진흙** 해변   a _____ beach
▸ **진흙**에 빠지다   fall in the _____

머
드
진 흙

03 citizen
[sítizən 씨티즌]

몡 시민
▸ 선량한 **시민**   a good _____
▸ 미국 **시민**   an American _____

씨 (시)공간을
티 (뛰)어넘는
즌 (증)강현실 게임 속
시 민

U.S. Citizen

04 confidence
[ká:nfidəns 컨~피던스]
confident 혱 자신 있는, 확신하는

몡 ① 자신감 ② 신뢰
▸ **자신감**을 얻다   gain _____
▸ 누군가에 대한 **신뢰**
   _____ in someone

컨 디션이 좋은 날 공을
피 하고
던 지다 보니
스 포츠에 대한
자 신 감 이 생겼다.

05 costume
[ká:stju:m 커~스튜~움]

몡 의상, 복장
▸ **의상**을 입다   wear a _____
▸ **의상** 디자이너   a _____ designer

커
스
튜
움
의 상

06 surface
[sə́:rfis 써~피스]

명 표면, 수면

▶ 달 표면에 착륙하다
 land on the moon's _____

▶ 수면 아래에 under the _____

엎지른 주스가
써 (서)서히 원
피
스
표 면 에
스며들었다.

07 garbage
[gá:rbidʒ 가~비지]

명 쓰레기

▶ 쓰레기통 a _____ can

▶ 쓰레기를 줍다 pick up _____

가 격이
비 싼 이 바
지 를
쓰 레 기 통에서 찾았다.

08 award
[əwɔ́:rd 어월~드]

명 상, 상금

▶ 상을 타다 win an _____

▶ 시상식 an _____s ceremony

어
월
드
상

AWARD
10,000,000

09 balance
[bǽləns 밸런스]

balanced 형 균형 잡힌, 안정된

명 균형

▶ 균형 감각 a sense of _____

▶ 균형을 유지하다 keep a _____

밸
런
스
균 형

10 layer
[léiər 레이얼]

명 층, 막, 겹

▶ 보호막 a protective _____

▶ 한 겹의 눈 a _____ of snow

레
이
얼
층

11 manner
[mǽnər 매널]

명 ① 예의, 예절 ② 태도 ③ 방식

▶ 예의가 바르다 have good _____s

▶ 친절한 태도 a friendly _____

매
널
예 의

12 muscle
[mʌ́sl 머슬]

muscular 형 근육의, 근육질의

명 근육

▶ 튼튼한 근육 strong _____s

▶ 근육을 만들다 build up _____

머
슬
근 육

13 parade
[pəréid 퍼레이드]

몡 행진, 퍼레이드

▸ **행진**하다 march in a _____

▸ 크리스마스 **퍼레이드**는 어마어마했어!
The Christmas _____ was awesome!

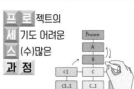

14 process
[prɑ́:ses 프로~세스]
proceed 동 진행하다, 계속해서 ~하다

몡 과정, 절차

▸ 작업 **과정** a working _____

▸ **절차**를 생략하다 skip a _____

15 seed
[si:d 씨~드]

몡 씨앗

▸ **씨앗**을 심다 plant a _____

▸ 포도**씨** grape _____s

16 shell
[ʃel 쉘]

몡 껍데기, 껍질

▸ **껍데기**를 벗기다 open a _____

▸ 거북 등**껍질** a turtle _____

17 basement
[béismənt 베이스먼트]

몡 지하실

▸ **지하실**로 내려가다
go down to the _____

▸ 그 계단은 **지하실**로 통한다.
The stair leads to the _____.

18 chimney
[tʃímni 침니]

몡 굴뚝

▸ 연기가 나오는 **굴뚝** a smoking _____

▸ 공장 **굴뚝**들 factory _____s

19 skip
[skip 스킵]

동 ① 건너뛰다 ② 생략하다

▸ 거리를 깡충깡충 **뛰어** 내려가다
_____ down a street

▸ 아침을 **거르다** _____ breakfast

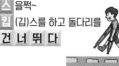

20 nod
[nɑːd 나~드]

동 끄덕이다
‣ 동의하면 **끄덕여줘**.　N_____ if you agree.
‣ 그녀는 고개를 **끄덕였다**.
　She _____ded her head.

나
드
끄 덕 이 다

21 gather
[gǽðər 개더]
gathering 명 모임, 수집

동 모으다, 모이다
‣ 정보를 **모으다**　_____ information
‣ 모닥불 주위에 **모이다**
　_____ around a campfire

개 가
더 러운 휴지를
모 으 다

22 pollute
[pəlúːt 펄루~트]
pollution 명 오염

동 오염시키다
‣ 바다를 **오염시키다**　_____ the ocean
‣ **오염된** 공기　_____d air

펄
루
트
오 염 시 키 다

23 slide
[slaid 슬라이드]

동 미끄러지다
‣ 얼음 위에서 **미끄러지다**　_____ on ice
‣ 꼭대기에서 **미끄러져** 내려가다
　_____ down from the top

슬
라
이
드
미 끄 러 지 다

24 solar
[sóulər 솔러]

형 태양의
‣ **태양** 에너지　_____ power
‣ **태양계**　the _____ system

솔 솔 ~
러 시아의 아침에
태 양 의
빛이 들어온다.

25 royal
[rɔ́iəl 로얄]
royalty 명 왕족

형 왕의, 왕실의
‣ **왕궁**　a _____ palace
‣ **왕실** 근위병　a _____ guard

로 비에
얄 미운
왕 의
신하가 있다.

로 비

매 널
예 의

Manners maketh man.
예의가 사람을 만든다.

Part 2 중학 필수 영단어

DAY 36

해커스 3역타 중학영단어

26 evil
[íːvəl 이~블]

형 사악한, 악랄한

▸ 사악한 생각 _____ ideas

▸ 악랄한 사람 an _____ person

이블
사 악 한

---

27 greedy
[gríːdi 그리~디]

greed 명 욕심, 탐욕

형 탐욕스러운, 욕심 많은

▸ 탐욕스러운 눈 _____ eyes

▸ 너무 욕심내지 마!
  Don't be too _____!

그
리
디
탐 욕 스 러 운

---

28 flash
[flæʃ 플래쉬]

명 번쩍임, 섬광
동 번쩍이다, 비추다

▸ 번갯불의 번쩍임 a _____ of lightning

▸ 전등을 비추다 _____ a light

플
래
쉬
번 쩍 임

---

29 household
[háushòuld 하우스홀드]

명 가정 형 가정용의, 가족의

▸ 평범한 가정 a normal _____

▸ 가정용품 _____ goods

비닐
하 우 스 에
홀 로 사는
드 문
가 정

---

30 underwater
[ʌ̀ndərwɔ́ːtər 언덜워~털]

형 물속의, 수중의 부 물속에서

▸ 수중 스포츠 _____ sports

▸ 물속에서 잠수하다 dive _____

언
덜
워
털
물 속 의

DAY 36 일일 테스트

A 영어는 우리말로, 우리말은 영어로 쓰세요.

01 award	_____	**07** 오염시키다	_____
02 manner	_____	**08** 미끄러지다	_____
03 muscle	_____	**09** 왕의, 왕실의	_____
04 parade	_____	**10** 사악한, 악랄한	_____
05 basement	_____	**11** 탐욕스러운, 욕심 많은	_____
06 chimney	_____	**12** 가정, 가정용의	_____

B 빈칸에 알맞은 단어를 적어 어구를 완성하세요.

13 독립을 바라다   wish for _____

14 진흙에 빠진   stuck in the _____

15 대한민국 시민   a Korean _____

16 자신감을 높이다   increase one's _____

17 의상을 갈아입다   change a _____

18 납작한 표면   a flat _____

19 쓰레기 더미   a pile of _____

20 질문을 건너뛰다   _____ a question

21 만족스럽게 끄덕이다   _____ happily

22 태양 에너지를 사용하다   use _____ energy

23 선발 과정   a selection _____

24 물속에서 찾다   search _____

C 보기에서 알맞은 단어를 골라 문장을 완성하세요.

보기	shell flash balance layer gather seed

25 It's important to keep a _____ in life.   삶의 **균형**을 유지하는 것은 중요하다.

26 The top _____ of the cake is made of chocolate.   케이크의 꼭대기 **층**은 초콜릿으로 만들어졌다.

27 The guide _____ed a light into a cave.   가이드는 동굴 안으로 전등을 **비추었다**.

28 I bought some tomato _____s today.   나는 오늘 토마토 **씨앗**을 조금 샀다.

29 Some crabs can change their _____s.   어떤 게들은 그들의 **껍데기**를 바꿀 수 있다.

30 A crowd _____ed in the street.   한 무리가 거리에 **모였다**.

점수:	/ 30

정답 p.386

DAY 37

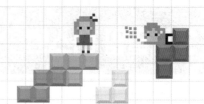

발음 익히기

1타 읽으며 기억하기 »	2타 써 보며 기억하기 »	3타 연상법으로 강화하기

01 tradition
[trədíʃən 트뤄디션]
traditional 형 전통의, 전통적인

명 전통, 관습
▸ 문화적 **전통** a cultural ＿＿＿＿＿
▸ **관습**을 따르다 follow a ＿＿＿＿＿

트뤄디션
전 통

02 steam
[sti:m 스티~임]

명 증기, 김
▸ **증기** 기관 a ＿＿＿＿＿ engine
▸ 뜨거운 **김** hot ＿＿＿＿＿

스티임
증 기

03 strength
[streŋkθ 스트렝쓰]
strong 형 튼튼한, 강한

명 ① 힘, 세기 ② 강점, 장점
▸ 온 **힘**을 다해 with all one's ＿＿＿＿＿
▸ **강점**과 약점
＿＿＿＿＿s and weaknesses

스트렝쓰
힘

04 loaf
[louf 로프]

명 (빵·케이크의) 덩어리
▸ 빵 한 **덩어리** a ＿＿＿＿＿ of bread
▸ **덩어리**를 자르다 slice a ＿＿＿＿＿

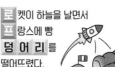
로켓이 하늘을 날면서
프랑스에 빵
덩 어 리 를
떨어뜨렸다.

05 favor
[féivər 페이버]
favorable 형 호의적인, 찬성하는

명 호의, 친절한 행위, 부탁
▸ **호의**를 보이다 show ＿＿＿＿＿
▸ 내 **부탁** 하나만 들어줄래?
Could you do me a ＿＿＿＿＿?

페이지를 넘겨
버리는 것은
호 의 가
아니다.

06 greenhouse
[grí:nhàus 그륀~하우스]

몡 온실
▸ **온실가스** a _____ gas
▸ **온실에서 채소를 재배하다**
grow vegetables in a _____

그 륀
하
우
스
온 실

07 refrigerator
[rifrídʒərèitər 뤼프뤼저뤠이털]

몡 냉장고
▸ **신형 냉장고**
a new model of _____
▸ **냉장고에 우유를 넣다**
put milk in the _____

뤼 프 뤼
저
뤠
이
털
냉 장 고

08 image
[ímidʒ 이미지]
imagine 통 상상하다, 그리다

몡 ① 모습, 상 ② 인상, 이미지
▸ **독도의 아름다운 모습**
beautiful _____s of Dokdo
▸ **나는 그녀에 대한 인상이 좋아.**
I have a good _____ of her.

이 미
지 금 완벽한 너의
모 습

09 failure
[féiljər 페일려]
fail 통 실패하다

몡 실패
▸ **실패에서 배우다** learn from a _____
▸ **실패에 대해 두려워하지 마라.**
Don't be afraid of _____.

페 루로 가는
일 박이일
려 (여)행 계획은
실 패 였다.
비 때문에…

10 wire
[waiər 와이얼]

몡 ① 전선 ② 철사
▸ **전화기 전선** telephone _____
▸ **철사를 연결하다** connect a _____

와
이
얼
전 선

11 rhythm
[ríðəm 뤼듬]

몡 ① 리듬, 박자, 율동 ② 주기
▸ **음악의 리듬에 맞춰 춤을 추다**
dance to the _____ of music
▸ **생물학적 주기** a biological _____

뤼
듬
리 듬

12 expense
[ikspéns 익스펜스]
expensive 혱 비싼

몡 비용, 지출
▸ **비용을 청구하다** charge an _____
▸ **지출을 기록하다** record an _____

익 선동 한옥마을의
스 (쓰)러진
펜 스 수리
비 용

13 steel
[sti:l 스티~일]

명 강철, 철강업
▸ **강철**로 만들어진 made of _____
▸ **철강** 회사 a _____ company

스
티
일
강 철

14 tomb
[tu:m 투~움]

명 무덤, 묘
▸ 파라오의 **무덤** a pharaoh's _____
▸ 오래된 **묘** an old _____

투
움
무 덤

15 billion
[bíljən 빌리언]
billionaire 명 억만장자, 갑부
billions of 수십억의

명 10억
▸ **10억** 달러 a _____ dollars
▸ **30억** 킬로미터
  three _____ kilometers

빌 딩 부자인
리 어왕의
언 덕 위 빌딩은
1 0 억이다.

16 impression
[impréʃən 임프레션]
impress 동 깊은 인상을 주다,
감동을 주다

명 ① 인상, 느낌 ② 감동
▸ 첫**인상** a first _____
▸ **감동**을 주다 make an _____

임 팔라가
프 레 젠테이
션 에서 준 좋은
인 상

17 operator
[á:pərèitər 오~퍼뤠이터]
operate 동 작동되다, 조작하다

명 경영자, 조작자
▸ 농장 **경영자** a farm _____
▸ 숙련된 **조작자** a skilled _____

오 늘
퍼 뤠 이 드에서 웃음이
터 진
경 영 자

18 rush
[rʌʃ 러쉬]
rush hour 혼잡한 시간대, 러시아워

동 서두르다, 급하게 가다
▸ **서두르**지 마! Don't _____!
▸ 출구로 **급하게 가**다 _____ to the exit

러 시아에서
쉬 려고 했으나, 너무
서 둘 렀 다

페 일 려
실 패

Failure is the best teacher.
실패는 최고의 선생님이다.

19 bow
[bau 바우]

동 숙이다, 절하다

▸ 군중에게 고개를 **숙이다**
   _____ to the crowd
▸ 10번 **절하다** _____ ten times

바로
우측으로 고개를
숙이다

20 bump
[bʌmp 범프]

동 ① 부딪치다
   ② (~ into) ~와 우연히 마주치다

▸ 의자에 **부딪치다** _____ into a chair
▸ 친구와 **우연히 마주치다**
   _____ into a friend

범
프
부딪치다

21 hatch
[hætʃ 해취]

동 부화하다

▸ 병아리가 **부화하는** 것을 보다
   watch chicks _____
▸ 알이 **부화했다.** The eggs _____ed.

해
취
부화하다

22 tough
[tʌf 터프]

형 ① 힘든 ② 거친, 강인한

▸ **힘든** 삶 a _____ life
▸ **거친** 사내 a _____ guy

터
프
힘든

23 unique
[juːníːk 유~니~크]

형 유일한, 독특한

▸ 모든 사람의 지문은 **유일하다.**
   Everyone's fingerprints are _____.
▸ **독특한** 사람 a _____ person

유
니
크
유일한

지문은
유일무이
하지!

24 sweat
[swet 스웻]

명 ① 땀 ② 노력, 수고
동 ① 땀을 흘리다 ② 매우 열심히 일하다

▸ **식은땀** cold _____
▸ **땀을 아주 많이 흘리다** _____ heavily

스
웻
땀
포츠 후에는
(왜) 이렇게
이 나지…

Part 2 중학 필수 영단어

DAY 37

해커스 3연타 중학영단어

25 budget
[bʌ́dʒit 버짓]

⊠ 예산, 비용 ⊠ 예산을 세우다
- 한 달 예산 a monthly _____
- 신중하게 예산을 세우다 _____ carefully

버려진 집을 다시 짓기 위한 예산이 부족하다.

26 spray
[sprei 스프레이]

⊠ 뿌리다, 뿌려지다
⊠ ① 스프레이, 분무기 ② 물보라
- 물을 뿌리다 _____ water
- 방충 스프레이는 어디 있니? Where is the bug _____?

스프레이 뿌리다

27 focus
[fóukəs 포커스]

⊠ 집중하다, 초점을 맞추다
⊠ 중심, 초점
- 공부에 집중하다 _____ on studying
- 초점이 맞지 않는 out of _____

포커 혼타스는 스스로에게 집중했다

28 chief
[tʃiːf 치~프]
chiefly ⊠ 주로

⊠ 주요한, 최고의 ⊠ 우두머리, 장
- 주요 원인을 찾다 find the _____ reason
- 경찰서장 a police _____

치즈를 먹는 것이 프랑스 생쥐의 주요한 일이다.

29 major
[méidʒər 메이저]
majority ⊠ 다수

⊠ 주요한, 중대한 ⊠ 전공, 전공자
- 중대한 건강상 문제 _____ health problems
- 그녀의 전공은 영어이다. Her _____ is English.

목이 메이고 마음이 저릿한 게 주요한 증상이다.

어게 주요증상 이에요!

30 chemical
[kémikəl 케미컬]
chemistry ⊠ 화학

⊠ 화학의, 화학적인 ⊠ 화학 물질
- 화학적인 과정 a _____ process
- 위험한 화학 물질 a dangerous _____

케미컬 화학의

DAY 37 일일 테스트

A 영어는 우리말로, 우리말은 영어로 쓰세요.

01 image _____

02 wire _____

03 expense _____

04 steel _____

05 tomb _____

06 billion _____

07 인상, 감동 _____

08 경영자, 조작자 _____

09 부딪치다 _____

10 힘든, 거친 _____

11 냉장고 _____

12 주요한, 우두머리 _____

B 빈칸에 알맞은 단어를 적어 어구를 완성하세요.

13 고기 한 덩어리   a _____ of meat

14 증기 기관차   a _____ train

15 강점을 찾다   find one's _____

16 오래된 전통   an old _____

17 호의에 보답하다   return a _____

18 온실효과   the _____ effect

19 예산 삭감   _____ cuts

20 집으로 급하게 가다   _____ home

21 독특한 디자인   a _____ design

22 땀을 닦다   wipe _____

23 이야기에 집중하다   _____ on the story

24 주요한 역할을 하다   play a _____ role

C 보기에서 알맞은 단어를 골라 문장을 완성하세요.

보기	rhythm	failure	chemical	spray	bow	hatch

25 You can learn a lesson from _____.   실패로부터 교훈을 얻을 수 있다.

26 The drummer kept the _____.   드럼 연주자는 **박자**를 지켰다.

27 He _____ed his head a little.   그는 고개를 약간 **숙였다**.

28 Snakes _____ from eggs.   뱀은 알에서 **부화한다**.

29 The sprinkler _____s water on the grass in summer.   스프링클러는 여름에 잔디에 물을 **뿌린다**.

30 The truck crashed and spilled a dangerous _____.   트럭이 충돌하여 위험한 **화학 물질**을 쏟았다.

점수: / 30

정답 p.387

DAY 38

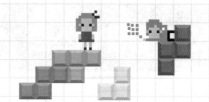

발음 익히기

| 1타 읽으며 기억하기 » | 2타 써 보며 기억하기 » | 3타 연상법으로 강화하기 |

---

01 passion
[pǽʃən 패션]
passionate 혱 열정적인

명 열정

▸ 자신의 **열정**을 따르다
follow one's _____

▸ 나에겐 스포츠에 대한 **열정**이 있어.
I have a _____ for sports.

패션 디자이너의
열정

---

02 personality
[pə̀ːrsənǽləti 퍼~스낼러티]
personal 혱 개인의, 개인적인

명 성격, 인격

▸ 조용한 **성격**   a quiet _____

▸ 명랑한 **성격**   a cheerful _____

퍼 런 옷의
스 님이
낼
러 무(너무)
티 나게 좋아했다.
성 격 때문에!

성격 참
멋에 들어~

---

03 rate
[reit 뤠이트]

명 ① 속도 ② 비율 ③ 요금

▸ 빠른 **속도**로 흐르다   flow at a fast _____

▸ 높은 세율   a high tax _____

뤠
이
트
속 도

---

04 source
[sɔːrs 소~스]

명 ① 근원, 원천 ② 출처

▸ 에너지원   energy _____s

▸ 정보의 **출처**   a _____ of information

소 싯적
스 쳐 지나간 기억의
근 원

---

05 device
[diváis 디바이스]

명 장치, 기구

▸ 전자**장치**   an electronic _____

▸ 의료**기구**   a medical _____

디 지털 제품에
바 이러
스 를 예방하는
장 치 가
필요하다.

---

06 tribe
[traib 트라이브]
tribal 혱 부족의

몡 부족
▸ 원주민 **부족** a native _____
▸ 게르만 **족** Germanic _____

07 code
[koud 코우드]
coding 몡 부호화, 코딩

몡 암호, 부호
▸ **암호**를 풀다 break the _____
▸ 우편 **번호** a postal _____

08 mission
[míʃən 미션]

몡 임무
▸ 비밀 **임무** a secret _____
▸ **임무**를 수행하다 carry out a _____

09 treasure
[tréʒər 트레저]

몡 보물
▸ **보물**찾기 a _____ hunt
▸ **보물**을 묻다 bury _____

10 astronaut
[ǽstrənɔ̀ːt 애스트러넛]

몡 우주 비행사
▸ 화성으로 **우주 비행사**를 보내다
  send an _____ to Mars
▸ 내 꿈은 **우주 비행사**가 되는 거야.
  My dream is to become an
  _____.

11 behavior
[bihéivjər 비헤이비어]
behave 통 행동하다

몡 행동
▸ 예의 바른 **행동** polite _____
▸ **행동**을 고쳐주다
  correct one's _____

저곳에
비 헤 (비해)
이 곳은 공간이
비 어 보여서
행 동 하기 편하겠다.

12 brick
[brik 브릭]

몡 벽돌
▸ **벽돌**집 a _____ house
▸ 넌 왜 **벽돌**담을 오른 거야?
  Why did you climb the _____ wall?

13 joy
[dʒɔi 조이]
joyful ⑱ 기쁜

⑲ 기쁨
▸ **기쁨의 순간** a moment of _____
▸ **기뻐서 춤추다** dance with _____

조 씨네
이 모는 늘
기 쁨 이
넘친다.

---

14 root
[ruːt 루~트]

⑲ ① 뿌리 ② 근원
▸ **나무뿌리** a _____ of a tree
▸ **문제의 근원** the _____ of a problem

그
루 트 는 나무이지만
뿌 리 가 없다.

---

15 beg
[beg 베그]
beggar ⑲ 걸인

⑧ ① 부탁하다, 간청하다 ② 구걸하다
▸ **도움을 부탁하다** _____ for help
▸ **돈을 구걸하다** _____ for money

베
그
부 탁 하 다

---

16 scold
[skould 스콜드]

⑧ 야단치다, 꾸짖다
▸ **아이를 야단치다** _____ a child
▸ **꾸중을 듣다** get _____ed

스 콜 속에
드 러누운 아이를
야 단 치 다

---

17 cheat
[tʃiːt 칫]
cheating ⑲ 부정행위

⑧ ① 부정행위를 하다 ② 속이다
▸ **시험에서 부정행위를 하다**
  _____ on a test
▸ **나를 속이려는 거야?**
  Are you trying to _____ me?

칫 ! 감히
부 정 행 위 를
하 다 니!

---

18 lean
[liːn 린]

⑧ ① 기대다 ② 기울다, 숙이다
▸ **벽에 기대다** _____ on a wall
▸ **앞으로 숙이다** _____ forward

린 스로 머리를 감고 나와서 침대에
기 대 다

---

19 rub
[rʌb 뤕]

⑧ 문지르다, 비비다
▸ **표면을 문지르다** _____ a surface
▸ **두 손을 비비다**
  _____ one's hands together

뤕
문 지 르 다

20 impress

[imprés 임프레스]

impressive 휑 인상적인, 감명 깊은

동 깊은 인상을 주다, 감동을 주다

▸ 그 연설은 모든 청자들에게 깊은 **인상을 주었다.**
The speech _____ed all the listeners.

▸ 부모님에게 **감동을 주다**
_____ one's parents

임
프
레
스

깊 은   인 상 을
주 다

---

21 participate

[pɑːrtísəpèit 팔~티서페잇]

participant 휑 참가자

동 참가하다, 참여하다

▸ 활동에 **참가하다**
_____ in an activity

▸ 수업에 **참여하다** _____ in class

팔 **티** (파티)에
서
페 스티벌을 즐긴 후 끝말
잇 기 대회에
참 가 하 다

---

22 actual

[ǽktʃuəl 액츄얼]

actually 휑 실제로, 사실은

형 실제의, 사실상의

▸ **실제** 비용   the _____ cost

▸ **실제** 원인   the _____ cause

액
츄
얼
실 제 의

---

23 medical

[médikəl 메디컬]

medicine 휑 약, 의학

형 의학의

▸ **의학적** 문제   _____ problems

▸ **의과** 대학에서 공부하다
study at _____ school

메
디
컬
의 학 의

---

24 dynamic

[dainǽmik 다이나믹]

형 역동적인, 활발한

▸ **역동적인** 움직임   _____ movement

▸ **활발한** 성격   a _____ personality

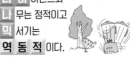

다 **이** 아몬드와
나 무는 정적이고
믹 서기는
역 동 적 이다.

---

25 survey

[sə́ːrvei 써~베이]

명 (설문) 조사   동 조사하다, 살피다

▸ **설문 조사** 결과   _____ results

▸ 참가자들은 전화로 **조사받았다.**
The participants were _____ed by phone.

써 (서)아프리카의
베 이글이
이 만큼 맛있다는
조 사 결과

26 comfort
[kʌ́mfərt 컴펄트]
comfortable 형 편한, 쾌적한

명 ① 안락, 편안 ② 위로, 위안
동 위로하다

▸ **안락**하게 살다 live in _____
▸ 마음이 상한 친구를 **위로하다**
  _____ an upset friend

컴
펄
트
안 락

27 whistle
[wísəl 위슬]

명 ① 호루라기 ② 휘파람
동 휘파람을 불다

▸ **호루라기**를 불다 blow a _____
▸ 노래를 **휘파람**으로 불다 _____ a song

위 험할 땐
슬 쩍 불어, 이
호 루 라 기 를!

28 schedule
[skédʒuːl 스케쥬~울]

명 일정
동 일정을 잡다, 예정에 넣다

▸ 바쁜 **일정** a busy _____
▸ 방문 **일정**을 잡다 _____ a visit

스
케
쥬
울
일 정

29 harm
[hɑːrm 함]
harmful 형 해로운

동 해치다 명 해, 피해

▸ 환경을 **해치다**
  _____ the environment
▸ **피해**로부터 안전한 safe from _____

함 부로 내 마음을
해 치 다 니!

30 ideal
[aidíːəl 아이디~얼]

형 이상적인 명 이상

▸ **이상적인** 세상 an _____ world
▸ **이상**을 따르다 follow _____s

아
이
디
얼
이 상 적 인

칫
부 정 행 위 를 하 다

칫
속 이 다

When you cheat, you're also cheating yourself.
당신이 부정행위를 할 때, 자기 자신 또한 속이고 있는 것이다.

A 영어는 우리말로, 우리말은 영어로 쓰세요.

01 code _____

02 mission _____

03 treasure _____

04 brick _____

05 joy _____

06 cheat _____

07 문지르다, 비비다 _____

08 깊은 인상을 주다 _____

09 의학의 _____

10 일정, 일정을 잡다 _____

11 역동적인, 활발한 _____

12 이상적인, 이상 _____

B 빈칸에 알맞은 단어를 적어 어구를 완성하세요.

13 열정으로 가득 찬   filled with _____

14 밝은 성격   a bright _____

15 낮은 출생률   a low birth _____

16 믿을 만한 출처   a reliable _____

17 안전 장치   a safety _____

18 부족의 풍습   a custom of the _____

19 토론에 참여하다   _____ in a discussion

20 음식을 구걸하다   _____ for food

21 실제 크기   the _____ size

22 고객 설문 조사   a customer _____

23 위로를 주다   offer _____

24 해를 끼치지 않다   cause no _____

C 보기에서 알맞은 단어를 골라 문장을 완성하세요.

보기	whistle astronaut scold lean root behavior

25 She became the first Korean _____.   그녀는 최초의 한국인 **우주 비행사**가 되었다.

26 Children have to learn polite _____.   아이들은 공손한 **행동**을 배워야 한다.

27 The tree gets water through its _____s.   나무는 **뿌리를 통해** 물을 얻는다.

28 The teacher _____ed the late students.   선생님은 지각한 학생들을 **꾸짖었다**.

29 I _____ed back in my chair.   나는 의자에 등을 **기댔다**.

30 He _____d while he was cleaning.   그는 청소하는 동안 **휘파람을 불었다**.

점수: / 30

정답 p.387

DAY 39

발음 익히기

1타 읽으며 기억하기 》	2타 써 보며 기억하기 》	3타 연상법으로 강화하기

01 tide
[taid 타이드]

명 조수, 밀물과 썰물, 조류
▸ 썰물(간조) low _____
▸ 밀물이 들어오고 있어요.
The _____ is coming in.

타이드 조수

02 faucet
[fɔ́ːsit 퍼~싯]

명 수도꼭지
▸ 찬물 수도꼭지 the cold-water _____
▸ 수도꼭지를 틀다 turn on a _____

퍼싯 수도꼭지

03 magnet
[mǽgnit 매그닛]
magnetic 형 자석 같은, 자성의

명 자석
▸ 강한 자석 a strong _____
▸ 자석으로 끌어당기다
pull with a _____

매일 그는 친구넷과 함께 자석을 가지고 논다.

04 myth
[miθ 미쓰]

명 신화, 미신
▸ 그리스 신화 a Greek _____
▸ 그건 단지 미신일 뿐이야. It's just a _____.

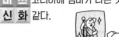
미쓰 코리아에 엄마가 나온 것은 신화 같다.

05 brand
[brænd 브뤤드]

명 상표, 브랜드
▸ 인기 있는 브랜드 a popular _____
▸ 청바지 브랜드 a _____ of jeans

브뤤드 상표

06 kingdom
[kíŋdəm 킹덤]

명 왕국
▸ 오래된 왕국 an old _____
▸ 왕국을 다스리다 rule a _____

킹 콩이 사는 덤불에 왕국을 세웠다.

07 surgery
[sə́:rdʒəri 썰~저뤼]

명 수술
▸ 뇌 수술 brain _____
▸ 수술을 받다 undergo _____

썰 (설)거지는
저 뤼 (리) 가! 나는
수 술 을 해서 힘들어!

08 rope
[roup 로프]

명 밧줄
▸ 밧줄을 타고 오르다 climb a _____
▸ 줄넘기 jump _____

로 봇이
프 린터에
밧 줄 을
묶었다.

09 scale
[skeil 스케일]

명 ① 등급 ② 규모, 범위 ③ 저울
▸ 1에서 7까지의 등급
   a _____ of one to seven
▸ 큰 규모 a large _____

스 케 일
등 급

호텔 등급표
5성급 ☆☆☆☆☆
4성급 ☆☆☆☆
3성급 ☆☆☆
2성급 ☆☆
1성급 ☆

10 anger
[ǽŋgər 앵거]

angry 형 화난

명 화, 분노
▸ 화를 내다 express one's _____
▸ 분노로 가득 찬 full of _____

앵 ~
거 리는 모기 때문에
화 가 난다.

11 nation
[néiʃən 네이션]

national 형 국가의, 전 국민의

명 ① 국가 ② 민족
▸ 다문화 국가 a multicultural _____
▸ 아프리카 민족 an African _____

모든 국민에게
네 (내)비게
이 션 을 보급하는
국 가

우리나라 최고!

12 pressure
[préʃər 프레셜]

press 동 누르다

명 압박, 압력
▸ 많은 압박을 받는
   under a lot of _____
▸ 기압 air _____

프 레 셜
압 박

웰 쓰
재 산

Health is the most important wealth.
건강은 가장 중요한 재산이다.

Part 2 중학 필수 암단어

DAY 39

해커스 3연타 중학영단어

13 **wealth**
[welθ 웰쓰]
wealthy 혱 부유한

몡 부, 재산

▸ 부를 얻다　gain _____
▸ 재산을 나눠주다　share one's _____

웰 메이드
쓰 레기로
부 를
축적했다.

---

14 **automobile**
[ɔ́:təməbíːl 어~트머비~일]

몡 자동차

▸ 자동차 사고　an _____ accident
▸ 자동차 엔진　an _____ engine

어
트
머
비
일
자 동 차

---

15 **amusement**
[əmjúːzmənt 어뮤~즈먼트]
amuse 됭 즐겁게 하다

몡 ① 재미, 즐거움　② 오락, 놀이

▸ 재미를 찾다　look for _____
▸ 놀이공원　an _____ park

어
뮤
즈
먼
트
재 미

---

16 **survive**
[sərváiv 썰바이브]
survival 몡 생존

됭 살아남다, 생존하다

▸ 사막에서 살아남다　_____ in a desert
▸ 끝까지 생존하다　_____ until the end

썰
바
이
브
살 아 남 다

---

17 **whisper**
[wíspər 위스펄]

됭 속삭이다, 귓속말을 하다

▸ 비밀을 속삭이다　_____ a secret
▸ 서로에게 귓속말을 하다
　_____ to each other

위
스
펄
속 삭 이 다

---

18 **drown**
[draun 드롸운]

됭 물에 빠지다, 익사하다

▸ 물에 빠진 남자를 구하다
　rescue a _____ing man
▸ 그녀가 강물에 빠져 죽을 뻔했어!
　She almost _____ed in the river!

드 넓은
라 운 (라운)지 수영장
물 에
빠 지 다

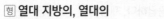

19 tropical
[trá:pikəl 트롸~피컬]

형 열대 지방의, 열대의

▸ **열대 지방의** 섬 a _____ island

▸ **열대** 과일 a _____ fruit

---

20 lunar
[lú:nər 루~널]

형 달의, 음력의

▸ **월식** a _____ eclipse

▸ **음력** the _____ calendar

---

21 sudden
[sʌ́dn 써든]

suddenly 튀 갑자기

형 갑작스러운

▸ **갑작스러운** 죽음 a _____ death

▸ **갑작스러운** 공격 a _____ attack

써 (서)쪽의
든한 성이
갑 작 스 러 운
바람에 무너졌다.

---

22 vacuum
[vǽkjuəm 배큠]

명 진공, 진공 상태
동 진공청소기로 청소하다

▸ **진공청소기** a _____ cleaner

▸ **진공청소기로** 바닥을 **청소하다**
_____ the floor

---

23 deal
[di:l 딜]

deal with 다루다, 상대하다

명 ① 거래, 합의 ② 취급, 대우
동 다루다, 취급하다

▸ **거래**하다 make a _____

▸ 문제를 **다루다** _____ with a problem

어
딜!
거 래 도
안 하고 도망쳐?

---

24 panic
[pǽnik 패닉]

명 극심한 공포, 공황 상태
동 겁에 질려 어쩔 줄 모르다,
공황 상태에 빠지다

▸ **극심한 공포**의 순간
a moment of _____

▸ 나는 군중 속에서 종종 **공황 상태에 빠진다.**
I often _____ in crowds.

Part 2 중학 필수 영단어

DAY 39

해커스 3연타 중학영어

25 supply
[səplái 써플라이]

[동] 공급하다, 제공하다 [명] 공급
▸ 음식을 **공급하다** _____ food
▸ 전기 **공급** the _____ of electricity

써 (서)울시가
플 라 스틱
이 용량을 줄이려고 종이컵을
공급하다

26 cast
[kæst 캐스트]

[명] ① 배역, 출연자 ② 깁스(붕대)
[동] 던지다, 보내다
▸ 영화의 **배역** the _____ of a movie
▸ 미소를 **보내다** _____ a smile

캐 리비언 해적에 나오는
스 미스 씨는
트 기(특이)한
배역 을 맡았다.

27 function
[fʌ́ŋkʃən 펑션]
functional [형] 기능적인, 작동하는

[명] 기능 [동] 기능을 하다, 작용하다
▸ 휴대 전화의 **기능들**
  the _____s of a cell phone
▸ 정상적으로 **기능을 하다**
  _____ normally

펑!
션 (시원)하게 터진 폭발
기능

28 yawn
[jɔːn 얀]

[동] 하품하다 [명] 하품
▸ **하품할** 땐 입을 가려라.
  Cover your mouth when _____ing.
▸ 사자의 **하품** a lion's _____

미
얀 (안),
하품했어

29 potential
[pəténʃəl 포텐셜]

[형] 가능성이 있는, 잠재적인
[명] 잠재력
▸ **잠재** 고객 a _____ customer
▸ 넌 훌륭한 예술적 **잠재력**을 가지고 있어.
  You have great artistic _____.

포 기할 수 있을
텐 데 끝까지 노력한
셜 (설)리번 선생님의
가능성이 있는
제자, 헬렌 켈러!

30 official
[əfíʃəl 오피셜]
officially [부] 공식적으로, 정식으로

[형] 공식적인, 공무상의 [명] 공무원
▸ **공식적인** 이유 the _____ reason
▸ 고위 **공무원** a high-level _____

오 랫동안
피 해자를 도와준
셜 록 홈스의
공식적인 은퇴

DAY 39 일일 테스트

A 영어는 우리말로, 우리말은 영어로 쓰세요.

01 tide _____

02 magnet _____

03 rope _____

04 anger _____

05 amusement _____

06 whisper _____

07 물에 빠지다, 익사하다 _____

08 달의, 음력의 _____

09 거래, 다루다 _____

10 극심한 공포 _____

11 공급하다, 공급 _____

12 배역, 던지다 _____

B 빈칸에 알맞은 단어를 적어 어구를 완성하세요.

13 물이 새는 수도꼭지   a leaky _____

14 신뢰받는 브랜드   a trusted _____

15 스웨덴 왕국   the _____ of Sweden

16 평가 등급   a grading _____

17 국가의 경계   the borders of a _____

18 혈압   blood _____

19 재산을 쓰다   spend one's _____

20 전기 자동차   an electric _____

21 열대어   _____ fish

22 갑작스러운 움직임   a _____ move

23 복사 기능   copy _____

24 공식적인 결정   an _____ decision

C 보기에서 알맞은 단어를 골라 문장을 완성하세요.

보기	surgery	potential	vacuum	yawn	survive	myth

25 _____s are an important part of Greek culture.   신화는 그리스 문화에서 중요한 부분을 차지한다.

26 The _____ took more than 10 hours.   그 수술은 10시간 넘게 걸렸다.

27 We cannot _____ without water.   우리는 물 없이는 생존할 수 없다.

28 She used a _____ cleaner to clean the carpet.   그녀는 카펫을 청소하기 위해 진공청소기를 사용했다.

29 People usually _____ when they are bored.   사람들은 주로 지루할 때 하품한다.

30 She has a lot of _____ as a tennis player.   그녀는 테니스 선수로서 많은 잠재력을 가지고 있다.

점수: / 30

정답 p.387

DAY 40

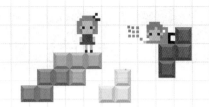

발음 익히기

| 1타 읽으며 기억하기 》 | 2타 써 보며 기억하기 》 | 3타 연상법으로 강화하기 |

01 bush
[buʃ 부시]

⑲ 덤불, 관목
▸ 덤불을 다듬다 trim a _____
▸ 한 줄로 늘어선 **관목** a row of _____es

부산
시티를
덤불로
뒤덮었다.

02 concept
[káːnsept 컨~셉트]

⑲ 개념
▸ 기본적인 **개념** a basic _____
▸ 수학 **개념**을 공부하다
　study a math _____

컨셉트
개념

03 fellow
[félou 펠로우]
fellowship ⑲ 동료 의식, 단체

⑲ 동료, 사람
▸ **동료** 학생들 _____ students
▸ 한 무리의 **사람들** a group of _____s

펠리컨에게
로우 킥을 맞은
동료

04 legend
[lédʒənd 레전드]
legendary ⑱ 전설적인, 아주 유명한

⑲ 전설
▸ **전설** 속의 영웅들 heroes from a _____
▸ 농구의 **전설**을 만나다
　meet a basketball _____

레전드
전설

전설의 검

05 oxygen
[áːksidʒen 악~시전]

⑲ 산소
▸ **산소** 부족 a lack of _____
▸ 충분한 **산소**을 얻다
　get enough _____

악기를
시지(쉬지) 않고
전념해 불어서
산소가
부족했다.

산소가
부족해

06 scent
[sent 쎈트]

⑲ 향기, 냄새
▸ 꽃 **향기** a _____ of flowers
▸ 향수 냄새 the _____ of perfume

쎈트
향기

07 victory
[víktəri 빅터뤼]
victorious 혱 승리한

명 승리
▸ 승리의 행진 a _____ parade
▸ 승리를 거두다 win a _____

빅터뤼 승리

08 bullet
[búlit 불릿]

명 총알
▸ 총알구멍 a _____ hole
▸ 총알을 장전하다 load a _____

불릿 발한 5미(리)짜리 총알

09 fame
[feim 페임]
famous 혱 유명한

명 명성
▸ 작가로서의 명성 _____ as an author
▸ 명성을 얻다 win _____

페임 명성 ♥좋아요 700,012개

10 heaven
[hévən 헤븐]

명 천국
▸ 천국에 가다 go to _____
▸ 천국으로부터의 선물
  a gift from _____

사경을 헤매다 (본) 것 같은 천국

11 poverty
[pá:vərti 파~벌티]
poor 혱 가난한

명 가난, 빈곤
▸ 가난에서 벗어나다 escape _____
▸ 낮은 빈곤율 a low _____ rate

파벌티 가난

12 sample
[sǽmpl 샘플]

명 견본, 샘플
▸ 무료 견본품 a free _____
▸ 혈액 샘플을 채취하다
  take a blood _____

샘플 견본 샴푸

13 clue
[klu: 클루]

명 단서, 실마리
▸ 넌 단서를 놓쳤어!
  You missed the _____!
▸ 실마리를 찾다 search for a _____

클클, (누)가 남긴 단서 일까?

14 error
[érər 에뤌]

명 ① 오류 ② 실수

▸ **오류**를 수정하다 correct an _____

▸ 작은 **실수** a small _____

에뤌
오류

15 incident
[ínsidənt 인씨던트]

명 사건

▸ 끔찍한 **사건** an awful _____

▸ **사건**을 처리하다 deal with an _____

인
씨
던
트
사 건

16 tale
[teil 테일]

명 이야기, 설화

▸ 나는 할머니의 **이야기**를 듣는 걸 좋아한다.
I like to listen to my grandmother's
_____s.

▸ 민간 **설화** a folk _____

테
일
이 야 기

17 stare
[stɛər 스테얼]

동 응시하다, 빤히 보다

▸ 화면을 **응시하다** _____ at a screen

▸ 허공을 **응시하다** _____ into space

스
테
얼
응 시 하 다

18 tend
[tend 텐드]
tendency 명 성향, 경향

동 ~하는 경향이 있다, ~하기 쉽다

▸ 사람들은 자신의 실수를 잊어버리는 **경향이 있다**.
People _____ to forget their
mistakes.

▸ 감정에 치우치**기 쉽다**
_____ to become emotional

텐 트는
드 라이한 땅에 세워야 하는
경 향 이   있 다

19 heal
[hi:l 히~일]
healer 명 치유자

동 치유하다, 치유되다

▸ 상처를 **치유하다** _____ an injury

▸ 빨리 **치유되다** _____ quickly

히
일
치 유 하 다

HP+10

20 invade

[invéid 인베이드]

invasion 몡 침략, 침입

동 ① **침략하다** ② **침범하다**

▸ 성을 **침략하다** _____ a castle

▸ 사생활을 **침범하다**
_____ one's privacy

인
베
이
드
침 략 하 다

21 transform

[trænsfɔ́ːrm 트랜스폼]

transformation 몡 변화, 변신

동 **바뀌다, 변형시키다**

▸ 다른 모양으로 **바뀌다**
_____ into another shape

▸ 인생을 **바꾸다** _____ one's life

트 랜 스 포머가
폼 나게
바 뀌 다

22 illegal

[ilíːgəl 일리~걸]

illegally 믠 불법적으로

혱 **불법적인, 불법의**

▸ **불법** 복제 _____ copy

▸ **불법** 행위 an _____ act

일
리
걸
불 법 적 인

23 violent

[váiələnt 바이얼런트]

violence 몡 폭행, 폭력

혱 **폭력적인, 난폭한**

▸ **폭력적인** 비디오 게임
_____ video games

▸ **난폭해지다** become _____

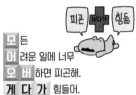

바
이
얼
런
트
폭 력 적 인

24 moreover

[mɔːróuvər 모~어오버]

믠 **게다가, 더욱이**

▸ 그는 똑똑하다. **게다가**, 그는 노력하는 사람이다.
He is smart. M_____, he is a hard worker.

▸ 날씨가 춥고, **게다가**, 비도 온다.
It's cold, and _____, it's raining.

모 든
어 려운 일에 너무
오 버 하면 피곤해.
게 다 가 힘들어.

25 frankly

[fræŋkli 프랭클리]

믠 **솔직히, 숨김없이**

▸ **솔직히**, 나는 모르겠어.
F_____, I don't know.

▸ **숨김없이** 말하다 speak _____

프 랭 (랑)크 소시지를
클 리 어하는 것은
솔 직 히 쉽지~

26 blossom
[blɑ́:səm 블라~썸]

명 꽃 동 꽃이 피다, 꽃을 피우다

▸ 꽃이 만발한 in full _____

▸ 봄에 꽃을 피우다
  _____ in the spring

블 라 디보스토크에 있는
썸 (섬)에는 예쁜
꽃 이
많이 핀다.

27 trap
[træp 트뢥]

명 함정, 덫 동 가두다, 덫으로 잡다

▸ 함정에 걸리다   get caught in a _____

▸ 쥐를 덫으로 잡다   _____ a mouse

트 뢥
함 정

28 seal
[si:l 씰]

동 봉인하다, 밀봉하다 명 직인, 도장

▸ 봉투를 봉하다   _____ an envelope

▸ 공식 직인   an official _____

씰 (실)과 바늘로 상처를
봉 인 하 다

29 mass
[mæs 매쓰]

massive 형 거대한

형 ① 대량의 ② 대중적인
명 ① 질량 ② 덩어리

▸ 대량 생산   _____ production

▸ 화성의 질량   the _____ of Mars

매 미들은 죽기 전에
쓰 (스)로
대 량 의
알을 낳는다.

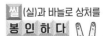

30 characteristic
[kæ̀riktərístik 캐릭터뤼스틱]

character 명 성격, 등장인물

명 특징, 특성 형 특유의

▸ 얼굴의 특징
  facial _____s

▸ 나는 그의 특유의 미소가 좋다.
  I like his _____ smile.

캐 릭 터 뤼 스 틱
특 징
둥근눈 큰귀 넓은코

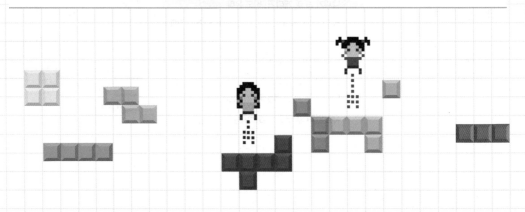

DAY 40 일일 테스트

A 영어는 우리말로, 우리말은 영어로 쓰세요.

01 oxygen	_____	**07** 사건	_____
02 bullet	_____	**08** 이야기, 설화	_____
03 fame	_____	**09** 침략하다, 침범하다	_____
04 poverty	_____	**10** 게다가, 더욱이	_____
05 sample	_____	**11** 함정, 가두다	_____
06 error	_____	**12** 대량의, 질량	_____

B 빈칸에 알맞은 단어를 적어 어구를 완성하세요.

13 관목을 베다   cut down a _____

14 일반적인 개념   a general _____

15 살아있는 전설   a living _____

16 양초의 향기   the _____ of a candle

17 완전한 승리   a complete _____

18 천국의 문   _____'s door

19 게을러지는 경향이 있다   _____ to get lazy

20 불법 주차   _____ parking

21 폭력적인 범죄   _____ crime

22 벚꽃   cherry _____s

23 비닐봉지를 밀봉하다   _____ plastic bags

24 주요 특징들   main _____s

C 보기에서 알맞은 단어를 골라 문장을 완성하세요.

보기	stare fellow frankly heal transform clue

25 He looks like a strange _____, but he is actually nice.   그는 별난 **사람**처럼 보이지만, 사실은 친절해.

26 Can you give me a _____ to the mystery?   저에게 그 수수께끼에 대한 **단서**를 주실 수 있나요?

27 She turned and _____d at me for a long time.   그녀는 돌아서서 나를 오랫동안 **빤히 보았다**.

28 My thumb _____ed after two weeks.   내 엄지손가락은 2주 후에 **치유되었다**.

29 In the myth, a snake _____s into a human.   그 신화에서, 뱀은 사람으로 **바뀐다**.

30 _____, this is our only chance.   솔직히, 이건 우리의 유일한 기회야.

점수: / 30

정답 p.387

DAY 41

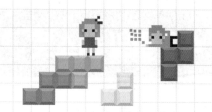

발음 익히기

1타 읽으며 기억하기 »	2타 써 보며 기억하기 »	3타 연상법으로 강화하기

01 decade
[dékeid 데케이드]

명 10년
- ▸ **10년 동안** for a _____
- ▸ **지금으로부터 10년**
  a _____ from now

데케이드 10년

02 fairy
[féri 페리]

명 요정
- ▸ **숲속의 요정** a _____ in the woods
- ▸ **동화** a _____ tale

페뤼 요정

03 honor
[ɑ́:nər 아~너]

명 ① 명예, 명성 ② 영광
- ▸ **명예를 걸고** on one's _____
- ▸ **수상의 영광을 나누다**
  share the _____ of the award

아이고 너의 명예가 실추되었구나.

04 slave
[sleiv 슬레이브]
slavery 명 노예제도

명 노예
- ▸ **노예가 탈출하는 것을 돕다**
  help _____s escape
- ▸ **노예를 해방하다** free a _____

슬레이브 노예

05 drug
[drʌg 드뤄그]

명 의약품, 약
- ▸ **의약품 회사** a _____ company
- ▸ **진통제** a pain-killing _____

드뤄 (들어)올 때
그 의약품 좀 사와!

06 proof
[pru:f 프루~프]
prove 통 입증하다, 증명하다

명 증거, 증명
- ▸ **결정적인 증거가 있다** have final _____
- ▸ **과학적인 증명** scientific _____

프루프 증거

07 conflict
[kánflikt 컨플릭트]

명 갈등, 충돌

▸ 양국 간의 **갈등**
a _____ between two countries

▸ 내적 **갈등** inner _____

08 ash
[æʃ 애쉬]

명 재

▸ 굴뚝에 있는 **재** _____ in the chimney

▸ **재**로 변하다 turn to _____

09 hammer
[hǽmər 해멀]

명 망치

▸ **망치**로 못을 치다
hit a nail with a _____

▸ 쇠**망치** an iron _____

10 needle
[níːdl 니~들]

명 바늘

▸ 뾰족한 **바늘** a sharp _____

▸ **바늘**로 바느질하다 sew with a _____

11 liberty
[líbərti 리버티]

liberate 동 해방시키다, 자유롭게 하다

명 자유

▸ **자유**를 얻다 gain _____

▸ **자유**에 대한 열정 a passion for _____

12 version
[və́ːrʒən 벌~전]

명 버전, 판

▸ 최신 **버전** the latest _____

▸ 영문**판** the English _____

13 client
[kláiənt 클라이언트]

명 고객, 의뢰인

▸ 잠재**고객** potential _____s

▸ 변호사는 그의 **의뢰인**에게 조언했다.
The lawyer advised his _____.

14 obey
[oubéi 오베이]
obedient 휑 말을 잘 듣는

동 복종하다, 따르다
▸ 명령에 **복종하다** _____ an order
▸ 규칙을 **따르다** _____ the rules

오 분 만에
배 (배)를 보
이 며
복 종 하 다

15 broadcast
[brɔ́:dkæst 브뤄~드캐스트]

동 방송하다, 방영하다
▸ 콘서트를 **방송하다**
_____ a concert
▸ 텔레비전에서 **방영하다**
_____ on television

브
뤄
드
캐
스
트
방 송 하 다

16 scratch
[skrætʃ 스크뤠치]

동 긁다, 할퀴다
▸ 등을 **긁다** _____ one's back
▸ 고양이가 나를 **할퀴었다.**
The cat _____ed me.

스
크
뤠
치
긁 다

17 frustrate
[frʌ́streit 프뤄스트뤠이트]
frustration 휑 불만, 좌절감

동 좌절감을 주다, 좌절시키다
▸ 저는 너무 **좌절했어요.** I'm so _____d.
▸ 계획을 **좌절시키다** _____ a plan

프 뤄 스 트
뤠 이
트
좌 절 감 을
주 다
교수가
에게 계속
집을 잡으며

18 examine
[igzǽmin 이그재민]

동 ① 조사하다, 검토하다 ② 진찰하다
▸ 샘플을 **조사하다** _____ a sample
▸ 환자를 **진찰하다** _____ a patient

이
그
재
민
성분과
성분을
면서
첩하게
조 사 하 다

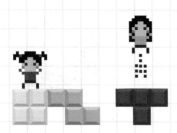

케 이 퍼 블
~ 을 할 수 있 는

You are capable of more than you think you are.
당신은 당신이 생각하는 것보다 더 많은 것을 할 수 있다.

19 steady
[stédi 스테디]

형 꾸준한, 한결같은

▸ **꾸준한** 속도로 달리다
run at a _____ pace
▸ 느리고 **꾸준한** slow and _____

스 테 디 셀러는 판매량이
꾸 준 한 책들이다.

20 awkward
[ɔ́ːkwərd 억~워드]
awkwardly 분 어색하게

형 ① 어색한 ② 곤란한

▸ **어색한** 침묵 an _____ silence
▸ **곤란한** 상황 an _____ situation

억 ! 소리 나는
워 낙 비싼
드 레스라서 입기
어 색 한 느낌

21 minor
[máinər 마이너]

형 작은, 가벼운, 중요하지 않은

▸ 계획의 **작은** 변화
a _____ change of plan
▸ **가벼운** 부상 a _____ injury

마 이 (많이) 걸은
너 의 아주
작 은 허리 통증
Minor

22 capable
[kéipəbl 케이퍼블]

형 ① 유능한 ② ~을 할 수 있는

▸ **유능한** 교사 a _____ teacher
▸ 그들은 경기에서 이길 **수 있다**.
They are _____ of winning the game.

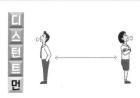

케 이 퍼 블
유 능 한

23 distant
[dístənt 디스턴트]
distance 명 거리

형 먼, 떨어져 있는

▸ **먼** 미래 the _____ future
▸ **먼** 친척을 만나다
meet a _____ relative

디 스 턴 트 먼

24 faint
[feint 페인트]

형 희미한, 약한

▸ **희미한** 향 a _____ scent
▸ 그의 호흡이 **약해졌다**.
His breathing became _____.

페 인 트
희 미 한

25 afterward
[ǽftərwərd 애프털월드]

뛰 후에, 나중에

▸ 몇 달 **후에** a few months _____

▸ **나중에** 청소해주세요.
  Please clean up _____.

애프털월드
후에

고기산 다음에!

26 thus
[ðʌs 더스]

뛰 따라서, 그러므로

▸ 그 시계는 비쌌다. **따라서**, 나는 그것을 사지 못
했다.
  The watch was expensive. T_____,
  I couldn't buy it.

더스 스럽없고
따라서
더 편하다.

27 envy
[énvi 엔비]

envious 휑 부러워하는

동 부러워하다 명 부러움

▸ 난 네가 **부러워**. I _____ you.

▸ **부러움**의 눈으로 보다 look with _____

엔비
부러워하다

28 appeal
[əpíːl 어필]

명 호소, 간청
동 ① 호소하다 ② 관심을 끌다

▸ 감정적 **호소** an emotional _____

▸ 판사에게 **호소하다** _____ to a judge

어필
호소

이구! 억울할 때
요한 건
재는 무죄입니다

29 delight
[diláit 딜라이트]

명 기쁨, 즐거움
동 매우 기쁘게 하다

▸ **기쁨**에 미소짓다 smile in _____

▸ 저는 당신을 만나서 **매우 기뻐요**.
  I am _____ed to meet you.

딜라이트
기쁨

30 sigh
[sai 싸이]

동 한숨을 쉬다 명 한숨

▸ 무겁게 **한숨을 쉬다** _____ heavily

▸ 안도의 **한숨** _____ with relief

싸이
한숨을
쉬다

후-우

DAY 41 일일 테스트

A 영어는 우리말로, 우리말은 영어로 쓰세요.

01 decade ＿＿＿＿＿＿＿ **07** 방송하다, 방영하다 ＿＿＿＿＿＿＿

02 fairy ＿＿＿＿＿＿＿ **08** 좌절감을 주다 ＿＿＿＿＿＿＿

03 slave ＿＿＿＿＿＿＿ **09** 조사하다, 진찰하다 ＿＿＿＿＿＿＿

04 hammer ＿＿＿＿＿＿＿ **10** 후에, 나중에 ＿＿＿＿＿＿＿

05 needle ＿＿＿＿＿＿＿ **11** 따라서, 그러므로 ＿＿＿＿＿＿＿

06 client ＿＿＿＿＿＿＿ **12** 부러워하다, 부러움 ＿＿＿＿＿＿＿

B 빈칸에 알맞은 단어를 적어 어구를 완성하세요.

13 명예를 얻다 gain ＿＿＿＿＿ **19** 머리를 긁다 ＿＿＿＿＿ one's head

14 처방약 a prescription ＿＿＿＿＿ **20** 꾸준한 성장 ＿＿＿＿＿ growth

15 갈등을 해결하다 solve a ＿＿＿＿＿ **21** 어색한 순간 an ＿＿＿＿＿ moment

16 자유의 땅 the land of ＿＿＿＿＿ **22** 가벼운 수술을 받다 undergo ＿＿＿＿＿ surgery

17 최신판 an updated ＿＿＿＿＿ **23** 매우 유능한 학생 a highly ＿＿＿＿＿ student

18 학교 규칙을 따르다 ＿＿＿＿＿ school rules **24** 희미한 빛 a ＿＿＿＿＿ light

C 보기에서 알맞은 단어를 골라 문장을 완성하세요.

보기	delight distant proof sigh ash appeal

25 Show me ＿＿＿＿＿ that this phone is yours. 이 전화기가 네 것이라는 **증거를** 보여줘.

26 The fire turned the piece of wood into ＿＿＿＿＿. 불은 나무 조각을 **재로** 만들었다.

27 Dinosaurs lived in the ＿＿＿＿＿ past. 공룡은 **먼** 옛날에 살았다.

28 His new novel ＿＿＿＿＿ed to many people. 그의 새 소설은 많은 사람들의 **관심을 끌었다.**

29 She was ＿＿＿＿＿ed to have a new sister. 그녀는 새 여동생이 생겨서 **매우 기뻤다.**

30 My father ＿＿＿＿＿ed with relief and sat down. 나의 아버지는 안도의 **한숨을 쉬고** 앉으셨다.

점수:	/ 30

정답 p.387

Part 2 중학 필수 영단어

DAY 41

해커스 3연타 중학영단어

DAY 41 | 257

DAY 42

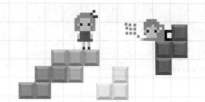

발음 익히기

| 1타 읽으며 기억하기 » | 2타 써 보며 기억하기 » | 3타 연상법으로 강화하기 |

01 dawn
[dɔːn 던]

명 새벽
▸ 새벽하늘 the _____ sky
▸ 새벽에 일어나다 get up at _____

던졌던 공을 새벽에나 찾았다.

02 flame
[fleim 플레임]

명 불길, 불꽃
▸ 불길에 휩싸이다 go up in _____s
▸ 촛불의 불꽃 a candle _____

플레임 불길

03 laundry
[lɔ́ːndri 런~드뤼]

명 세탁, 세탁물
▸ 세탁하다 do the _____
▸ 더러운 세탁물 dirty _____

런드뤼 세탁

04 charm
[tʃɑːrm 참]
charming 혱 매력적인, 멋진

명 매력
▸ 자연스러운 매력 natural _____
▸ 매력이 가득하다 be full of _____

참 매력 있는 사람

05 outline
[áutlain 아웃라인]

명 ① 개요 ② 윤곽
▸ 간단한 개요 a brief _____
▸ 윤곽을 그리다 draw an _____

아웃라인 개요 라면 안간 이야기의 개요만 봐도 웃기다.

06 string
[striŋ 스트링]

명 끈, 줄
▸ 끈 한 가닥 a piece of _____
▸ 끈으로 묶다 tie up with _____

스트링 끈

07 poison
[pɔ́izən 포이즌]
poisonous 형 유독한

명 독, 독약
▸ 치명적인 독 a deadly _____
▸ 쥐약 rat _____

포이즌 독

08 navy
[néivi 네이비]

명 해군
▸ 나라의 해군 the country's _____
▸ 해군에 입대하다 join the _____

네이비 해군

09 voyage
[vɔ́iidʒ 보이쥐]

명 여행, 항해
▸ 세계일주 여행
 a _____ around the world
▸ 항해를 떠나다 leave on a _____

끝이
보 이 쥐 (보이지) 않는
여 행

10 debt
[det 뎃]

명 빚, 부채
▸ 빚을 갚다 pay off _____
▸ 국가 부채 national _____

도
뎃 (대)체
빚 이
얼마야?

11 devil
[dévəl 데블]

명 악마
▸ 악마가 있다고 믿니?
 Do you believe in the _____?
▸ 악마에 대한 공포 fear of the _____

데블 악마

12 affair
[əfɛ́ər 어페어]

명 ① 일 ② 사건
▸ 사적인 일 personal _____s
▸ 정치적인 사건 political _____s

어 제 열린
페 어 에서 생긴 의심스러운
일

13 aisle
[ail 아일]

명 통로
▸ 통로 좌석 an _____ seat
▸ 통로를 막지 마세요.
 Do not block the _____.

아 주
일 찍 예약하면
통 로 좌석에 앉을 수 있다.

14 agriculture
[ǽgrikʌ̀ltʃər 애그뤼컬처]
agricultural 휑 농업의

몡 농업
▸ 농업에 종사하다 work in _____
▸ 농사를 위한 땅 land for _____

애그뤼컬처 농업

---

15 data
[déitə 데이터]

몡 자료, 정보, 데이터
▸ 자료를 수집하다 collect _____
▸ 데이터를 보관하다 save _____

데이터 자료 Data

---

16 calculate
[kǽlkjulèit 캘큘레이트]
calculation 몡 계산

동 ① 계산하다 ② 추정하다
▸ 비용을 계산하다 _____ the cost
▸ 우승 가능성을 추정하다
_____ the chances of winning

캘큘레이트 계산하다

---

17 dare
[dɛər 데어]

동 ~할 용기가 있다, 감히 ~하다
▸ 스카이다이빙 할 용기가 있다
_____ to go skydiving
▸ 나는 감히 물어볼 수 없었어.
I didn't _____ to ask.

데어 이트 신청은 렵지만 시도할 용기가 있다

---

18 govern
[gʌ́vərn 거번]
government 몡 정부

동 통치하다, 다스리다
▸ 나라를 통치하다 _____ a country
▸ 현명하게 다스리다 _____ wisely

거 대하고 번 성한 나라를 통치하다

---

19 indicate
[índikèit 인디케이트]

동 나타내다, 보여주다
▸ 출처를 나타내다 _____ a source
▸ 분명하게 보여주다 clearly _____

인디 음악에 대한 관심을 케이트 가 나타내다 인디?!

20 investigate

[invéstəgèit 인베스티게이트]

investigation 몡 조사, 수사

동 조사하다, 수사하다

▸ 자세히 조사하다 _____ in detail

▸ 범죄를 수사하다 _____ a crime

인 천 공항으로 간
베 스트 사기꾼의
티 켓을
게 이 트 에서
조 사 하 다

21 amuse

[əmjúːz 어뮤~즈]

amusement 몡 재미, 즐거움

동 즐겁게 하다

▸ 광대는 사람들을 즐겁게 했다.
The clown _____d the crowd.

▸ 농담으로 즐거워하다
be _____d by a joke

어
뮤
즈
즐 겁 게 _ 하 다

22 definite

[défənit 데피닛]

definitely 문 확실히, 분명히

형 확실한, 확고한

▸ 확실한 우승 a _____ win

▸ 확답을 주다 give a _____ answer

데 친 야채와
피 닛 (닛)버터의
확 실 한 조합

23 significant

[signífikənt 씨그니피컨트]

형 중요한, 의미 있는

▸ 중요한 차이
a _____ difference

▸ 의미 있는 경험
a _____ experience

씨 (시)시해 보이겠지만,
그 기
니 피 그를
컨 트 롤하는 건 매우
중 요 한 일이야.

24 absolute

[ǽbsəlùːt 앱썰루~트]

absolutely 문 절대적으로, 완전히

형 ① 절대적인 ② 완전한

▸ 절대적인 힘 _____ power

▸ 완전한 자유 _____ freedom

앱
썰
루
트
절 대 적 인

25 bare

[bɛər 베어]

barely 문 겨우, 거의 ~않다

형 벌거벗은, 살을 드러낸

▸ 팔을 드러내고 with _____ arms

▸ 맨발로 걷다 walk with _____ feet

껍질을
베 어 먹었더니
벌 거 벗 은
사과가 되었다.

26 beyond
[bijánd 비욘~드]

전 ~의 너머에서, ~을 지나서
▸ 국경 너머에서 _____ the border
▸ 자정을 지나서 _____ midnight

비욘드 (온) 뒤의 맑은 하늘이 넓은 언덕
너머에서 보인다.

27 target
[táːrgit 탈~깃]

명 목표 동 목표로 삼다, 겨냥하다
▸ 목표를 향해 쏘다 shoot at a _____
▸ 어린아이들을 목표로 삼다
_____ young children

탈깃
목표

28 swing
[swiŋ 스윙]

동 휘두르다, 흔들다 명 그네
▸ 밧줄에 매달려 흔들리다
_____ from a rope
▸ 그네를 타다 play on a _____

스윙
휘두르다

29 acid
[ǽsid 애씨드]

형 산성의 명 산
▸ 산성비 _____ rain
▸ 위산 stomach _____

애씨드
산성의

30 neither
[níːðər 니~더]

부 ~도 아니다
형 대 (둘 중) 어느 것도 ~아니다
▸ 그녀는 기억하지 못하고 나도 기억하지 못한다.
She doesn't remember and _____ do I.
▸ 우리 중 누구 준비가 되지 않았다.
N_____ of us are ready.

니더
도 아니다
가 먹다 남긴 과자를 먹는건 더러운 일

참
매력

A little charm goes a long way.
작은 매력이 오래간다.

DAY 42 일일 테스트

A 영어는 우리말로, 우리말은 영어로 쓰세요.

01 charm _____

02 navy _____

03 devil _____

04 affair _____

05 agriculture _____

06 data _____

07 즐겁게 하다 _____

08 중요한, 의미 있는 _____

09 절대적인, 완전한 _____

10 벌거벗은 _____

11 ~도 아니다 _____

12 ~의 너머에서 _____

B 빈칸에 알맞은 단어를 적어 어구를 완성하세요.

13 새벽에 일하다 go to work at _____

14 가스 불꽃 a gas _____

15 세탁 서비스 a _____ service

16 윤곽을 잡다 make an _____

17 바이올린 줄 a violin _____

18 독가스 _____ gas

19 빚을 지다 go into _____

20 손해를 계산하다 _____ the damage

21 말할 용기가 있다 _____ to say

22 엄격히 다스리다 _____ strictly

23 문제를 나타내다 _____ a problem

24 사건을 수사하다 _____ a case

C 보기에서 알맞은 단어를 골라 문장을 완성하세요.

| 보기 | target | aisle | definite | acid | voyage | swing |

25 Christopher Columbus went on a famous _____. 크리스토퍼 콜럼버스는 유명한 **항해**를 했다.

26 Can I book an _____ seat? **통로** 쪽 좌석을 예약할 수 있을까요?

27 We need a _____ answer from them. 우리는 그들로부터 **확실한** 대답을 들어야 한다.

28 Hold your breath when you shoot at the _____. **목표**를 쏠 때 숨을 멈추세요.

29 It is difficult to _____ a heavy baseball bat. 무거운 야구 방망이를 **휘두르는** 것은 어렵다.

30 Strong _____ can burn your skin. 강한 **산**은 피부에 화상을 입힐 수 있다.

| 점수: | / 30 |

정답 p.387

DAY 43

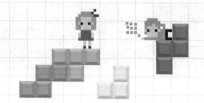

발음 익히기

1타 읽으며 기억하기 »	2타 써 보며 기억하기 »	3타 연상법으로 강화하기

01 origin
[ɔ́:rədʒin 오~뤄진]
original 혱 원래의, 독창적인

명 기원, 출신
▸ 단어의 **기원**   the _____ of a word
▸ **출신** 국가   one's country of _____

오
뤄
진
기 원

02 finance
[fáinæns 파이낸스]
financial 혱 재정상의, 금융의

명 재정, 자금
▸ 학교 **재정**   school _____
▸ **재정** 전문가   an expert in _____

파
이
낸
스
재 정

03 summary
[sʌ́məri 써머리]
summarize 동 요약하다

명 요약, 개요
▸ **요약**하다   give a _____
▸ 간단한 **개요**   a brief _____

써!
머 리 를! 그리고
요 약 을 해봐!

요약해봐!

04 theme
[θiːm 띰]

명 주제, 테마
▸ 이야기의 **주제**
the _____ of the story
▸ 중심 **테마**   the main _____

띰 띰한(심심한)
주 제

05 threat
[θret 뜨렛]
threaten 동 협박하다, 위협하다

명 위협, 협박
▸ 사회에 대한 **위협**   a _____ to society
▸ **협박**하다   make a _____

뜨
렛
위 협

06 defense
[diféns 디펜스]
defend 동 방어하다, 수비하다

명 방어, 수비
▸ 공격에 대한 **방어**
_____ against an attack
▸ **수비**를 잘 하다   be good at _____

디
펜
스
방 어

07 farewell
[fɛ̀ərwél 페얼웰]

명 작별 인사
- ▸ **작별 인사를 하다** say _____
- ▸ 슬픈 **작별 인사** a sad _____

페얼웰 **작 별 인 사**

08 launch
[lɔ:ntʃ 런~취]

동 ① 시작하다, 출시하다 ② 발사하다
- ▸ 프로젝트를 **시작하다** _____ a project
- ▸ 로켓을 **발사하다** _____ a rocket

런 취 **시 작 하 다**

물건 발사 프로젝트 시작!

09 chop
[tʃɑp 찹]

동 (잘게) 썰다, 다지다, (장작 등을) 패다
- ▸ 당근을 **썰다** _____ up a carrot
- ▸ 나무를 **패다** _____ wood

찹 찹! **썰 다**

10 consume
[kənsú:m 컨쑴]

consumption 명 소모, 소비

동 ① 소모하다 ② 먹다, 마시다
- ▸ 에너지를 **소모하다** _____ energy
- ▸ 설탕을 덜 **먹다** _____ less sugar

컨 쑴 **소 모 하 다**

디션을 위해 (숨)차게 에너지를

11 vary
[véri 베뤼]

variety 명 여러 가지

동 다르다, 차이가 있다
- ▸ 사이즈마다 **다르다** _____ in size
- ▸ 사람마다 **차이가 있다**
  _____ from person to person

베 뤼 **다 르 다**

(베리)는 종류마다 맛이

12 endure
[indjúər 인듀어]

동 참다, 견디다
- ▸ 고통을 **참다** _____ pain
- ▸ 고난을 **견디다** _____ hardships

인 듀 어 **참 는 다**

(인두)가 아프고 지럽지만

13 interfere
[ìntərfíər 인터피어]

interference 명 간섭, 참견

동 간섭하다, 참견하다
- ▸ 일상생활에 **간섭하다**
  _____ with daily life
- ▸ 결정에 **참견하다** _____ with a decision

인 터 피 어 **간 섭 하 는** 문화

넷에서 나는

Internet
오늘은 아이스크림 먹음!
↳ 아이스크림 살펴, 왜 먹어!
_____! 등 먹어

Part 2 중학 필수 영단어

DAY 43

해커스 3연타 중학영단어

14 invest
[invést 인베스트]
investment 명 투자

동 투자하다
▸ 교육에 **투자하다** _____ in education
▸ 돈을 현명하게 **투자하다**
_____ money wisely

인베스트
투 자 하 다

15 maintain
[meintéin 메인테인]

동 ① 유지하다, 지키다 ② 주장하다
▸ 균형을 **유지하다** _____ a balance
▸ 의견을 **주장하다** _____ an opinion

메 인 배우의 안경
테 가
인 상을 좋게
유 지 한 다

인상좋게 유지해주죠

16 trace
[treis 트레이스]

동 추적하다, 찾아내다
▸ 동물을 **추적하다** _____ an animal
▸ 소문을 **추적하다** _____ a rumor

트
레
이
스
추 적 하 다

17 disturb
[distə́:rb 디스털~브]

동 방해하다
▸ 평화를 **방해하다** _____ the peace
▸ 나를 **방해하지** 마! Do not _____ me!

디
스
털
브
방 해 하 다

18 rely
[rilái 륄라이]

동 의지하다, 신뢰하다
▸ 남의 도움에 **의지하다**
_____ on other's help
▸ 나를 **믿어도** 돼. You can _____ on me.

륄 (릴)레이 경주에서
라 이 언의 팔에
의 지 하 다

19 constant
[ká:nstənt 컨~스턴트]
constantly 부 끊임없이

형 끊임없는, 변함없는
▸ **끊임없는** 변화 a _____ change
▸ **변함없는** 체중 a _____ weight

컨 테이너 위
스 턴 트 맨의
끊 임 없 는 연습

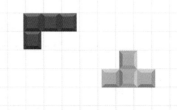

20 dense
[dens 덴스]

형 빽빽한, 밀집한
▸ **빽빽한** 밀림 a _____ jungle
▸ **밀집한** 도시 a _____ city

21 enthusiastic
[inθùːziǽstik 인뚜~지에스틱]

형 열광적인, 열렬한
▸ **열광적인** 지지자
  an _____ supporter
▸ **열렬한** 환영
  an _____ welcome

22 flexible
[fléksəbl 플렉서블]

형 ① 유연한 ② 융통성 있는
▸ **유연한** 생각 _____ thinking
▸ **융통성 있는** 계획 a _____ plan

23 loyal
[lɔ́iəl 로열]
loyalty 명 충성

형 충성스러운, 충실한
▸ **충성스러운** 개 a _____ dog
▸ **단골고객** a _____ customer

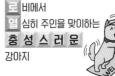

24 mature
[mətʃúər 머츄얼]

형 성숙한, 어른스러운
▸ 감정적으로 **성숙한**
  emotionally _____
▸ 나이에 비해 **어른스러운**
  _____ for one's age

25 outstanding
[autstǽndiŋ 아웃스탠딩]

형 뛰어난, 두드러진
▸ **뛰어난** 발상 an _____ idea
▸ 당신의 작품은 **뛰어나요.**
  Your work is _____.

아 낌없이
웃 는
스 탠 딩 석 관객들의
뛰 어 난 응원

26 remote
[rimóut 리모트]

형 멀리 떨어진, 원격의

▸ 멀리 떨어진 장소 a _____ location

▸ 리모컨 a _____ control

리 모 컨으로 티브이를
트 는 일은
멀 리
떨 어 진
곳에서도 할 수 있다.

27 marine
[mərí:n 머뤼~인]

형 바다의, 해양의

▸ 해양 생물 _____ life

▸ 해양 자원을 개발하다
develop _____ resources

머
뤼
인
바 다 의

28 beneath
[biní:θ 비니~쓰]

전 아래에

▸ 의자 아래에 고양이가 있다.
There is a cat _____ the chair.

▸ 바다 밑으로 가라앉다
sink _____ the waves

비
니
쓰
아 래 에

29 crack
[kræk 크뢕]

동 ① 갈라지다, 금이 가다
② 깨뜨리다, 부수다

명 ① 금 ② 타격

▸ 거울에 금이 갔다.
The mirror _____ed.

▸ 보도에 난 금 a _____ in the sidewalk

크
뢕
갈 라 지 다

30 objective
[əbdʒéktiv 오브젝티브]

명 목적, 목표 형 객관적인

▸ 명확한 목표 a clear _____

▸ 객관적인 의견 an _____ opinion

오 이와
브 로콜리를
젝 거(제거)하며
티 브 이를 보는 것이
목 적 이다.

이게
내 목적!

디 펜 스
방 어

The truth is the best defense.
진실을 말하는 것이 최고의 방어이다.

DAY 43 일일 테스트

A 영어는 우리말로, 우리말은 영어로 쓰세요.

01 threat _____
02 defense _____
03 farewell _____
04 disturb _____
05 trace _____
06 rely _____

07 빽빽한, 밀집한 _____
08 충성스러운, 충실한 _____
09 성숙한, 어른스러운 _____
10 뛰어난, 두드러진 _____
11 바다의, 해양의 _____
12 목적, 객관적인 _____

B 빈칸에 알맞은 단어를 적어 어구를 완성하세요.

13 생명의 기원 the _____ of life
14 재정을 관리하다 handle the _____s
15 요약하면 in _____
16 캠페인을 시작하다 _____ a campaign
17 채소를 썰다 _____ vegetables
18 음식을 먹다 _____ food

19 치통을 참다 _____ a toothache
20 색깔이 다르다 _____ in color
21 변함없는 속도로 at a _____ speed
22 열광적인 선생님 an _____ teacher
23 호두를 깨뜨리다 _____ a walnut
24 나무 아래에서 쉬다 take a rest _____ a tree

C 보기에서 알맞은 단어를 골라 문장을 완성하세요.

보기 interfere   remote   maintain   theme   flexible   invest

25 What is the main _____ of the film? 그 영화의 중심 주제가 뭐가요?

26 The noise from outside _____s with our work. 밖으로부터의 소음이 우리 일에 간섭한다.

27 Be careful when you _____ in the stock market. 주식 시장에 투자할 때 조심하세요.

28 It is expensive to _____ a car. 차를 유지하는 것은 돈이 많이 든다.

29 Yoga can make your body _____. 요가가 몸을 유연하게 만들 수 있다.

30 I want to travel to a _____ place. 나는 멀리 떨어진 곳을 여행하고 싶다.

점수: / 30

정답 p.388

발음 익히기

| 1타 읽으며 기억하기 » | 2타 써 보며 기억하기 » | 3타 연상법으로 강화하기 |

---

01 straw
[strɔ: 스트뤄~어]

명 ① 밀짚 ② 빨대

‣ 밀짚모자 a _____ hat

‣ 빨대로 마시다 drink through a _____

스트뤄어 밀짚

---

02 gesture
[dʒéstʃər 제스철]

명 몸짓, 표시

‣ 몸짓으로 의사소통하다
  communicate with _____s

‣ 우정의 표시 a _____ of friendship

제스철 몸짓

---

03 angle
[ǽŋgl 앵글]

명 ① 각도, 각 ② 관점

‣ 직각 a right _____

‣ 다른 관점에서 from a different _____

앵글 각도

-180°-

---

04 campaign
[kæmpéin 캠페인]

명 (사회적·정치적) 운동, 캠페인

‣ 대통령 선거 운동
  a presidential _____

‣ 모금 운동 a fund-raising _____

캠 프장에서
페 지(폐지)를 줍는
인 간적인
운동

Campaign

---

05 journal
[dʒə́:rnl 저~널]
journalist 명 기자

명 ① 일기, 일지 ② 잡지, 학술지

‣ 일기에 쓰다 write in a _____

‣ 과학 학술지 a science _____

저 쪽에
널 려있는
일기

---

06 palm
[pɑːm 파~암]

명 손바닥
- ▸ 땀이 나서 축축한 **손바닥**
  sweaty _____s
- ▸ **손바닥**을 펴다 spread one's _____

07 empire
[émpaiər 엠파이얼]

명 제국
- ▸ 강력한 **제국** a powerful _____
- ▸ **제국**을 건설하다 build an _____

08 coal
[koul 콜]

명 석탄
- ▸ **석탄** 광산 a _____ mine
- ▸ **석탄**을 연료로 쓰다 use _____ for fuel

09 fabric
[fǽbrik 패브릭]

명 직물, 천
- ▸ 면 **직물** cotton _____
- ▸ 섬유 유연제 _____ softener

10 genius
[dʒíːnjəs 지~니어스]

명 천재, 영재
- ▸ **천재**의 작품 a work of _____
- ▸ 수학 **영재** a mathematical _____

11 shuttle
[ʃʌ́tl 셔틀]

명 ① 정기 왕복 교통 기관
　 ② 우주 왕복선
- ▸ **왕복** 버스를 타다
  take a _____ bus
- ▸ 우주 **왕복선** a space _____

12 status
[stǽtəs 스태터스]

명 지위, 신분
- ▸ 사회적 **지위** social _____
- ▸ 같은 **신분**의 사람들
  people of equal _____

13 self

[self 쎌프]

selfish 혱 이기적인

명 **자아, 본모습**

▸ **자신감** _____-confidence

▸ **자기** 소개 _____ introduction

쎌
프
자 아

14 quantity

[kwάːntəti 콴~터티]

명 **양, 수량**

▸ 많은 **양**의 돈
a large _____ of money

▸ 적은 **양**의 설탕
a small _____ of sugar

콴 (콸)콸 넘쳐흘러
터 질듯한
티 슈의
양

15 pose

[pouz 포우즈]

동 ① **자세를 취하다** ② **제기하다**

▸ 사진을 위해 **자세를 취하다**
_____ for a photo

▸ 문제를 **제기하다** _____ a question

포
우
즈
자 세 를
취 하 다

16 scare

[skɛər 스케어]

scary 혱 무서운, 겁나는

동 **겁주다, 놀라게 하다**

▸ 동물을 **겁주다** _____ an animal

▸ 유령이 나를 **놀라게 했다.**
The ghost _____d me.

스 케 이트를 타고
어 린이를
겁 주 다

17 spin

[spin 스핀]

동 **돌다, 돌리다, 회전하다**

▸ 빙글빙글 **돌다** _____ around

▸ 바퀴를 **돌리다** _____ the wheel

스 키를 타며
핀 (핑)그르르
돌 다

18 imitate

[ímitèit 이미테이트]

imitation 명 모조품, 모방

동 **모방하다, 흉내 내다**

▸ 행동을 **모방하다** _____ actions

▸ 완벽하게 **흉내내다** _____ perfectly

이
미
테
이
트
모 방 하 다

19 unite
[ju:náit 유~나이트]

동 연합하다, 통합시키다

▸ 위협에 맞서 **연합하다**
_____ against a threat

▸ 나라를 **통합시키다** _____ a country

유 나 이 트
연 합 하 다

20 scan
[skæn 스캔]

동 ① 자세히 조사하다, 살피다
② 스캔하다

▸ 방을 **살피다** _____ a room

▸ 바코드를 **스캔하다** _____ a bar code

스 프(수프)가 들어 있는
캔 을
자 세 히
조 사 하 다

21 twist
[twist 트위스트]
twisted 형 뒤틀린

동 비틀다, 구부리다

▸ 팔을 **비틀다** _____ an arm

▸ 철사를 **구부리다** _____ a wire

트
위
스
트
ㄴ
비 틀 다

22 grand
[grænd 그랜드]

형 ① 웅장한 ② 원대한

▸ 웅장한 궁전 a _____ palace

▸ 원대한 전략 a _____ strategy

그 랜 드 캐니언의
웅 장 한
광경

23 holy
[hóuli 호울리]

형 신성한, 성스러운

▸ 성인 a _____ man

▸ 성스러운 장소 a _____ place

호
울
리
ㄴ
신 성 한

24 sincere
[sinsíər 씬씨어]
sincerely 부 진심으로

형 진실된, 진정한, 진심 어린

▸ **진정한** 사랑 _____ love

▸ **진심 어린** 감사 _____ thanks

씬 (신)부를 바라보는
씨 어 머니(시어머니)의
진 실 된
미소

25 portable
[pɔ́:rtəbl 폴~터블]

형 휴대용의, 들고 다닐 수 있는

▸ 휴대 전화 a _____ phone

▸ 휴대용 라디오 _____ radio

폴
터
블
휴 대 용 의

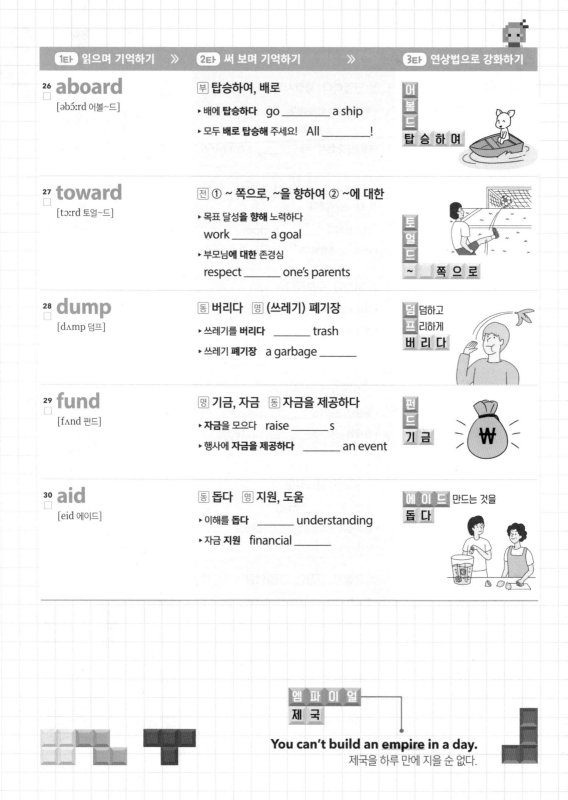

26 aboard
[əbɔ́ːrd 어볼~드]

부 **탑승하여, 배로**

‣ 배에 **탑승하다** go _____ a ship
‣ 모두 **배로 탑승해** 주세요! All _____!

어
볼
드
탑 승 하 여

27 toward
[tɔːrd 토얼~드]

전 ① ~ **쪽으로, ~을 향하여** ② ~**에 대한**

‣ 목표 달성을 **향해** 노력하다
work _____ a goal
‣ 부모님**에 대한** 존경심
respect _____ one's parents

토
얼
드
~ 쪽 으 로

28 dump
[dʌmp 덤프]

동 **버리다** 명 **(쓰레기) 폐기장**

‣ 쓰레기를 **버리다** _____ trash
‣ 쓰레기 **폐기장** a garbage _____

덤 덤하고
프 프리하게
버 리 다

29 fund
[fʌnd 펀드]

명 **기금, 자금** 동 **자금을 제공하다**

‣ **자금**을 모으다 raise _____ s
‣ 행사에 **자금을 제공하다** _____ an event

펀
드
기 금

30 aid
[eid 에이드]

동 **돕다** 명 **지원, 도움**

‣ 이해를 **돕다** _____ understanding
‣ 자금 **지원** financial _____

에 이 드 만드는 것을
돕 다

엠 파 이 얼
제 국

You can't build an empire in a day.
제국을 하루 만에 지을 순 없다.

DAY 44 일일 테스트

A 영어는 우리말로, 우리말은 영어로 쓰세요.

01 quantity _____

02 coal _____

03 genius _____

04 status _____

05 self _____

06 pose _____

07 돌다, 돌리다 _____

08 연합하다, 통합시키다 _____

09 자세히 조사하다 _____

10 비틀다, 구부리다 _____

11 진실된, 진정한 _____

12 기금, 자금을 제공하다 _____

B 빈칸에 알맞은 단어를 적어 어구를 완성하세요.

13 플라스틱 빨대   a plastic _____

14 손짓   hand _____s

15 45도 각도   a 45-degree _____

16 환경 운동   an environmental _____

17 의학 학술지   a medical _____

18 손금 보기   _____ reading

19 아이를 겁주다   _____ a child

20 바닥에 버리다   _____ on the floor

21 원대한 계획   a _____ plan

22 비행기에 탑승하다   go _____ an airplane

23 도움을 제공하다   offer _____

24 강 쪽으로   _____ the river

C 보기에서 알맞은 단어를 골라 문장을 완성하세요.

보기	shuttle empire portable imitate holy fabric

25 The Romans built a powerful _____.   로마인들은 강력한 **제국**을 건설했다.

26 The man is drawing on the _____.   남자가 **천**에 그림을 그리고 있다.

27 I will take a _____ bus to the airport.   나는 공항으로 가는 **왕복 버스**를 탈 것이다.

28 Parrots can _____ sounds.   앵무새는 소리를 **흉내 낼** 수 있다.

29 The Ganges in India is considered a _____ river.   인도의 갠지스강은 **신성한** 강으로 여겨진다.

30 These days mobile phones are like _____ computers.   요즘 휴대폰은 **휴대용** 컴퓨터 같다.

점수: / 30

정답 p.388

DAY 45

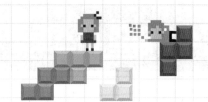

발음 익히기

| 1타 읽으며 기억하기 » | 2타 써 보며 기억하기 » | 3타 연상법으로 강화하기 |

01 outcome
[áutkʌm 아웃컴]

명 결과
▸ 좋은 **결과**   a good _____
▸ **결과**를 예상하다   expect an _____

아 무도
웃 지 못하는
컴 컴한
결 과

02 rank
[ræŋk 렝크]

명 지위, 계급
▸ **지위**가 올라가다   move up a _____
▸ 낮은 **계급**   a low _____

렝
크
지 위

03 foundation
[faundéiʃən 파운데이션]
found 동 설립하다, 세우다

명 토대, 기초
▸ **튼튼한 토대**   a strong _____
▸ 발상의 **기초**
   the _____ of an idea

파
운
데
이
션
토 대

04 log
[lɔːg 로~그]

명 통나무
▸ 트럭에 있는 **통나무**   _____ s on a truck
▸ 모닥불을 피울 **통나무**를 좀 구해올게.
   I'll get some _____ s for the fire.

로
그
통 나 무

05 protein
[próuti:n 프뤄우틴]

명 단백질
▸ **단백질**의 공급원   a source of _____
▸ 높은 **단백질** 식품   a high-_____ food

프
뤄
우
틴
단 백 질

06 nest
[nest 네스트]

명 둥지, 보금자리
▸ 새의 **둥지**   a bird's _____
▸ **보금자리**를 마련하다   make a _____

네
스 스로
트 럭을 찾아
둥 지 를
지으렴.

07 pole
[poul 폴]

명 ① 기둥, 막대기 ② (지구의) 극

▸ **기둥**을 세우다　put up a _____

▸ 북극　the North P_____

폴 리스는 사회의 질서를 지키는 **기 둥** 이다.

08 narrator
[nǽreitər 내레이터]

명 서술자, 해설자, 내레이터

▸ 이야기의 **서술자**　the story's _____

▸ 정직한 **서술자**　an honest _____

내 레, **이 터** 차가 지면 안된다우. 라고 **서 술 자** 가 말했다.

09 grain
[grein 그뤠인]

명 곡물, (곡식의) 낟알

▸ 유기농 **곡물**　an organic _____

▸ 쌀의 **낟알**　a _____ of rice

그 뤠 (래)! **인** (이)제 **곡 물** 만 먹자!

10 fist
[fist 피스트]

명 주먹

▸ **주먹**을 쥐다　make a _____

▸ **주먹**다짐　a _____ fight

피 스 트 주 먹

11 prey
[prei 프레이]

명 먹이, 사냥감

▸ **먹이**를 잡다　catch _____

▸ 덫에 걸린 **사냥감**　_____ in a trap

프 랑스의 **레 이** 스는 예쁘지만 **먹 이** 가 될 수는 없다.

12 flesh
[fleʃ 플레쉬]

명 살, 고기

▸ 부드러운 생선살　soft fish _____

▸ 생고기　raw _____

플 레 쉬 살

13 infant
[ínfənt 인펀트]
infancy 명 유아기

명 아기, 유아

▸ 아픈 **아기**　a sick _____

▸ **유아**식　_____ food

인 펀 트 아 기

14 possess
[pəzés 포제스]
possession 뗑 소유, 소유물

동 소유하다, 보유하다
▸ 토지를 소유하다 _____ land
▸ 지식을 보유하다 _____ knowledge

포 항에서
제 일 큰
스 파 펜션을
소 유 하 다

15 acknowledge
[æknáːlidʒ 액날~리쥐]

동 인정하다
▸ 실수를 인정하다 _____ a mistake
▸ 사실을 인정하다 _____ a fact

액
날
리
쥐
인 정 하 다

16 anticipate
[æntísəpèit 앤티서페이트]

동 ① 예상하다, 예측하다 ② 기대하다
▸ 승리를 예상하다 _____ a win
▸ 좋은 결과를 기대하다
_____ a good result

앤
티
서
페
이
트
예 상 하 다

17 digest
[daidʒést 다이제스트]
digestion 뗑 소화

동 ① 소화하다 ② 완전히 이해하다
▸ 음식을 소화하다 _____ food
▸ 정보를 완전히 이해하다
_____ information

다 먹었네.
이 제
스 트 레스 풀면서
소 화 하 자 !

18 eliminate
[ilímənèit 일리머네이트]

동 없애다, 제거하다
▸ 가능성을 없애다
_____ a possibility
▸ 완전히 제거하다 completely _____

일
리
머
네
이
트
없 애 다

I can't do it!

19 instruct
[instrákt 인스트룩트]
instruction 뗑 지시, 교육

동 ① 지시하다 ② 가르치다
▸ 사람들에게 건물을 떠나라고 지시하다
_____ people to leave the
building
▸ 학생들을 가르치다 _____ students

인 사를 하기 위해
스 미스에게
트 뤽을 길가로
트 는 것을
지 시 하 다

20 relate

[riléit 륄레이트]

relation 명 관계

동 관련시키다, 관련이 있다

▸ 결과를 원인과 관련시키다
_____ the results to the causes

▸ 성공은 노력과 관련이 있다.
Success is _____d to hard work.

릴 레 이 (릴레이) 경주와
트 랙 경기장을
관 련 시 키 다

21 carve

[kɑːrv 칼~브]

동 조각하다, 새기다

▸ 나무에 조각하다
_____ a piece of wood

▸ 이름을 새기다 _____ one's name

칼 브
조 각 하 다

22 overhear

[òuvərhíər 오우벌히얼]

동 우연히 듣다

▸ 대화를 우연히 듣다
_____ a conversation

▸ 나는 네가 친구와 잡담하는 걸 우연히 들었어.
I _____d you chatting with your friend.

오 우 벌 히 얼
우 연 히 듣 다

23 harsh

[hɑːrʃ 하~쉬]

형 가혹한, 혹독한, 거친

▸ 가혹한 환경 a _____ environment

▸ 혹독한 날씨 _____ weather

하 염없이
쉬 는 시간만 기다리는
가 혹 한 일상

24 neutral

[njúːtrəl 뉴~트뤌]

형 중립적인

▸ 중립국 a _____ country

▸ 중립을 지키다 remain _____

뉴 트 뤌
중 립 적 인

25 random

[rǽndəm 뤤덤]

randomly 부 무작위로

형 무작위의, 임의의

▸ 무작위로 선택하다 choose at _____

▸ 임의의 숫자 a _____ number

뤤 덤
무 작 위 의

Part 2 중학 필수 영단어

DAY 45

해커스 3연타 중학영단어

26 somewhat
[sʌ́mwʌt 썸왓]

부 **약간, 다소**

▸ 쉬었더니 **약간** 나아진 것 같아.
I felt _____ better after resting.

▸ 그녀는 **다소** 놀란 기색이다.
She appears to be _____ surprised.

썸 머가
왓 (왔)다니
약 간
기쁘다.

---

27 upward
[ʌ́pwərd 업월드]

부 **위쪽으로**

▸ 그 풍선은 **위쪽으로** 올라갔다.
The balloon rose _____.

▸ **위쪽을** 보다 look _____

업
월
드
위 쪽 으 로

---

28 filter
[fíltər 필터]

명 **여과 장치, 필터** 동 **거르다**

▸ **여과 장치를** 통과하다
go through a _____

▸ **물을 거르다** _____ water

필
터
여 과 장 치

---

29 glow
[glou 글로우]

동 **빛나다** 명 **불빛**

▸ 밝게 **빛나다** _____ brightly

▸ 따뜻한 **불빛** a warm _____

글
로
우
빛 나 다

---

30 stable
[stéibl 스테이블]

stability 명 안정, 안정성

형 **안정된, 안정적인** 명 **마구간**

▸ **안정적인** 환경
a _____ environment

▸ **마구간에** 있는 말 a horse in a _____

스 (수)프가
테 이 블 에 놓인 걸 보니 마음이
안 정 된 기분이다.

일 리 머 네 이 트
없 애 다

To eliminate bad habits, replace them with good ones.
나쁜 습관들을 없애기 위해선, 그것들을 좋은 습관들로 바꾸어라.

DAY 45 일일 테스트

A 영어는 우리말로, 우리말은 영어로 쓰세요.

01 pole   _____
02 narrator   _____
03 grain   _____
04 fist   _____
05 prey   _____
06 flesh   _____

07 아기, 유아   _____
08 관련시키다   _____
09 조각하다, 새기다   _____
10 우연히 듣다   _____
11 무작위의, 임의의   _____
12 여과 장치, 거르다   _____

B 빈칸에 알맞은 단어를 적어 어구를 완성하세요.

13 가혹한 현실   a _____ reality
14 재산을 소유하다   _____ wealth
15 단백질을 공급하다   provide _____
16 더 높은 계급   a higher _____
17 어려움을 인정하다   _____ a difficulty
18 미래를 예측하다   _____ the future

19 천천히 소화하다   _____ slowly
20 오염 물질을 제거하다   _____ pollutants
21 견고한 토대   a solid _____
22 앉으라고 지시하다   _____ people to sit down
23 통나무 더미   a pile of _____s
24 중립적인 표현   a _____ expression

C 보기에서 알맞은 단어를 골라 문장을 완성하세요.

보기	glow	nest	somewhat	stable	outcome	upward

25 They want a good _____ on the exam.   그들은 시험에 대해 좋은 **결과**를 원한다.

26 Cat's eyes _____ in the dark.   고양이의 눈은 어둠 속에서 **빛난다**.

27 It was _____ hard to understand the topic.   그 주제를 이해하는 것은 **다소** 어려웠다.

28 He is _____ now, so don't worry.   그는 이제 **안정되었으니**, 걱정하지마.

29 First, stretch your arms _____.   먼저, 두 팔을 **위로** 쭉 뻗으세요.

30 There's a bird's _____ in that tree!   저 나무에 새 **둥지**가 있어요!

점수: / 30

정답 p.388

MP3 |

Listen and Check

A 단어를 듣고 빈칸에 알맞은 영어 단어를 쓰세요. 🎧

01 _____ 06 _____ 11 _____

02 _____ 07 _____ 12 _____

03 _____ 08 _____ 13 _____

04 _____ 09 _____ 14 _____

05 _____ 10 _____ 15 _____

B 어구 또는 문장을 듣고 빈칸에 알맞은 영어 단어를 쓰세요. 🎧

16 _____ on a brain

17 The stair leads to the _____.

18 the _____ cost

19 The clown _____d the crowd.

20 communicate with _____s

내신 Up!

객관식 다음 중 나머지 단어를 포함할 수 있는 것은?

① filter ② refrigerator ③ automobile ④ portable ⑤ technology

주관식 다음 대화의 빈칸에 들어갈 단어를 쓰세요.

> **A:** Jimin, are you going to wear a _____ for Halloween?
>
> **B:** Of course.
>
> **A:** What will you dress up as?
>
> **B:** I'm going to be a witch. What about you?
>
> **A:** A zombie!
>
> **B:** Oh, that's scary.

| 점수: | / 22 |

정답 p.388

Word Game

정답 |

 Word Scramble

영어 단어의 글자들이 모두 뒤섞여 있어요. 앞에서 배운 단어를 기억하며
철자에 맞게 다시 작성해 보세요.

1. LOTAT   T_____

2. AORRWN   N_____

3. ROFSSEPRO   P_____

4. UEOPLLT   P_____

5. CSOFU   F_____

6. EALDMIC   M_____

7. CFIFALIO   O_____

8. ROMNI   M_____

9. ESPOSSS   P_____

10. EEFXBLLI   F_____

정답 p.388

해커스 3연타 중학영단어

VOCABULARY

Part 3

실력 쑥쑥!
예비 고등 영단어

DAY 46~60

Review Test
Word Game

DAY 46

발음 익히기

1타 읽으며 기억하기 ≫	2타 써 보며 기억하기 ≫	3타 연상법으로 강화하기

---

01 quarter
[kwɔ́:rtər 쿼~털]

명 ① 4분의 1 ② 15분
▸ 일의 **4분의 1**을 끝내다
　finish a _____ of the work
▸ 5시 **15분**　a _____ past five

쿼
털
4 분 의 1

---

02 medicine
[médisən 메디쓴]

medical 형 의학의

명 ① 약 ② 의학
▸ **약**을 복용하다　take _____
▸ 현대 **의학**　modern _____

메 엑(맥)콜이라는 음료수는
디 (되)게
쓴 맛이 나서
약 같다.

약같아

---

03 degree
[digrí: 디그뤼]

명 ① (각도·온도 단위인) 도 ② 정도
③ 학위
▸ 360**도**　360 _____ s
▸ 어느 **정도**까지는　to a certain _____

디 (되)게 좋은
그 뤼 (리)스의 온
도

---

04 competition
[kà:mpətíʃən 컴~퍼티션]

compete 동 경쟁하다

명 ① 경쟁 ② 대회, 시합
▸ **경쟁** 관계에 있다
　be in _____ with
▸ **대회**에 참가하다　enter a _____

컴
퍼
티
션
경 쟁

---

05 instrument
[ínstrəmənt 인스트뤼먼트]

명 악기
▸ 현**악기**　a string _____
▸ **악기**를 연주하다　play an _____

인
스
트
뤼
먼
트
악 기

---

06 chain
[tʃein 췌인]

몡 ① 쇠사슬 ② 일련, 연쇄
▸ 자전거 **사슬** a bicycle _____
▸ **일련**의 사건 a _____ of events

췌
인
쇠 사 슬

07 term
[təːrm 텀]

몡 ① 용어, 말 ② 기간 ③ 학기
▸ 의학 **용어** a medical _____
▸ 장기적으로 in the long _____

텀 블러라는
용 어 는 언제 생겼지?

08 passenger
[pǽsəndʒər 패쓴절]

몡 승객
▸ **승객** 안전 _____ safety
▸ **승객**들을 안내하다 guide _____s

패
쓴
절
승 객

09 document
[dá:kjumənt 다~큐먼트]

몡 서류, 문서
▸ **서류**함 a _____ box
▸ **문서**를 출력하다 print a _____

다
큐
먼
트
서 류

10 occupation
[à:kjupéiʃən 아~큐페이션]

몡 직업
▸ 새로운 **직업** a new _____
▸ **직업**을 바꾸다 change _____s

아
큐
페
이
션
직 업

요리사
농부
교사

11 detail
[dí:teil 디~테일]
in detail 상세히

몡 세부 사항
▸ **세부** 사항에 주목하다
   pay attention to _____
▸ **상세**히 논의하다 discuss in _____

디 (되)게 작은 보석의
테 두리까지
일 일이
세 부   사 항 을 살피다

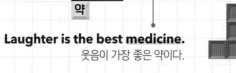

메 디 쓴
약

Laughter is the best medicine.
웃음이 가장 좋은 약이다.

12 found
[faund 파운드]
foundation 圐 토대, 기초, 설립

⑧ 설립하다, 세우다

▸ 회사를 **설립하다** _____ a company
▸ 그 학교는 1985년에 **세워졌다.**
　The school was _____ed in 1985.

파 인애플을
운 송하는
드 론 회사를
설 립 하 다

13 share
[ʃɛər 쉐어]

⑧ 공유하다, 함께 쓰다, 나누다

▸ 정보를 **공유하다** _____ information
▸ 다른 사람들과 **함께 쓰다**
　_____ with other people

밀크
쉐 이크를
어 머니와
공 유 하 다

14 explain
[ikspléin 익스플레인]
explanation 圐 설명, 해명

⑧ 설명하다

▸ 차이를 **설명하다**
　_____ the difference
▸ 그 냄새는 **설명하기** 어려웠다.
　The smell was hard to _____.

익 숙하고
스 위트한 맛의
플 레 인 요거트를
설 명 하 다

15 improve
[imprú:v 임프루~브]
improvement 圐 개선, 향상

⑧ 개선하다, 향상시키다

▸ 식습관을 **개선하다**
　_____ eating habits
▸ 기술을 **향상시키다** _____ skills

임 팔라가
프 라하에서
루 비를 차고
브 (부)유하게 삶의 질을
개 선 하 다

16 notice
[nóutis 노티스]

⑧ 알아차리다

▸ 변화를 **알아차리다** _____ a change
▸ 신호를 **알아차리지** 못하다
　fail to _____ a sign

노 란
티 셔츠에 빨간 소
스 가 묻은 것을
알 아 차 리 다

17 include
[inklú:d 인클루~드]
including 圝 ~을 포함하여

⑧ 포함하다

▸ 모든 세부 사항을 **포함하다**
　_____ all the details
▸ 비용을 **포함하다** _____ expenses

인 상 쓰며
클 루를 찾는 장면을
드 라마에
포 함 하 다

18 describe
[diskráib 디스크라이브]
description 圐 묘사, 서술

⑧ 묘사하다, 서술하다

▸ 사물을 **묘사하다** _____ an object
▸ 정확하게 **서술하다** _____ exactly

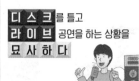
디 스 크 를 틀고
라 이 브 공연을 하는 상황을
묘 사 하 다

19 bother

[bá:ðər 바~더]

bothersome 형 성가신

동 ① 괴롭히다, 귀찮게 하다
② 신경 쓰다

▶ 나를 귀찮게 하지 마. Don't _____ me.

▶ 왜 굳이 신경 쓰니? Why _____?

바 닷바람이 나를
더
괴 롭 히 다

---

20 earn

[ə:rn 언]

동 (일을 해서 돈을) 벌다

▶ 돈을 벌다 _____ money

▶ 생활비를 벌다 _____ a living

언 제 돈
벌 려 고
그래?

---

21 pray

[prei 프레이]

prayer 명 기도

동 ① 기도하다 ② 간절히 바라다

▶ 신께 기도하자. Let's _____ to God.

▶ 평화를 간절히 바라다 _____ for peace

프
레
이
기 도 하 다

---

22 negative

[négətiv 네거티브]

negatively 부 부정적으로
반 positive 형 긍정적인

형 부정적인

▶ 부정적인 생각 a _____ thought

▶ 부정적인 경험 a _____ experience

네 발로 걷는
거 인들은
티 브 이에
부 정 적 인
모습으로 나온다.

으~
별로야!

---

23 crazy

[kréizi 크레이지]

형 ① 미친, 제정신이 아닌
② ~에 열광하는

▶ 미친듯이 춤을 추다 dance like _____

▶ 축구에 열광하는 _____ about football

크 레 파스를
이
지 경으로 만들다니
미 친 거니?

---

24 available

[əvéiləbl 어베일러블]

형 이용할 수 있는, 구할 수 있는

▶ 쉽게 이용할 수 있는 easily _____

▶ 구할 수 있는 표 _____ tickets

어 여쁜
베 일과
러 블 리한 드레스를
이 용 할 수
있 는 예식장

이용유노

25 brilliant

[bríljənt 브릴리언트]

brilliantly 凰 훌륭하게, 멋지게

형 훌륭한, 멋진

▸ **훌륭한** 발명   a _____ invention

▸ 정말 **멋진** 생각이야!   What a _____ idea!

브릴리언트 훌륭한

---

26 delay

[diléi 딜레이]

동 미루다, 연기하다

명 ① 지체, 지연 ② 미룸, 연기

▸ 회의를 **미루다**   _____ a meeting

▸ **지체** 없이 시작하다   start without _____

딜레마에 빠진 레이가 결정을 미루다

---

27 sink

[siŋk 씽크]

동 가라앉다   명 개수대

▸ 물속에 **가라앉다**   _____ in water

▸ **개수대**에서 씻다   wash in the _____

씽어가 크롱을 따라해서 인기가 가라앉다

---

28 contact

[kά:ntækt 컨~택트]

동 연락하다   명 연락, 접촉

▸ 옛 친구에게 **연락하다**
_____ an old friend

▸ **연락처**   a _____ number

컨택트 연락하다

---

29 opposite

[ά:pəzit 아~퍼짓]

opposition 명 반대

형 ① 맞은편의 ② 정반대의

명 반대, 반대의 사람

▸ 도로의 **맞은편**
the _____ side of the street

▸ **정반대**   the complete _____

아퍼! 이 짓 좀 그만해! 맞은편의 친구가 소리쳤다.

---

30 spare

[spɛər 스페어]

형 남는, 여분의

동 (시간·돈 등을) 할애하다, 내어주다

▸ **여분의** 타이어   a _____ tire

▸ 누군가를 돕는 데 시간을 **할애하다**
_____ time to help someone

스페인어는 남는 시간에 공부하자!

영어	국어	영어
수학	영어	국어
스페인어공부	수학	수학
스페인어공부	스페인어공부	스페인어공부

DAY 46 일일 테스트

A 영어는 우리말로, 우리말은 영어로 쓰세요.

01 term _____

02 passenger _____

03 document _____

04 pray _____

05 detail _____

06 available _____

07 벌다 _____

08 직업 _____

09 미친, ~에 열광하는 _____

10 훌륭한, 멋진 _____

11 미루다, 지체 _____

12 남는, 할애하다 _____

B 빈칸에 알맞은 단어를 적어 어구를 완성하세요.

13 파이의 4분의 1 a _____ of a pie

14 나라를 세우다 _____ a country

15 사진을 공유하다 _____ a picture

16 물속으로 가라앉다 _____ underwater

17 새로운 약 a new _____

18 규칙을 설명하다 _____ the rules

19 박사 학위 a doctor's _____

20 글짓기 대회 a writing _____

21 관악기 a wind _____

22 품질을 개선하다 _____ the quality

23 연락이 끊어지다 lose _____

24 실수를 알아차리다 _____ a mistake

C 보기에서 알맞은 단어를 골라 문장을 완성하세요.

보기	chain	include	bother	opposite	negative	describe

25 The price _____s hotel expenses. 그 가격은 호텔 비용을 **포함한다**.

26 Night is the _____ of day. 밤은 낮의 **반대**이다.

27 He has too many _____ thoughts. 그는 **부정적인** 생각을 너무 많이 한다.

28 You have to oil the bicycle _____. 자전거 **사슬**에 기름을 쳐야 한다.

29 Let me _____ the situation for you. 내가 너에게 상황을 **묘사해줄게**.

30 I'm trying to work, so don't _____ me. 나는 일하려고 해, 그러니 **귀찮게 하지** 마.

점수: / 30

정답 p.389

DAY 47

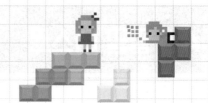

발음 익히기

| 1타 읽으며 기억하기 » | 2타 써 보며 기억하기 » | 3타 연상법으로 강화하기 |

01 effort
[éfərt 에펄트]

명 수고, 노력
▸ 수고해줘서 고마워.
Thank you for your _____.
▸ 계속해서 **노력**하다 continue the _____

에 미야, 여행 갈 때
펄 스
트 클래스 타렴.
수 고 가 정말
많았어.

02 ceiling
[síːliŋ 씰~링]

명 천장
▸ 높은 **천장** a high _____
▸ **천장**을 응시하다 stare at the _____

씰 (실)내 복싱 경기장
링 위의
천 장 이
뚫렸다.

03 physics
[fíziks 피직스]

명 물리학
▸ **물리학**을 공부하다 study _____
▸ **물리학** 전공자 a _____ major

피 직 스
물 리 학

04 planet
[plǽnit 플래닛]

명 행성
▸ 먼 **행성** a distant _____
▸ 새로운 **행성**을 발견하다
discover a new _____

플 래 닛
행 성

05 detective
[ditéktiv 디텍티브]

detect 동 발견하다, 알아내다

명 탐정, 형사
▸ 사립 **탐정** a private _____
▸ **탐정** 소설을 쓰다
write a _____ story

디 텍 티 브
탐 정

06 pupil
[pjúːpl 퓨~플]

명 ① 학생, 제자 ② 눈동자, 동공
▸ 열심히 공부하는 **학생**
a hard-working _____
▸ 검은 **눈동자** black _____ s

퓨 플
학 생

07 article
☐ [ɑ́ːrtikl 아~티클]

명 (신문·잡지 등의) 기사

▸ 신문 기사 a newspaper _____

▸ 기사를 읽다 read an _____

아 틀란티스와
티 익스프레스 점검이
클 리어 되었다는
기 사 를 보았다.

08 material
☐ [mətíəriəl 머티뤼얼]

명 재료, 소재

▸ 건축 재료 building _____s

▸ 글의 소재 writing _____s

머 리카락을
티 나지 않게
뤼 얼 (리얼)한
재 료 로 만들었군요!

09 breathe
☐ [briːð 브뤼~드]

동 호흡하다, 숨을 쉬다

▸ 깊이 호흡하다 _____ deeply

▸ 숨을 들이마시고 내쉬다
  _____ In and out

브
뤼
드
호 흡 하 다

10 pour
☐ [pɔːr 포~어]

동 ① 붓다, 따르다 ② 퍼붓다

▸ 주스를 따르다 _____ juice

▸ 비가 퍼붓고 있어요.
  The rain is _____ing down.

포 장된
어 묵 국물을 그릇에
    붓 다

11 float
☐ [flout 플로트]

동 (물 위·공중에서) 뜨다, 떠다니다

▸ 물 위에 뜨다 _____ on water

▸ 풍선처럼 떠다니다 _____ like a balloon

플 룻을 부는
로 이의
트 (튜)브가 물 위에
뜨 다

12 celebrate
☐ [séləbrèit 쎌러브뤠이트]

celebration 명 기념 행사

동 축하하다, 기념하다

▸ 생일을 축하하다 _____ a birthday

▸ 우승을 기념하다 _____ a win

쎌
러
브
뤠
이
트
축 하 하 다

13 beat
[bi:t 비~트]

동 ① 이기다, 능가하다
　② 치다, 두드리다

▸ 경기에서 **이기다** _____ a game

▸ 북을 **치다** _____ a drum

비 트을(비틀)거렸지만 결국
이 기 다

14 announce
[ənáuns 어나운스]

announcement 명 발표, 소식

동 발표하다, 알리다

▸ 행사를 **발표하다** _____ an event

▸ 계획을 **알리다** _____ a plan

어 제 아
나 운서가 투데이
스 포츠 소식을
발 표 했 다

Today
스포츠

15 owe
[ou 오우]

동 (돈을) 빚지고 있다

▸ 돈을 **빚지고 있다** _____ money

▸ 나는 그에게 많은 것을 **빚지고 있어.**
　I _____ him a lot.

오 징어와
우 산을 팔지 못해 돈을
빚 지 고 　 있 다

16 avoid
[əvɔ́id 어보이드]

동 피하다

▸ 덫을 **피하다** _____ a trap

▸ 해를 직접 보는 것을 **피하세요.**
　A _____ looking at the sun directly.

어 부 눈에
보 이던
드 럽게 큰 물고기가 운 좋게
피 하 다

17 disappear
[dìsəpíər 디서피얼]

동 사라지다, 없어지다

▸ **사라지기** 시작하다　start to _____

▸ 갑자기 **없어지다** _____ suddenly

디
서
피
얼
사 라 지 다

18 confident
[ká:nfədənt 컨~피던트]

confidently 부 자신 있게

형 자신 있는, 확신하는

▸ **자신 있는** 목소리　a _____ voice

▸ 성공을 **확신하는** _____ of success

컨 테이너에
피 자를
던 져넣는
트 릭에
자 신 　 있 는 나

역시!

19 obvious
[ɑ́:bviəs 오~비어스]
obviously 및 확실히, 분명히

형 분명한, 명백한
▶ 분명한 차이를 보여주다
  show _____ differences
▶ 명백한 사실 an _____ fact

오 늘은
비 내릴 것처럼
어 둡고
스 산한 느낌이
분 명 한 날이다.

20 convenient
[kənví:njənt 컨비~니언트]
convenience 명 편의, 편리

형 편리한
▶ 편리한 주차 _____ parking
▶ 사용하기에 편리한 _____ to use

컨
비
니
언
트
편 리 한

21 ancient
[éinʃənt 에이션트]

형 고대의
▶ 고대 그리스 신화 _____ Greek myths
▶ 고대에 in _____ times

에 인 (애인)에게
션 찮은(시원찮은)
트 집을 잡으며
고 대 의
이야기까지 꺼냈다.

22 public
[pʌ́blik 퍼블릭]
반 private 형 사적인, 개인적인

형 공공의, 대중의
▶ 공공 도서관 a _____ library
▶ 공공장소에서 흡연하지 마세요.
  Do not smoke in _____ places.

퍼 런
블 도저를 가진
릭 은
공 공 의
적이었다.

23 positive
[pɑ́:zətiv 파~지티브]
반 negative 형 부정적인

형 긍정적인
▶ 긍정적인 결과 _____ results
▶ 긍정적인 측면에서
  on the _____ side

파 자마를 입은
지 니는
티 브 이를 보며 웃는
긍 정 적 인
사람이다.

24 smooth
[smuːð 스무~스]
smoothly 및 부드럽게, 순조롭게

형 ① 매끄러운 ② 부드러운
▶ 매끄러운 표면 a _____ surface
▶ 부드러운 피부 _____ skin

스 킨과
무 스 의
매 끄 러 운 감촉

웨 이 브
파 도

You can't stop the wave, but you can learn to surf.
파도를 멈출 순 없지만, 파도 타는 법을 배울 순 있다.

Part 3 웨비 고등 영단어   DAY 47   왜카스 3연타 중학영단어

25 wave
[weiv 웨이브]

명 파도, 물결 동 흔들다, 흔들리다
▸ 큰 파도   big _____s
▸ 깃발을 흔들다   _____ a flag

웨
이
브
파 도

26 object
[ɑ́:bdʒekt 압~젝트]
objection 명 반대, 이의

명 물건, 물체
동 [əbdʒékt] 반대하다
▸ 익숙한 물건   a familiar _____
▸ 계획에 반대하다   _____ to a plan

압
젝
트
물 건

27 exchange
[ikstʃéindʒ 익스체인쥐]

동 교환하다, 주고받다
명 ① 교환, 거래 ② 환전
▸ 선물을 교환하는 게 어때?
   Why don't we _____ gifts?
▸ 공정한 거래   a fair _____

익
스
체
인
쥐
교 환 하 다

28 vote
[vout 보우트]

동 투표하다 명 ① 투표 ② 선거권
▸ 대통령을 뽑다   _____ for president
▸ 투표를 할 권리   the right to _____

보
우
트
투 표 하 다
슬비 내리는 날
산을 쓰고
럭에서

29 arrest
[ərést 어뤠스트]

동 체포하다 명 체포
▸ 범인을 체포하다   _____ a criminal
▸ 체포된   under _____

어
뤠
스
트
체 포 하 다

30 liquid
[líkwid 리퀴드]

명 액체 형 액체의
▸ 설거지용 액체 세제
   dishwashing _____
▸ 액체 비누(물비누)   _____ soap

리
퀴
드
액 체

DAY 47 일일 테스트

A 영어는 우리말로, 우리말은 영어로 쓰세요.

01 detective _____ 07 피하다 _____

02 effort _____ 08 사라지다, 없어지다 _____

03 article _____ 09 공공의, 대중의 _____

04 material _____ 10 긍정적인 _____

05 announce _____ 11 매끄러운, 부드러운 _____

06 owe _____ 12 체포하다, 체포 _____

B 빈칸에 알맞은 단어를 적어 어구를 완성하세요.

13 교사와 학생 teachers and _____s

14 천장에 있는 전등 lights on the _____

15 물리학의 법칙 the laws of _____

16 천천히 숨을 쉬다 _____ slowly

17 자신 있는 추측 a _____ guess

18 파도타기를 하다 surf on a _____

19 명백한 거짓말 an _____ lie

20 물을 따르다 _____ water

21 인사를 주고받다 _____ greetings

22 편리한 위치 a _____ location

23 투표를 실시하다 take a _____

24 떠다니는 배 a _____ing boat

C 보기에서 알맞은 단어를 골라 문장을 완성하세요.

보기   liquid   beat   celebrate   ancient   planet   object

25 Some historians study _____ letters. 몇몇 역사학자들은 **고대** 문자를 연구한다.

26 _____ soap is common these days. 요즘은 **액체** 비누가 흔하다.

27 He _____ed to the plan, so we changed it. 그가 그 계획에 **반대해서**, 우리는 계획을 바꿨다.

28 Neptune is a distant _____ from the earth. 해왕성은 지구에서 멀리 떨어져 있는 **행성**이다.

29 Let's go out to _____ your graduation. 너의 졸업을 **축하하러** 나가자.

30 I hope we _____ the other baseball team tomorrow.
우리가 내일 상대 야구팀을 **이길** 수 있기를 바란다.

점수: / 30

정답 p.389

DAY 48

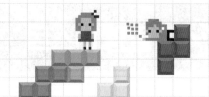

발음 익히기

1타 읽으며 기억하기 »	2타 써 보며 기억하기 »	3타 연상법으로 강화하기

01 recipe
[résəpi 뤠써피]

명 요리법, 조리법
▸ 요리책 a _____ book
▸ 야채 수프 조리법
  a _____ for vegetable soup

뤠
써
피
요 리 법

02 audience
[ɔ́ːdiəns 오~디언스]

명 청중, 관중
▸ 박수 치는 청중 a clapping _____
▸ 관중이 많다 have a large _____

오 디 오에서
언 제
스 타가 등장할지
청 중 들은
궁금해했다.

03 apology
[əpάːlədʒi 어펄러쥐]
apologize 동 사과하다

명 사과
▸ 진정한 사과 a sincere _____
▸ 사과를 요구하다 ask for an _____

어
펄
러
쥐
사 과

Sorry!

04 creature
[kríːtʃər 크리~처]

명 동물, 생물
▸ 작은 동물 a small _____
▸ 수중 생물 an underwater _____

크 리 스마스에
처 음 만난 루돌프라는
동 물

05 account
[əkáunt 어카운트]

명 ① 계좌 ② 계정
▸ 은행 계좌를 개설하다
  open a bank _____
▸ 이메일 계정 an e-mail _____

어 카 지(어떡하지)?
운 좋게
트 특(특)별 용돈이
계 좌 로 들어왔어.

06 distance
[dístəns 디스턴스]
distant 형 먼, 떨어져 있는

명 거리
▸ 두 행성 간의 거리
  the _____ between two planets
▸ 장거리 a long _____

디
스
턴
스
거 리

07 knowledge
[nάːlidʒ 날~리쥐]

몡 지식

▸ 배경 **지식** background _____

▸ **지식**을 공유하다 share _____

날 리는 낙엽을
쥐(지)긋이 보며
지 식을
쌓았다.

---

08 emergency
[imə́ːrdʒənsi 이멀~전시]

몡 비상, 비상사태

▸ **비상사태**를 처리하다
deal with an _____

▸ **비상사태** 도중에
in the middle of an _____

이
멀
전
시
비 상

---

09 government
[gΛvərnmənt 거번먼트]

govern 동통치하다, 지배하다

몡 정부, 정권

▸ **정부** 공무원 a _____ official

▸ 한국 **정부** the Korean _____

거
번
먼
트
정 부

---

10 career
[kəríər 커뤼얼]

몡 ① 경력 ② 직업

▸ 의료 분야의 **경력** a _____ in medicine

▸ **직업** 변경 a change of _____

커
뤼
얼
경 력

---

11 explore
[iksplɔ́ːr 익스플로~얼]

exploration 몡탐험, 탐구

동 ① 탐험하다 ② 탐구하다

▸ 우주를 **탐험하는** 것이 내 꿈이다.
It is my dream to _____ the
universe.

▸ 진리를 **탐구하다** _____ the truth

익
스
플
로
얼
탐 험 하 다

---

12 provide
[prəváid 프뤄바이드]

동 제공하다, 주다

▸ 음식을 **제공하다** _____ food

▸ 좋은 서비스를 **제공하다**
_____ a good service

프
뤄
바
이
드
제 공 하 다

13 concentrate
[ká:nsəntrèit 컨쓴트뤠이트]
concentration 몡 집중

동 집중하다, 전념하다
▸ 골똘히 **집중하다** _____ hard
▸ 목표에 **전념하다** _____ on a goal

컨
쓴
트
뤠
이
트
집 중 하 다

---

14 divide
[diváid 디바이드]

동 나누다, 가르다
▸ 케이크를 고르게 **나누다**
_____ a cake evenly
▸ 절반으로 **가르다** _____ in half

디
바
이
드
나 누 다

---

15 consider
[kənsídər 컨씨더]
consideration 몡 숙고, 고려

동 ① (~을 ~로) 여기다 ② 고려하다
▸ 애완동물을 가족으로 **여기다**
_____ a pet as a family member
▸ 선택지를 **고려하다**
_____ one's options

컨 닝은
씨 (시)험 감독이
더 러운 행위로
여 긴 다

---

16 suggest
[səgdʒést 써제스트]
suggestion 몡 제안

동 제안하다
▸ 해결책을 **제안하다** _____ a solution
▸ 산책할 것을 **제안하다**
_____ taking a walk

그림일기로
하면 안될까요?

써 서
제 출하는 숙제는
스 트 레스라 다른 방법을
제 안 하 다

---

17 compare
[kəmpéər 컴페얼]

동 비교하다
▸ 키를 **비교하다** _____ heights
▸ 두 사진을 **비교하다**
_____ two pictures

컴
페
얼
비 교 하 다

---

18 attract
[ətrǽkt 어트랙트]
attractive 혱 매력적인

동 마음을 끌다
▸ 군중의 마음을 **끌다** _____ a crowd
▸ 관심을 **끌다** _____ one's attention

어 차피 쇼트
트 랙 선수가 뛰는
트 랙만이 그의
마 음 을
끈 다

TRACK

19 publish
[pʌ́bliʃ 퍼블리시]
publication 圆 출판, 발행

동 출판하다, 게재하다

▸ 한 달에 한 번 **출판하다**
_____ once a month

▸ 기사를 **게재하다** _____ an article

퍼 런
블 라우스를 입은
리 포터가
시 사 잡지를
출 판 하 다

20 rude
[ru:d 루~드]

형 무례한

▸ **무례한** 사람   a _____ person

▸ **무례한** 질문은 그만해!
Stop asking _____ questions!

루 비를
드 디어 샀네, 라고
무 례 한
사람이 말했다.

21 strict
[strikt 스트릭트]
strictly 튀 엄격히

형 엄격한

▸ **엄격한** 법   a _____ law

▸ **엄격한** 선생님   a _____ teacher

스
트
릭
트
엄 격 한

No!

22 local
[lóukəl 로컬]

형 지역의, 지방의

▸ **지역** 특산품
well-known _____ products

▸ **지방의** 관습   _____ customs

로 마의
컬 처에 적응하지 못해서
지 역 의 특산물도
먹지 못했다.

23 responsible
[rispá:nsəbl 리스판~서블]
responsibility 圆 책임

형 ① 책임감 있는 ② 책임이 있는

▸ **책임감 있는** 행동
_____ behavior

▸ 사고에 **책임이 있는**
_____ for the accident

리 스본의
판 사는
서 핑을 즐기는
블 링블링하고
책 임 감   있 는
사람이다.

24 incredible
[inkrédəbl 인크뤠더블]

형 믿을 수 없는, 놀라운

▸ **믿을 수 없는** 결과   an _____ result

▸ **놀라운** 재주   an _____ talent

인
크
뤠
더
블
믿 을   수   없 는

세상에!

Part 3 왜비 고등 영단어

DAY 48

해커스 3연타 중학영단어

1타 읽으며 기억하기 » **2타 써 보며 기억하기** » **3타 연상법으로 강화하기**

---

25 ☐ **increase**

[inkríːs 인크뤼~스]

ⓑ decrease 동 감소하다 명 감소

동 **증가하다, 늘리다**

명 [ínkriːs] **증가, 인상**

▸ 속도를 **증가시키다** __________ the speed

▸ 가격 **인상** a price __________

인 크 뤼 스

증 가 하 다

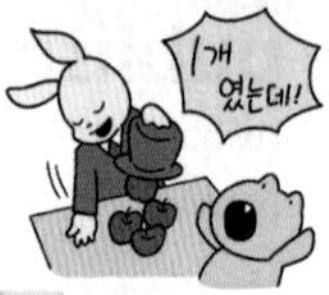

26 ☐ **advance**

[ədvǽns 어드밴스]

advanced 형 선진의, 고급의

동 ① **나아가다** ② **진보하다** 명 **발전**

▸ 천천히 **나아가다** __________ slowly

▸ 과학의 **발전** an __________ in science

어 드 밴 스

나 아 가 다

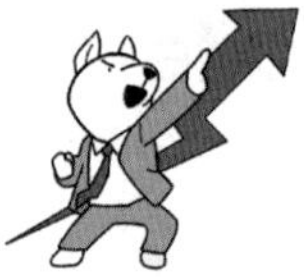

27 ☐ **lecture**

[léktʃər 렉처]

명 **강의, 강연** 동 **강의를 하다**

▸ 공개 **강의** a public __________

▸ 그는 물리학에 대한 **강의를 한다.**

He __________s on physics.

렉에 대

처하기 위한

강 의

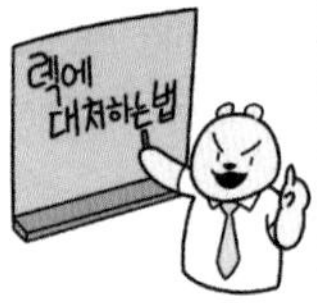

28 ☐ **experiment**

[ikspérəmənt 익스페뤄먼트]

명 **실험, 시도** 동 **실험하다, 시도하다**

▸ 동물 **실험**에 반대하다

object to animal __________s

▸ 여러 가지 재료들로 **실험하다**

__________ with different materials

익 스 페 뤄 먼 트

실 험

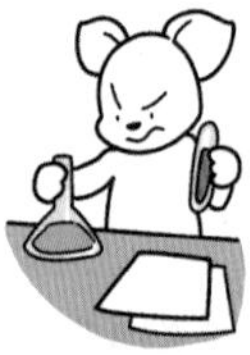

29 ☐ **aim**

[eim 에임]

명 ① **목표, 목적** ② **겨냥, 조준**

동 ① **목표하다** ② **겨냥하다, 겨누다**

▸ 수업 **목표** the ______ of the lesson

▸ 더 높이 **목표하다** ______ higher

에이고.

임자의

목 표가

저것이오?

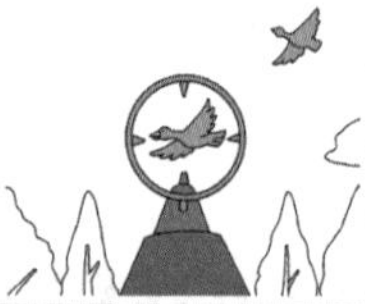

30 ☐ **separate**

[sépərèit 쎄퍼뤠잇]

동 **분리되다, 분리하다**

형 [sépərət] **분리된, 별개의**

▸ 세탁을 하기 전에 옷을 **분리해라.**

S__________ clothes before doing the laundry.

▸ **별개의** 방 __________ rooms

쎄 (세)상에서 가장 많이

퍼 주는 아이스크림 가게의

뤠 인보우 맛을 먹고

잇 몸과 이가

분 리 되 다

DAY 48 일일 테스트

A 영어는 우리말로, 우리말은 영어로 쓰세요.

01 account _____

02 apology _____

03 emergency _____

04 divide _____

05 consider _____

06 compare _____

07 마음을 끌다 _____

08 출판하다, 게재하다 _____

09 책임감 있는, 책임이 있는 _____

10 믿을 수 없는, 놀라운 _____

11 증가하다, 증가 _____

12 실험, 실험하다 _____

B 빈칸에 알맞은 단어를 적어 어구를 완성하세요.

13 내 어머니의 요리법   my mother's _____

14 기초 지식   basic _____

15 새로운 정권   a new _____

16 직업 변경   a change of _____

17 행성을 탐사하다   _____ a planet

18 식당을 제안하다   _____ a restaurant

19 무례한 손님   a _____ customer

20 엄격한 명령   _____ orders

21 지역의 날씨   the _____ climate

22 기술의 발전   an _____ in technology

23 과녁을 겨냥하다   _____ at a target

24 별개의 삶   _____ lives

C 보기에서 알맞은 단어를 골라 문장을 완성하세요.

> **보기**   provide   lecture   creature   audience   distance   concentrate

25 The _____ clapped during the concert.   관중은 콘서트 동안 박수를 쳤다.

26 An octopus is an underwater _____.   문어는 수중 생물이다.

27 The _____ to the next town is about 7 kilometers.   옆 마을까지의 거리는 약 7km이다.

28 The store _____s a good service to its customers.   그 가게는 고객들에게 좋은 서비스를 제공한다.

29 Please _____ on the whiteboard in front of you.   앞에 있는 화이트보드에 집중해주세요.

30 The professor gave a public _____ on Tuesday.   그 교수님은 화요일에 공개 강연을 했다.

점수: / 30

정답 p.389

DAY 49

발음 익히기

1타 읽으며 기억하기 »	2타 써 보며 기억하기 »	3타 연상법으로 강화하기

01 method
[méθəd 메써드]

명 방법

▸ 환경친화적인 **방법**
an eco-friendly _____

▸ 다른 **방법**을 쓰다
use a different _____

메 론을 한 번에
써 는 문
드
방 법

이런 방법으로!

---

02 sight
[sait 사이트]

명 ① 시야 ② 시각, 시력

▸ **시야**에 들어오다 come into _____

▸ **시력**을 잃다 lose one's _____

수풀
사 이 로
트 이는
시 야

---

03 landscape
[lǽndskeip 랜드스케이프]

명 ① 풍경, 경치 ② 풍경화

▸ 아름다운 **풍경** a beautiful _____

▸ **풍경화**를 그리다 draw a _____

랜
드
스
케
이
프
풍 경

---

04 duty
[djú:ti 듀~티]

명 ① 의무 ② 임무, 직무

▸ 기본적인 **의무** a basic _____

▸ **임무**를 수행하다 carry out a _____

듀 (쥬)라기 공원에서
티 라노사우루스를 키울
의 무

---

05 opportunity
[à:pərtjú:nəti 아~펄튜~너티]

명 기회

▸ 일생일대의 **기회**
the _____ of a lifetime

▸ **기회**를 이용하다
take advantage of an _____

아 !
펄 (퍼)플
튜 브를
너 에게서
티 나지 않게 숨길
기 회 가 있었는데…

기회를 놓치다

06 length
[leŋθ 렝쓰]

명 길이

▸ 머리카락 **길이** the _____ of one's hair

▸ **길이**를 짧게 하다 shorten the _____

렝
쓰
길이

07 stream
[stri:m 스트뤼~임]

명 시내, 개울

▸ 큰 **시내** a large _____

▸ 계곡에 있는 **시내** a _____ in the valley

스
트
뤼
임
시내

08 credit
[krédit 크레딧]

명 ① 신용, 신뢰 ② 칭찬, 인정

▸ **신용** 카드 a _____ card

▸ 노력한 것을 **인정**하다
give _____ for trying

크
레
딧
신용

널 믿어!

09 effect
[ifékt 이펙트]

effective 형 효과적인

명 ① 효과, 영향 ② 결과

▸ 긍정적인 **효과** positive _____s

▸ 원인과 **결과** cause and _____

이
펙
트
효과

키지(패키지) 여행에
집을 잡아도 아무
도 없었다. No! JuST come

10 develop
[divéləp 디벨럽]

development 명 개발, 발달

동 개발하다, 발전시키다

▸ 신약을 **개발하다** _____ a new drug

▸ 기술을 **발전시키다** _____ technology

디
벨
럽
개 발 하 다

자인이 특이한
벨트를 유
럽에서

11 disappoint
[dìsəpóint 디서포인트]

disappointed 형 실망한

동 실망시키다

▸ 날 다시는 **실망시키지** 마.
Don't _____ me again.

▸ 크게 **실망시키다** _____ deeply

디
서
포 인 트
실 망 시 키 다

(되)게
운하게
가 적게 쌓여서 나를

12 prevent
[privént 프뤼벤트]

prevention 명 예방, 방지

동 막다, 예방하다

▸ 전쟁을 **막다** _____ a war

▸ 질병을 **예방하다** _____ a disease

프
뤼
벤
트
막 다

STOP

13 achieve

[ətʃíːv 어취~브]

achievement 몡 업적, 성취

동 달성하다, 성취하다, 얻다
▸ 목표를 **달성하다** _____ a goal
▸ 명성을 **얻다** _____ fame

어 깨춤을 추던
취 (치)어리더들이
브 (부)럽게도 응원 점수 100점을
달 성 하 다

14 encourage

[inkə́ːridʒ 인커~뤼지]

동 ① 격려하다 ② 장려하다
▸ 학생들이 공부하도록 **격려하다**
_____ students to study
▸ 사람들이 재활용할 것을 **장려하다**
_____ people to recycle

인 도
커 뤼 (커리)를
지 금 먹도록
격 려 하 다

15 suppose

[səpóuz 써포즈]

동 ① 가정하다, 상상하다
② 생각하다, 추측하다
▸ 네가 운전을 할 수 있다고 **가정해**보자.
Let's _____ you can drive.
▸ 내 **생각엔** 내가 늦은 것 같아.
I _____ I'm late.

써 (서) 있는
포 즈 라고
가 정 하 다

16 argue

[áːrgjuː 아규]

동 ① 논쟁하다, 논하다 ② 주장하다
▸ 서로 **논쟁하다** _____ with each other
▸ 강하게 **주장하다** strongly _____

아 비
규 환이 될 때까지
논 쟁 하 다

17 behave

[bihéiv 비헤이브]

behavior 몡 행동

동 행동하다
▸ 자연스럽게 **행동하다** _____ naturally
▸ 예의바르게 **행동해라**. B_____ politely.

비 키라고?
헤 이
브 라더! 그렇게 못되게
행 동 하 다 니!

18 compete

[kəmpíːt 컴피~트]

competitive 톙 경쟁을 하는

동 경쟁하다, 겨루다
▸ 상품을 위해 **경쟁하다**
_____ for a prize
▸ 서로 **겨루다** _____ with each other

컴
피
트
경 쟁 하 다

네 서 세 리
필 요 한

Reading is a necessary tool for a good life.
독서는 좋은 삶을 살기 위해 필요한 수단이다.

---

19 require

[rikwáiər 뤼콰이얼]

requirement ⑲ 필요, 필요조건

⑧ 필요로 하다, 요구하다

▸ 수술을 필요로 하다 _____ surgery

▸ 전문 지식을 요구하다
_____ special knowledge

소
뤼 (리)가
콰 지직하는
이 얼 (이어)폰은 수리를
필 요 로   한 다

---

20 recover

[rikʌ́vər 뤼커버]

recovery ⑲ 회복, 되찾음

⑧ ① 회복하다 ② 되찾다

▸ 부상에서 회복하다
_____ from an injury

▸ 도둑맞은 반지를 되찾다
_____ a stolen ring

다
뤼 (리)를
커 버 하던 깁스를 벗고
회 복 하 다

---

21 persuade

[pərswéid 퍼수에이드]

persuasive ⑲ 설득력 있는
㊂ convince 납득시키다, 설득하다

⑧ 설득하다, 납득시키다

▸ 부드럽게 설득하다 gently _____

▸ 청중을 납득시키다
_____ an audience

퍼 진
수 라상에
에 이 드 를 놓도록 왕을
설 득 하 다

---

22 necessary

[nésəsèri 네서세리]

necessity ⑲ 필요, 필수품

⑲ 필요한, 필수적인

▸ 살기 위해 필요한 _____ to live

▸ 필수적인 부분 a _____ part

네 명의
서 기와
세 명의 경
리 가
필 요 한
조직

필요한 인재들!

조직도
서기: 4명
경리: 3명

---

23 worth

[wəːrθ 월쓰]

⑲ 가치가 있는

▸ 노력할 가치가 있는 _____ the effort

▸ 베스트셀러 도서는 읽을 가치가 있다.
Best-selling books are _____ reading.

월 쓰
가 치 가   있 는

1천원   3천원

---

24 generous

[dʒénərəs 제너뤄스]

⑲ 후한, 너그러운, 관대한

▸ 후한 선물 a _____ gift

▸ 친절하고 너그러운 사람
a kind and _____ person

제 법
너 그
뤄 (러)운
스 님의
후 한 인심

25 proper
[prá:pər 프라~퍼]
properly 뷔 제대로, 적절히

형 ① 적절한 ② 올바른
▸ **적절한** 행동 _____ behavior
▸ **올바른** 사용법 the _____ use

프 라 푸치노는
퍼 먹는 것이
적 절 한
섭취 방법이다.

26 previous
[prí:viəs 프리~비어스]
previously 뷔 이전에

형 이전의
▸ **이전** 연도 the _____ year
▸ **이전의** 경험으로 알다
know from _____ experience

프 리 비 어 스
이 전 의

27 likely
[láikli 라이클리]

형 ① ~할 것 같은, ~할법한 ② 그럴듯한
▸ 폭풍이 올 것 같다.
A storm is _____ to come.
▸ **그럴듯한** 결말 a _____ ending

라 이 언은
클 래식 음악에
리 듬을 탈
것 같 은
친구이다.

28 figure
[fígjər 피겨]
figure out 생각해내다, 알아내다

명 인물 동 생각하다
▸ 공인 a public _____
▸ 다른 방법을 **생각해보자.**
Let's _____ out another way.

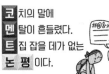
피 겨 스케이팅의 위대한
인 물, 김연아!

29 comment
[ká:ment 코~멘트]

명 논평 동 논평하다
▸ **논평을** 남기다 leave a _____
▸ 영화에 대해 **논평하다**
_____ on a movie

코 치의 말에
멘 탈이 흔들렸다.
트 집 잡을 데가 없는
논 평 이다.

30 benefit
[bénəfit 베네핏]
beneficial 형 유리한, 이로운

명 혜택, 이득, 유익함
동 이득을 주다, 이득을 보다
▸ 매일 운동하는 것의 **유익함**
the _____s of daily exercise
▸ 취미를 가지는 것은 학생들에게 **유익하다.**
Having a hobby _____s
students.

베 네 치아의
핏 트니스 클럽에서
혜 택 을
누렸다.

A 영어는 우리말로, 우리말은 영어로 쓰세요.

01 sight _____

02 credit _____

03 develop _____

04 disappoint _____

05 prevent _____

06 suppose _____

07 논쟁하다, 주장하다 _____

08 필요로 하다, 요구하다 _____

09 회복하다, 되찾다 _____

10 후한, 너그러운 _____

11 효과, 결과 _____

12 논평, 논평하다 _____

B 빈칸에 알맞은 단어를 적어 어구를 완성하세요.

13 의사소통 방법   a communication _____

14 다채로운 풍경   a colorful _____

15 어려운 임무   a hard _____

16 기회를 찾다   look for an _____

17 노래 한 곡의 길이   the _____ of a song

18 산속 개울   a mountain _____

19 결과를 달성하다   _____ a result

20 평범하게 행동하다   _____ normally

21 부모님을 설득하다   _____ one's parents

22 그 가격의 가치가 있는   _____ the price

23 이전 기록   a _____ record

24 답을 생각해내다   _____ out the answer

C 보기에서 알맞은 단어를 골라 문장을 완성하세요.

보기	compete likely proper benefit encourage necessary

25 The coach _____d the soccer player.   코치는 그 축구 선수를 **격려했다**.

26 Ten contestants will _____ for the prize.   열 명의 참가자들이 상을 위해 **경쟁할** 것이다.

27 Good grades are _____ for entering college.   대학에 입학하기 위해 좋은 성적은 **필수적**이다.

28 We didn't have enough time to eat a _____ meal.   우리는 **적절한** 식사를 할 충분한 시간이 없었다.

29 It is _____ to snow in December.   12월에는 눈이 **올법**하다.

30 The doctor explained the _____s of exercise.   의사는 운동의 **유익함**을 설명했다.

점수: / 30

정답 p.389

Part 3 해커스 고등 영단어

DAY 49

해커스 3연타 중학영단어

DAY 50

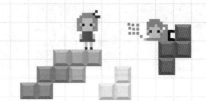

발음 익히기

1타 읽으며 기억하기 》	2타 써 보며 기억하기 》	3타 연상법으로 강화하기

01 army
[ɑ́ːrmi 알~미]

명 군대, 육군
▸ 입대하다   join the _____
▸ 육군 장교   an _____ officer

알
미
군 대

02 athlete
[ǽθliːt 애쓸~릿]

명 운동선수
▸ 세계 정상급 **운동선수**
  a world-class _____
▸ 유명한 **운동선수**   a famous _____

애 쓸 필요 없는 빠
릿 빠릿한
운 동 선 수

03 population
[pɑ̀ːpjuléiʃən 파~퓰레이션]
populate 동 살다, 거주하다

명 인구, 주민
▸ 인구의 증가
  an increase in _____
▸ 도시의 **인구**   the _____ of a city

파
퓰
레
이
션
인 구

04 generation
[dʒènəréiʃən 제너뤠이션]

명 세대
▸ 구세대   the older _____
▸ 세대 차이   a _____ gap

제
너
뤠
이
션
세 대

05 attitude
[ǽtitjùːd 애티튜~드]

명 태도, 사고방식
▸ 좋은 **태도**를 가지다
  have a good _____
▸ 삶에 대한 **사고방식**
  an _____ toward life

애 티 나는 것이
튜 드 (두드)러진
태 도

06 ingredient
☐
[ingrí:diənt 인그뤼~디언트]

명 재료, 성분

▸ **재료**를 섞다   mix the _____s
▸ 천연**성분**   natural _____s

인
그
뤼
디
언
트
재료

07 range
☐
[reindʒ 뤠인지]

명 범위

▸ 활동 **범위**   a _____ of activities
▸ 넓은 **범위**의 의견
　a wide _____ of opinions

뤠 (레)이더로 비행기를 쉽게
인 지 할 수 있고 넓은
범 위 까지
확인할 수 있다.

08 contain
☐
[kəntéin 컨테인]

container 명 그릇, 용기, 컨테이너

동 (~이) 들어 있다, 포함하다

▸ 비타민 E가 들어 있다
　_____s vitamin E
▸ 우유 2리터가 들어 있다
　_____s two liters of milk

컨 테 이너에
인 간이! 인간이
들 어
있 다 !!

09 recognize
☐
[rékəgnàiz 뤠커그나이즈]

동 ① 알아보다, 인지하다 ② 인정하다

▸ 목소리를 **알아듣다**   _____ a voice
▸ 최고로 **인정**받는
　_____d as the best

뤠 니가
커 서
그
나 이
즈 음에 나를
알 아 볼 까 ?

10 perform
☐
[pərfɔ́:rm 퍼폼]

performance 명 공연

동 ① 공연하다 ② 행하다

▸ 무대 위에서 **공연하다**   _____ on stage
▸ 업무를 **수행하다**   _____ a task

퍼 즐을 맞추고
폼 을 잡으며
공 연 하 다

11 interrupt
☐
[ìntərʌ́pt 인터뤕트]

interruption 명 방해, 중단

동 방해하다, 중단시키다

▸ 무례하게 **방해하다**   rudely _____
▸ 대화를 **중단시키다**
　_____ a conversation

인 터 넷을 어지
뤕 (럽)게 만드는
트 롤들이 나를
방 해 하 다

Internet

12 manage

[mǽnidʒ 매니지]

management 몡 경영, 관리

동 ① 간신히 해내다 ② 경영하다, 관리하다

▸ 도움 없이 간신히 해내다
_____ without help

▸ 회사를 경영하다 _____ a company

매 니 저가 긴
지 방 투어를
간 신 히
해 내 다

"간신히 해냈어"

---

13 forgive

[fərgív 포기브]

동 용서하다

▸ 실수를 용서하다 _____ a mistake

▸ 나를 용서해줘. Please _____ me.

포 기 하지 않고
브 (부)지런히 사과한 그를
용 서 하 다

---

14 remind

[rimáind 리마인드]

reminder 몡 상기시키는 것

동 상기시키다, 다시 한번 알려주다

▸ 그것은 내 어린 시절을 상기시켜준다.
That _____s me of my childhood.

▸ 나중에 다시 한번 알려줄래?
Can you _____ me later?

리 더가 직원들이 긍정적인
마 인 드 를 가질 것을
상 기 시 키 다

---

15 admire

[ədmáiər 어드마이어]

동 존경하다, 감탄하다

▸ 나는 너의 솔직함을 존경해.
I _____ your honesty.

▸ 미술품에 감탄하다 _____ artwork

어 질고
드 세지 않은
마 이 어 국왕을
존 경 하 다

---

16 annoy

[ənɔ́i 어노이]

annoying 혱 짜증 나게 하는

동 짜증나게 하다

▸ 이웃을 짜증나게 하다
_____ a neighbor

▸ 내 남동생은 나를 짜증나게 한다.
My brother _____s me.

어 묵탕에
노 관심이더니
이 지경을 만들고 나를 참
짜 증 나 게
하 는 구 나 !

---

17 deserve

[dizə́ːrv 디저~브]

동 (~을) 받을 만하다

▸ 상을 받을 만하다 _____ an award

▸ 좋은 성적을 받을 만하다
_____ a good grade

디 자인한
저 사람은
브 이를
받 을 만 하 다

---

18 exist

[igzíst 익지스트]

existence 몡 존재

동 존재하다

▸ 실제로 존재하다 actually _____

▸ 화성에 생명체가 존재하나요?
Does life _____ on Mars?

익 룡이
지 금
스 트리트에
존 재 한 다

19 ruin
[rúːin 루~인]

동 ① 망치다
② 파산시키다, 폐허로 만들다

▸ 기회를 **망치다** _____ one's chances
▸ 그 나라는 지진으로 **폐허가 되었다.**
The country was _____ed by the earthquake.

루 머로
인 생을
망 치 다

---

20 arrange
[əréindʒ 어뤠인지]

동 ① 마련하다, 주선하다
② 배열하다, 정리하다

▸ 만남을 **주선하다** _____ a meeting
▸ 알파벳순으로 **배열하다**
_____ in alphabetical order

어 렵게 전자
뤠 인지 자리를
마 련 하 다 ♥

---

21 mention
[ménʃən 멘션]

동 언급하다, 말하다

▸ 책에서 **언급하다** _____ in a book
▸ 그것에 대해 다시는 **말하지** 마!
Don't _____ it again!

멘 토
션 (선)생님을 수상 소감에서
언 급 하 다

제 **멘토** 선생님!

---

22 due
[djuː 듀]

형 ① 예정된, ~ 하기로 되어 있는
② (~ to) ~으로 인한, ~ 때문에

▸ **예정된** 날짜 a _____ date
▸ 나쁜 날씨로 **인해** 취소되다
be canceled _____ to bad weather

듀 랑고 게임의
예 정 된 출시일

출시일!

---

23 recent
[ríːsənt 뤼센~트]
recently 문 최근에

형 최근의

▸ **최근** 몇 년 동안 in _____ years
▸ **최근** 동향 a _____ trend

뤼 (리)모델링한
센 트 럴 파크의
최 근
모습

---

24 sore
[sɔːr 쏘~얼]

형 아픈

▸ 목이 **아프**다 have a _____ throat
▸ 허리가 **아파**요. My back is _____.

쏘
얼
아 픈

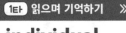
25 individual
[ìndəvídʒuəl 인디비쥬얼]

형 각각의, 개인의

▸ 각각의 구성원
each _____ member
▸ 개인차 _____ differences

인 디 밴드의
비 쥬 얼 은
각 각 의
멤버들의
개성을 따른다.

26 regret
[rigrét 뤼그뤳]

동 후회하다, 유감스럽게 생각하다
명 후회

▸ 결정을 후회하다 _____ a decision
▸ 후회하지 않다 have no _____s

뤼 차드는 늘
그 뤳 (그랬)듯이 항상 뒤늦게
후 회 한 다

27 decrease
[dikríːs 디크뤼~스]
반 increase 동 증가하다 명 증가

동 줄다, 감소하다 명 [díːkriːs] 감소

▸ 천천히 감소하다 slowly _____
▸ 판매 감소 a _____ in sales

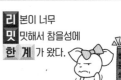
디
크
뤼
스
줄 다

28 limit
[límit 리밋]

명 제한, 한계 동 제한하다, 한정하다

▸ 제한 속도 the speed _____
▸ 공급을 제한하다 _____ the supply

리 본이 너무
밋 맛해서 참을성에
한 계 가 왔다.

29 lack
[læk 랙]

명 부족, 결핍 동 ~이 없다, 부족하다

▸ 수면 부족 a _____ of sleep
▸ 자신감이 없다 _____ confidence

랙
부 족

30 regard
[rigáːrd 리가~드]

동 (~을 ~로) 여기다 명 관심, 고려

▸ 나를 친구로 여기다
_____ me as a friend
▸ 안전에 대한 관심 부족
little _____ for safety

리 듬과
가 치(같이)
드 럼 치는 모습을 멋있다고
여 기 다

포 기 브
용 서 하 다

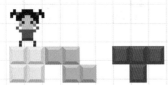

Always forgive your enemies.
항상 당신의 적을 용서하라.

DAY 50 일일 테스트

A 영어는 우리말로, 우리말은 영어로 쓰세요.

01 generation　＿＿＿＿＿＿＿

02 contain　＿＿＿＿＿＿＿

03 perform　＿＿＿＿＿＿＿

04 interrupt　＿＿＿＿＿＿＿

05 manage　＿＿＿＿＿＿＿

06 admire　＿＿＿＿＿＿＿

07 짜증나게 하다　＿＿＿＿＿＿＿

08 존재하다　＿＿＿＿＿＿＿

09 예정된, ~으로 인한　＿＿＿＿＿＿＿

10 아픈　＿＿＿＿＿＿＿

11 각각의, 개인의　＿＿＿＿＿＿＿

12 (~을 ~로) 여기다, 관심　＿＿＿＿＿＿＿

B 빈칸에 알맞은 단어를 적어 어구를 완성하세요.

13 군대 기지　the ＿＿＿＿＿ base

14 국가의 인구　the ＿＿＿＿＿ of a country

15 긍정적인 태도　a positive ＿＿＿＿＿

16 가격의 범위　a price ＿＿＿＿＿

17 차이를 알아보다　＿＿＿＿＿ the difference

18 용서하고 잊다　＿＿＿＿＿ and forget

19 그림을 망치다　＿＿＿＿＿ a painting

20 이름을 언급하다　＿＿＿＿＿ a name

21 최근의 기회　a ＿＿＿＿＿ opportunity

22 실패를 후회하다　＿＿＿＿＿ a failure

23 크기가 줄다　＿＿＿＿＿ in size

24 나이 제한　an age ＿＿＿＿＿

C 보기에서 알맞은 단어를 골라 문장을 완성하세요.

보기	ingredient　arrange　lack　athlete　deserve　remind

25 The ＿＿＿＿＿ crossed the finish line.　운동선수가 결승선을 넘었다.

26 The baker uses natural ＿＿＿＿＿s for her cakes.　그 제빵사는 그녀의 케이크에 천연 **재료를** 사용한다.

27 I ＿＿＿＿＿ed her about our appointment time.　나는 그녀에게 우리의 약속 시간을 **다시 한번 알려주었다.**

28 He ＿＿＿＿＿s an award for his hard work.　그는 자신의 노고에 대해 상을 **받을 만하다.**

29 They ＿＿＿＿＿d the tables in a circle.　그들은 탁자를 둥글게 **배열했다.**

30 There is a ＿＿＿＿＿ of space in the closet.　벽장에 공간이 **부족하다.**

점수:　/ 30

정답 p.389

DAY 51

발음 익히기

| 1타 읽으며 기억하기 » | 2타 써 보며 기억하기 » | 3타 연상법으로 강화하기 |

01 novel
[nάːvəl 나~블]

명 소설
‣ 베스트셀러 **소설** a best-selling _____
‣ **소설**의 등장인물 a character in a _____

나는
블레이드 러너라는
소 설을 읽었다.

---

02 anniversary
[æ̀nəvə́ːrsəri 애니벌~써뤼]

명 기념일
‣ 결혼 **기념일**
  one's wedding _____
‣ **기념일**을 축하하다
  celebrate an _____

애 니 (아니),
벌 써 우
뤼 (리)들의
기 념 일 이네!

---

03 atmosphere
[ǽtməsfiər 앳머스피얼]

명 ① 대기, 공기 ② 분위기
‣ 상층 **대기** the upper _____
‣ 우호적인 **분위기**
  a friendly _____

앳
머
스
피
얼
대 기

---

04 profession
[prəféʃən 프러페션]

professional 형 직업의, 전문적인

명 직업, 전문직
‣ **직업**을 선택하다 choose a _____
‣ 법률 **전문직** the legal _____

프 로 들의
페 션 (패션)은
직 업 마다
다르다.

---

05 route
[ruːt 루~트]

명 길, 경로
‣ **길**을 찾다 search for a _____
‣ 다른 **경로** a different _____

루
트
길

MAP

06 statue
[stǽtʃu: 스태추~우]

명 조각상
▸ **조각상**을 만들다   build a _____
▸ **자유의 여신상**   the S_____ of Liberty

스태추우 조각상

07 industry
[índəstri 인더스트뤼]
industrial 형 산업의

명 산업, 공업
▸ **관광 산업**   the tourist _____
▸ **성장하고 있는 산업**   a growing _____

인더스트뤼 산업

08 charity
[tʃǽrəti 채뤄티]

명 자선 단체, 자선
▸ **자선 단체에 기부하다**   donate to _____
▸ **자선기금**   a _____ fund

채뤄티 자선 단체

09 politics
[pɑ́:lətiks 팔~러틱스]
political 형 정치의, 정치적인

명 정치
▸ **국제 정치**   international _____
▸ **정치를 논하다**   discuss _____

팔러틱스 정치

10 mood
[mu:d 무~드]

명 ① 기분 ② 분위기
▸ **기분이 좋은**   in a good _____
▸ **분위기를 망치다**   ruin the _____

무드 기분

11 region
[rí:dʒən 뤼~전]
⑧ area 명 지역

명 지역, 지방
▸ **북부 지역**   a northern _____
▸ **산악 지역에 살다**
   live in a mountain _____

뤼전 (이)제 쟁 없는 지역

North
West   East
South

12 vehicle
[ví:ikl 비~이클]

명 차량, 탈 것, 운송 수단
▸ **자동차**   a motor _____
▸ **차량을 운전하다**   drive a _____

비이클 차량

Part 3 해커스 고등 영단어   DAY 51   해커스 3영타 중학영단어

13 punish
[pʌ́niʃ 퍼니쉬]
punishment ⑲ 처벌, 형벌

⑧ 처벌하다, 벌주다
▸ 엄격히 **처벌하다** _____ harshly
▸ 죄를 **벌하다** _____ for a crime

퍼
니
쉬
처 벌 하 다

14 replace
[ripléis 뤼플레이스]

⑧ ① 대신하다 ② 교체하다
▸ 노동자를 로봇으로 **대신하다**
_____ workers with robots
▸ 배터리를 **교체하다** _____ the battery

뤼
플
레
이
스
대 신 하 다

15 predict
[pridíkt 프뤼딕트]
prediction ⑲ 예언, 예측

⑧ 예언하다, 예측하다
▸ 미래를 **예언하다** _____ the future
▸ 지진을 **예측하다** _____ earthquakes

프
뤼
딕
트
예 언 하 다

16 declare
[dikléər 디클레얼]

⑧ 선언하다, 선포하다
▸ 독립을 **선언하다**
_____ independence
▸ 전쟁을 **선포하다** _____ war

디
클
레
얼
선 언 하 다

17 prove
[pru:v 프루~브]
proof ⑲ 증거, 증명

⑧ 입증하다, 증명하다
▸ 주장을 **입증하다** _____ a point
▸ **증명해 봐!** P_____ it!

프
루
브
입 증 하 다

18 independent
[ìndipéndənt 인디펜던트]
independence ⑲ 독립

⑲ 독립된, 독립적인
▸ **독립 국가** an _____ country
▸ **독립적인 사람**
an _____ person

혼자 설래

인
디
펜
던
트
독 립 된

19 typical
[típikəl 티피컬]

형 전형적인, 대표적인

▸ **전형적인** 날씨 _____ weather
▸ **대표적인** 예 a _____ example

티피컬
전형적인

20 particular
[pərtíkjulər 파티큘러]
particularly 분 특히, 특별히

형 특정한, 특별한

▸ **특정** 방향으로 움직이다
move in a _____ direction
▸ **특별히** in _____

파티에서 드라
큘러(라)분장을 한
특정한
사람을 찾으시오.

21 complicated
[kάːmpləkèitid 컴~플러케이티드]

형 복잡한

▸ **복잡한** 체계 a _____ system
▸ 너무 **복잡해지다**
become too _____

컴플러
케이
티드
복잡한

22 disabled
[diséibld 디세이블드]

형 장애를 가진

▸ **장애인** _____ people
▸ 지적 **장애가 있는** mentally _____

디세이블드
장애를 가진

23 anxious
[ǽŋkʃəs 앤셔스]
anxiety 명 불안, 염려

형 불안해하는, 불안한

▸ 시험에 대해 **불안해하는**
_____ about a test
▸ **불안한** 얼굴 an _____ face

앤셔스
불안해하는

24 loose
[luːs 루~쓰]
loosely 분 느슨하게
반 tight 형 꽉 조이는, 단단한

형 느슨한, 풀린

▸ **느슨한** 셔츠 a _____ shirt
▸ **풀린** 나사 a _____ screw

루쓰
느슨한

25 reward
[riwɔ́:rd 뤼월~드]

명 보상　동 보상하다, 사례하다

▸ 재정적인 **보상**　a financial _____

▸ 선행에 대해 **보상하다**
_____ good behavior

뤼
월
드
보 상

---

26 attempt
[ətémpt 어템트]

명 시도　동 시도하다, 애써 해보다

▸ 탈출하기 위한 **시도**
an _____ to escape

▸ 도우려고 **시도하다**　_____ to help

어 렵게 구한 아이
템 을
트 윽(특)히 많이 얻으려는
시 도

---

27 demand
[dimǽnd 디맨드]

명 ① 요구　② 수요　동 요구하다

▸ **수요**와 공급　_____ and supply

▸ 환불을 **요구하다**　_____ a refund

디
맨
드
요 구

---

28 blame
[bleim 블레임]

동 탓하다, 비난하다　명 책임, 탓

▸ 다른 사람을 **탓하다**
_____ someone else

▸ **책임**을 지다　take the _____

블
레
임
탓 하 다

---

29 approach
[əpróutʃ 어프로치]

동 다가가다, 접근하다　명 접근

▸ 누군가에게 **다가가다**
_____ someone

▸ 조심스러운 **접근**　a careful _____

어 프 로 (앞으로)
치 대면서
다 가 가 다

---

30 principal
[prínsəpəl 프린서펄]

형 주요한, 주된　명 총장, 교장

▸ **주된** 이유　the _____ reason

▸ 학교 **교장**　a school _____

프 린 스턴 대학 앞에
서
펄 럭이는 깃발은
주 요 한 상징이다.

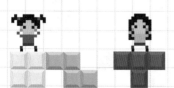

무~드
기 분

If you don't control your mood, it will control you.
당신의 기분을 통제하지 못한다면, 그것이 당신을 통제할 것이다.

DAY 51 일일 테스트

A 영어는 우리말로, 우리말은 영어로 쓰세요.

01 mood _____
02 region _____
03 vehicle _____
04 declare _____
05 prove _____
06 attempt _____

07 느슨한, 풀린 _____
08 불안해하는, 불안한 _____
09 요구, 요구하다 _____
10 탓하다, 책임 _____
11 다가가다, 접근 _____
12 보상, 보상하다 _____

B 빈칸에 알맞은 단어를 적어 어구를 완성하세요.

13 유명한 소설   a famous _____
14 독립적인 삶   an _____ life
15 가볍게 처벌하다   _____ lightly
16 전형적인 디자인   a _____ design
17 기념일 선물   an _____ gift
18 편안한 분위기   a relaxed _____

19 특정 구역   _____ areas
20 복잡한 설명   a _____ explanation
21 간호직   the nursing _____
22 주된 원인   the _____ cause
23 새로운 길로 가다   take a new _____
24 정치에 관심 있는   interested in _____

C 보기에서 알맞은 단어를 골라 문장을 완성하세요.

> **보기**   industry   charity   statue   replace   disabled   predict

25 The famous _____ of Liberty is in New York.   유명한 자유의 여신상은 뉴욕에 있다.

26 I have to _____ the battery in my laptop.   내 노트북의 배터리를 교체해야 해.

27 I want to work in the finance _____.   나는 금융 산업에서 일하고 싶어.

28 Nobody can _____ the future.   아무도 미래를 예측할 수 없다.

29 It's good to donate to _____ from time to time.   가끔 자선 단체에 기부하는 것은 좋은 일이다.

30 The Paralympic Games is an international competition for _____ people.
패럴림픽은 장애를 가진 사람들을 위한 국제 대회이다.

점수: / 30

정답 p.389

DAY 52

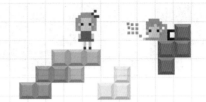

 발음 익히기

1타 읽으며 기억하기 »	2타 써 보며 기억하기 »	3타 연상법으로 강화하기

---

01 continent
[ká:ntənənt 칸~터넌트]

® 대륙

▸ 대륙을 횡단하다 cross a _____

▸ 아프리카 대륙 the African _____

칸
터
넌
트
대 륙

---

02 instance
[ínstəns 인스턴스]

® 경우, 사례, 예

▸ 많은 사례들 numerous _____s

▸ 예를 들어 for _____

인
스
턴
스
경 우

A로 가는 B로 가는
경우 경우

---

03 progress
[prá:gres 프로그레스]

® 진전, 진행

▸ 꾸준한 진전 steady _____

▸ 진행 중인 in _____

프 로 가 되고 싶니?
그 레 스 면(그랬으면) 좋겠어.
진 전 은
있는 것 같아.

Progress

---

04 religion
[rilídʒən 릴리전]

® 종교

religious ® 종교의, 신앙심이 깊은

▸ 종교의 자유 freedom of _____

▸ 종교를 따르다 follow a _____

릴
리
전
종 교

---

05 literature
[lítərətʃər 리터뤄철]

® 문학

literary ® 문학의, 문학적인

▸ 문학을 공부하다 study _____

▸ 문학상 a _____ prize

리
터
뤄
철
문 학

노인과바다
데미안

---

06 fee
[fi: 피]

® 수수료, 요금

▸ 수수료를 지불하다 pay a _____

▸ 입장료 an entrance _____

피 같은 돈으로 낸
수 수 료

07 property
[prúːpərti 프라~펄티]

명 재산, 부동산

▸ **재산**을 소유하다   own _____

▸ **부동산** 가격   the price of _____

프
라
펄
티
재 산

---

08 intend
[inténd 인텐드]

intention 명 의도

동 의도하다, 생각하다

▸ 너를 화나게 할 **의도**는 아니었어.
  I didn't _____ to upset you.

▸ 그는 새로운 사업을 할 **생각이다**.
  He _____s to open a new business.

인 적이 드문 곳에서
텐 미닛 안에 음료를
드 (들)이키려고
의 도 하 다

---

09 apply
[əplái 어플라이]

application 명 지원(서), 적용

동 ① 지원하다, 신청하다
   ② 적용하다, 쓰다

▸ 직장에 **지원하다**   _____ for a job

▸ 새로운 기술을 **적용하다**
  _____ a new skill

어 !
플 라 밍고도
이 대학에
지 원 했 네 ?

---

10 explode
[iksplóud 익스플로드]

explosion 명 폭발

동 폭발하다, 터지다

▸ 소란스럽게 **폭발하다**   _____ loudly

▸ 폭탄이 **터졌다**.   The bomb _____d.

익
스
플
로
드
폭 발 하 다

---

11 hire
[haiər 하이얼]

동 고용하다

▸ 변호사를 **고용하다**   _____ a lawyer

▸ 새로운 근로자를 **고용하다**
  _____ new workers

하
이
얼
고 용 하 다

자네를
고용하네!

---

12 employ
[implói 임플로이]

employer 명 고용주
employee 명 종업원, 직원

동 고용하다

▸ 기사를 **고용하다**   _____ drivers

▸ 5년 동안 **고용되다**
  be _____ed for five years

임
플
로
이
고 용 하 다

13 entertain
[èntərtéin 엔터테인]
entertainment 뎽오락

동 ① 즐겁게 해주다
② (손님을) 접대하다
▸ 사람들을 즐겁게 해주다
_____ a crowd
▸ 손님들을 접대하다 _____ guests

엔 **터**를 쳤더니
테 니스 선수가 1
인 쇼를 하면서 나를
즐 겁 게
해 주 었 다

14 defend
[difénd 디펜드]
defense 뎽방어, 수비

동 ① 수비하다, 방어하다 ② 변호하다
▸ 기지를 방어하다 _____ the base
▸ 스스로를 변호하다 _____ oneself

디
펜
드
수 비 하 다

15 insist
[insíst 인씨스트]

동 고집하다, 주장하다
▸ 가겠다고 고집하다 _____ on going
▸ 그는 내가 틀렸다고 주장한다.
He _____s that I'm wrong.

인
씨
스
트
고 집 하 다

내가 맞아!
내가 맞다구

16 admit
[ədmít 어드밋]

동 인정하다, 시인하다
▸ 실수를 인정하다 _____ a mistake
▸ 범행을 시인하다 _____ to a crime

어
드
밋
인 정 하 다

17 approve
[əprúːv 어프루~브]
approval 뎽찬성, 승인

동 찬성하다, 승인하다
▸ 생각에 찬성하다 _____ of an idea
▸ 예산을 승인하다 _____ a budget

어 프 루 (앞으로)
브 이넥 못만 입자는 말에
찬 성 하 다

18 involve
[inváːlv 인발~브]

동 포함하다, 관련시키다
▸ 그 일엔 나도 포함돼.
It _____s me, too.
▸ 정치와 관련된 _____d in politics

너도
여기와!
동호회
인
발
브
포 함 하 다

19 reserve
[rizə́ːrv 뤼절~브]
reservation 뎽예약

동 예약하다
▸ 방을 예약하다 _____ a room
▸ 미리 자리를 예약하다
_____ seats in advance

뤼
절
브
예 약 하 다
예약석

20 cruel
[krúːəl 크루~얼]

형 잔인한, 잔혹한
▸ 잔인한 왕 a _____ king
▸ 잔혹한 형벌 a _____ punishment

크루얼 잔인한

---

21 urgent
[ə́ːrdʒənt 얼~전트]

형 긴급한, 다급한
▸ 긴급한 질문 an _____ question
▸ 다급한 전화를 받다 get an _____ call

얼전트 긴급한

---

22 grateful
[gréitfəl 그뤠잇플]

형 고마워하는, 감사하는
▸ 도움에 **고마워하는**
  _____ for the help
▸ 고마워하는 답장 a _____ reply

그뤠잇플 고마워하는

---

23 efficient
[ifíʃənt 이피션트]
efficiently 분 효율적으로

형 효율적인
▸ 효율적인 체계 an _____ system
▸ 에너지 **효율적인** energy _____

이피션트 효율적인

---

24 accurate
[ǽkjurət 애큐럿]

형 정확한, 정밀한
▸ 정확한 정보 _____ information
▸ 정확히 말하자면 to be _____

애큐럿 정확한

---

25 guilty
[gílti 길티]
guilt 명 죄책감

형 유죄의, 죄책감이 드는
▸ 유죄 혹은 무죄의 _____ or innocent
▸ 죄책감이 들다 feel _____

길티 유죄의

---

26 frequent
[fríːkwənt 프리~퀀트]
frequency 명 빈도
frequently 분 자주, 흔히

형 잦은, 빈번한
▸ 잦은 수리가 필요하다
  require _____ repairs
▸ 빈번한 질문 _____ questions

프리퀀트 미어리그 경기에서 몸을 롤(컨트롤)하지 못한 선수의 잦은 실수

27 pause
[pɔːz 퍼~즈]

동 잠시 멈추다, 중단하다
명 중지, 중단

▸ 휴식을 위해 잠시 멈추다
_____ for a break

▸ 중지 버튼을 누르다
press the _____ button

퍼즈
잠시 멈추다

28 permit
[pərmít 펄밋]
permission 명 허락, 허가

동 허락하다, 허용하다
명 [pə́ːrmit] 허가증

▸ 토지의 사용을 허락하다
_____ the use of land

▸ 근로 허가증 a work _____

펄밋
허락하다

29 defeat
[difíːt 디피~트]

동 물리치다, 패배시키다 명 패배

▸ 적을 물리치다 _____ an enemy

▸ 패배를 받아들이다 accept _____

디피트
물리치다

30 firm
[fəːrm 퍼~엄]

명 회사
형 ① 확고한, 확실한 ② 단단한, 딱딱한

▸ 법률 회사 a law _____

▸ 확고한 의견을 가지다
have a _____ opinion

퍼엄
회사

디 피~트
패 배

A single defeat is not a final defeat.
한 번 패배했다고 해서 끝까지 패배하는 것은 아니다.

DAY 52 일일 테스트

A 영어는 우리말로, 우리말은 영어로 쓰세요.

01 property _____

02 explode _____

03 hire _____

04 admit _____

05 approve _____

06 involve _____

07 잠시 멈추다, 중지 _____

08 정확한, 정밀한 _____

09 유죄의, 죄책감이 드는 _____

10 잦은, 빈번한 _____

11 허락하다, 허가증 _____

12 물리치다, 패배 _____

B 빈칸에 알맞은 단어를 적어 어구를 완성하세요.

13 도우려고 의도하다 _____ to help

14 딱딱한 매트리스 a _____ mattress

15 대학에 지원하다 _____ to college

16 잔인한 생각 a _____ idea

17 다른 사례 a different _____

18 느린 진전 slow _____

19 긴급 배달 an _____ delivery

20 표를 예약하다 _____ a ticket

21 유대교 the Jewish _____

22 세계의 대륙들 the world's _____s

23 낮은 수수료 a low _____

24 계산하겠다고 고집하다 _____ on paying

C 보기에서 알맞은 단어를 골라 문장을 완성하세요.

| 보기 | literature | efficient | employ | grateful | entertain | defend |

25 I'm very _____ for the help. 도와주셔서 정말 감사해요.

26 I want to study _____ in college. 나는 대학에서 문학을 공부하고 싶어.

27 That company _____s over 200 people. 그 회사는 200명이 넘는 사람들을 고용하고 있다.

28 The singer _____ed the crowd for two hours. 가수는 두 시간 동안 사람들을 즐겁게 해주었다.

29 The soldiers are _____ing the base from attack. 군인들은 공격으로부터 기지를 방어하고 있다.

30 I found an _____ way to memorize words. 나는 단어를 암기하는 효율적인 방법을 찾았어.

점수: / 30

정답 p.390

DAY 53

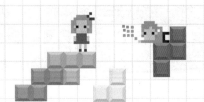

발음 익히기

| 1타 읽으며 기억하기 » | 2타 써 보며 기억하기 » | 3타 연상법으로 강화하기 |

01 wage
[weidʒ 웨이쥐]

명 임금
▸ **임금** 인상 a _____ increase
▸ 최저 **임금** minimum _____

웨 이 쥐 (왜지?)
임 금이
올랐어.

02 candidate
[kǽndidèit 캔디데잇]

명 후보자, 지원자
▸ 대통령 **후보자**들
 presidential _____ s
▸ 이상적인 **지원자** an ideal _____

캔 디 먹는 사람을
데 려와서
잇 몸을 치료해준
후 보 자

03 conclusion
[kənklú:ʒən 컨클루~젼]
conclude 통 결론을 내리다

명 결론, 결말
▸ **결론**에 이르다 reach a _____
▸ 타당한 **결론** the logical _____

컨 닝하려고
클 루 (clue)를
전 부 적었는데
결 론은
실패.

04 district
[dístrikt 디스트뤽]

명 지역, 구역
▸ 금융 **지역** a financial _____
▸ 우편 **구역** a postal _____

디
스
트
뤽
지 역

05 community
[kəmjú:nəti 커뮤~너티]

명 공동체, 지역 사회
▸ 지역 **공동체** a local _____
▸ 지역 문화 회관 a _____ center

커
뮤
너
티
공 동 체

06 fortune
[fɔ́ːrtʃən 포~춘]
fortunate 형 운 좋은

명 ① 행운 ② 재산, 부

▸ 행운을 가져오다 bring good _____
▸ 재산을 모으다 make a _____

포크를 얻고 춤을
춘
행 운의
사나이

07 task
[tæsk 태스크]

명 맡은 일, 과제

▸ 맡은 일을 완수하다 accomplish a _____
▸ 우선순위가 높은 과제
 a high-priority _____

태 극기가 그려진
스 크 린을 만드는 것이 내가
맡은 일
이다.

08 justice
[dʒʌ́stis 저스티스]

명 정의

▸ 정의를 행하다 carry out _____
▸ 정의와 평등 _____ and equality

저 스틴은
티 스 푼만큼의
정 의 감을
가지고 있다.

09 evidence
[évidəns 에비던스]

명 증거

▸ 증거를 찾다 search for _____
▸ 믿을 수 있는 증거 reliable _____

에
비
던
스
증 거

10 convince
[kənvíns 컨빈스]
유 persuade 동 설득하다, 납득시키다

동 납득시키다, 설득하다

▸ 다른 사람들을 납득시키다
 _____ other people
▸ 그것은 나를 설득하지 못했어.
 It didn't _____ me.

링
컨 은
빈 번한 차별을 멈출 것을
스 피치를 통해
납 득 시 켰 다

11 promote
[prəmóut 프로모트]
promotion 명 승진

동 ① 촉진하다, 홍보하다 ② 승진시키다

▸ 경제 성장을 촉진하다
 _____ economic growth
▸ 더 높은 자리로 승진하다
 be _____d to a higher position

프 랑스
로 터리에서 마신
모 과차가
트 림을
촉 진 하 다

12 retire
[ritáiər 뤼타이얼]
retirement 명 은퇴

동 은퇴하다, 퇴직하다
▸ 일찍 은퇴하다 _____ early
▸ 퇴직하다 _____ from work

뤼
타
이
얼
은 퇴 하 다

회사

13 melt
[melt 멜트]

동 녹다, 녹이다
▸ 빠르게 녹다 _____ quickly
▸ 녹고 있는 얼음 _____ing ice

멜 론
트 리가
녹 다

14 overcome
[òuvərkʌ́m 오버컴]

동 극복하다
▸ 가난을 극복하도록 돕다
help to _____ poverty
▸ 어려움을 극복하다
_____ a challenge

오 로지 혼자서
버 스 안의
컴 컴함을
극 복 하 다

BUS

15 suffer
[sʌ́fər 서퍼]

동 고통받다, 시달리다
▸ 부상으로 고통받다 _____ an injury
▸ 굶주림에 시달리다 _____ from hunger

서 울에
퍼 진 미세먼지 때문에
고 통 받 다

Seoul

16 occur
[əkə́:r 어커]
occurrence 명 발생, 사건

동 일어나다, 발생하다
▸ 예상치 못한 일이 일어났다.
Something unexpected _____red.
▸ 사고가 발생했다.
An accident _____red.

어 이쿠
커 다란 일이
일 어 났 구 나 !

17 represent
[rèprizént 뤠프뤼젠트]
representative 명 대표, 대리인

동 대표하다
▸ 나라를 대표하다 _____ a country
▸ 다수를 대표하다
_____ the majority

레 (레)드카펫에서
프 뤼 (리)지어 꽃을 든 저
젠 틀맨은
트 렌디함을
대 표 한 다

18 react
[riǽkt 뤼액트]
reaction 명 반응

동 반응하다
▸ 부정적으로 반응하다 _____ negatively
▸ 변화에 반응하다 _____ to a change

뤼
액
트
반 응 하 다

19 hesitate
[hézətèit 헤지테이트]

동 망설이다, 주저하다
- 시작하는 것을 **망설이다**
  _____ to start
- 잠깐 **주저하다**
  _____ for a moment

헤 지 고
테 이 핑되어 있는
트 럭을 사는 것을
망 설 이 다 팝니다

20 permanent
[pə́:rmənənt 펄~머넌트]

형 영구적인
- **영구적인** 손상 _____ damage
- **영구치** _____ teeth

펄
머
넌
트
영 구 적 인

이거
오래
가겠지?

21 enormous
[inɔ́:rməs 이노~머스]

형 막대한, 거대한
- **막대한** 양 an _____ amount
- **거대한** 집 an _____ house

이
노 란
머 스터드의
막 대 한 힘

22 solid
[sá:lid 살~리드]

형 ① 고체의 ② 단단한
- **고체** 연료를 사용하다 use _____ fuel
- **단단한** 벽 a _____ wall

살
리
드
고 체 의

23 mental
[méntl 멘틀]
mentally 부 정신적으로

형 정신의, 마음의
- **정신** 질환 _____ illness
- **정신** 건강을 향상시키다
  improve one's _____ health

멘
틀
정 신 의

정신

24 sensitive
[sénsətiv 쎈서티브]

형 세심한, 예민한
- 그녀는 **세심하고** 배려심이 많아.
  She is _____ and caring.
- **예민한** 문제 a _____ issue

쎈 서 가 달린
티 브 이를 만드는
세 심 한 작업

헤 지 테 이 트
망 설 이 다

Don't hesitate to do good things.
좋은 일을 하는 것을 망설이지 마라.

25 praise
[preiz 프레이즈]

동 칭찬하다 명 칭찬, 찬양
- 아이를 칭찬하다 ＿＿＿＿ a child
- 칭찬을 받을 만하다 deserve ＿＿＿＿

프레이즈 칭찬하다

26 cure
[kjuər 큐어]

동 ① (병을) 고치다 ② (문제를) 해결하다
명 ① 치료법 ② 해결책
- 병을 고치다 ＿＿＿＿ an illness
- 암 치료법 a ＿＿＿＿ for cancer

큐 앤에이 질문을 어 떻게 쉽게 고 칠 까?

27 host
[houst 호스트]

동 주최하다 명 주최자, 주인
- 행사를 주최하다 ＿＿＿＿ an event
- 주최자의 연설 a speech by the ＿＿＿＿

호 텔에서 야구 선수가 스 트 라이크 대회를 주 최 하 다

28 treat
[triːt 트릿]
treatment 명 대우, 치료

동 ① 다루다, 대하다 ② 치료하다 ③ 대접하다
명 (선물 등의) 특별한 것, 대접
- 사람들을 공손히 대하다 ＿＿＿＿ people with respect
- 제가 대접할게요. It's my ＿＿＿＿.

트 리를 크 릿 (리)스마스 때 집으로 가져와서 다 루 다

29 access
[ǽkses 액쎄스]

명 접근, 입장 동 (컴퓨터에) 접속하다
- 접근을 허락하다 allow ＿＿＿＿
- 컴퓨터 네트워크에 접속하다 ＿＿＿＿ the computer network

액쎄스 접근

30 senior
[síːnjər 시~니어]
반 junior 명 손아랫사람 형 손아래의

명 연장자, 손윗사람, 고령자
형 손위의, 고위의
- 연장자에게 묻다 ask a ＿＿＿＿
- 상급생들 ＿＿＿＿ students

시 간이 갈수록 니 모든 어 린이에서 연 장 자 가 되었다.

DAY 53 일일 테스트

A 영어는 우리말로, 우리말은 영어로 쓰세요.

01	community	_____	07 일어나다, 발생하다	_____
02	fortune	_____	08 대표하다	_____
03	task	_____	09 반응하다	_____
04	justice	_____	10 망설이다, 주저하다	_____
05	evidence	_____	11 정신의, 마음의	_____
06	suffer	_____	12 세심한, 예민한	_____

B 빈칸에 알맞은 단어를 적어 어구를 완성하세요.

13 영구적인 해결책   a _____ solution

14 낮은 임금   low _____s

15 인터넷 접근   Internet _____

16 후보자를 뽑다   choose a _____

17 결론적으로   in _____

18 설득하려고 노력하다   try to _____

19 학교 구역   a school _____

20 막대한 차이   an _____ difference

21 소화를 촉진하다   _____ digestion

22 70세에 은퇴하다   _____ at 70

23 학생을 칭찬하다   _____ a student

24 기적의 치료법   a miracle _____

C 보기에서 알맞은 단어를 골라 문장을 완성하세요.

보기	solid	melt	overcome	host	senior	treat

25 Taiwan will _____ the Olympics this year.   대만은 올해 올림픽을 **주최할** 것이다.

26 Eat your ice cream before it _____s in the sun.   아이스크림이 태양에 **녹기** 전에 먹어.

27 I volunteer at the _____ center on weekends.   나는 주말에 **노인** 복지관에서 봉사활동을 한다.

28 I'll _____ you to dinner tonight.   내가 오늘 밤에 저녁을 **대접할게**.

29 The government is trying to _____ poverty.   정보는 빈곤을 **극복하기** 위해 노력하고 있다.

30 Cut the vegetables on a _____ surface.   **단단한** 표면 위에서 채소를 자르세요.

점수:　　／30

정답 p.390

DAY 54

발음 익히기

1타 읽으며 기억하기 »	2타 써 보며 기억하기 »	3타 연상법으로 강화하기

01 income
[ínkʌm 인컴]

몡 소득, 수입
▸ **소득**이 높은 사람들
  people with high _____
▸ **수입**과 지출 _____ and expenses

인간은
컴퓨터로
소 득을
얻을 수 있다.

02 resident
[rézidənt 레지던트]

몡 거주자, 주민
▸ 마을 **거주자** a _____ of the village
▸ 지역 **주민** a local _____

레오네 집
지붕에 돌을
던지며
트집 잡는
거 주 자

03 courage
[kə́:ridʒ 커~뤼지]
courageous 혱 용감한

몡 용기
▸ 싸울 **용기** the _____ to fight
▸ **용기**를 내다 gather one's _____

커 뤼(리)를 먹기 위해
지구 반대편으로
용 기를 내어
찾아간다.

04 grave
[greiv 그뤠이브]

몡 무덤
▸ **무덤**에 매장하다 bury in a _____
▸ **무덤**을 찾아가다 visit a _____

그
뤠
이
브
무 덤

05 resource
[rí:sɔːrs 리~소~스]

몡 자원, 공급원
▸ 천연**자원** natural _____ s
▸ **자원**이 풍부한 full of _____ s

리조토
소 스도 중요한
자 원이다.

06 structure
[strʌ́ktʃər 스트럭처]

몡 ① 구조 ② 구조물, 건축물
▸ 건물의 **구조**
  the _____ of a building
▸ 목재 **구조물** a wood _____

스위스
트 럭 처럼 흔들림에 강한
구 조

07 tragedy
[trǽdʒədi 트레지디]

tragic 휑 비극적인

명 비극

▸ 진정한 비극   a true _____

▸ 그 연극은 비극으로 끝났다.
  The play ended in _____ .

트 뤠 (레)인과
지 하철에 발
디 딜 틈 없는
비 극

08 wound
[wu:nd 운~드]

명 상처, 부상

▸ 상처를 치료하다   treat a _____

▸ 다리 부상   a leg _____

운 이 없어서
드 럽게 아픈
상 처 를 입었다.

09 satellite
[sǽtəlàit 쌔텔라이트]

명 (인공) 위성

▸ 인공 위성을 발사하다
  launch a _____

▸ 위성 TV   _____ TV

쌔
텔
라
이
트
위 성

10 reflect
[riflékt 뤼플렉트]

동 ① 비추다, 반사하다 ② 반영하다

▸ 빛을 반사하다   _____ the light

▸ 다른 사람들의 의견을 반영하다
  _____ others' opinions

뤼
플
렉
트
비 추 다

11 affect
[əfékt 어펙트]

동 영향을 미치다

▸ 부정적으로 영향을 미치다
  negatively _____

▸ 인체에 영향을 미치다
  _____ the human body

어 느 퍼
펙 트 한 날에 친 번개가 삶에
영 향 을
미 치 다

12 appreciate
[əprí:ʃièit 어프리~시에잇]

동 ① 고마워하다 ② 진가를 인정하다

▸ 저희는 당신의 도움에 고마워하고 있습니다.
  We _____ your help.

▸ 그림의 진가를 인정하다
  _____ a painting

어 머니가 주신
프 리 티하고
시 원한 수박
에 따라
잇
고 마 워 하 다

13 **measure**
□ [méʒər 메저]

동 측정하다, 재다

▸ 온도를 측정하다
_____ the temperature
▸ 길이를 재다 _____ the length

메 (매)일 의사가
저 환자의 키를
측 정 하 다

---

14 **satisfy**
□ [sǽtisfài 새티스파이]

satisfaction 명 만족감, 충족

동 만족시키다, 충족시키다

▸ 모두를 만족시키다 _____ everyone
▸ 요구를 충족시키다 _____ a demand

새 벽에
티 셔츠를 찾은
스 파 이 가 고객을
만 족 시 키 다

---

15 **frighten**
□ [fráitn 프라이튼]

frightening 형 무서운

동 겁먹게 하다, 놀라게 하다

▸ 무서운 이야기를 하여 **겁먹게 하다**
_____ by telling a scary story
▸ 아이들을 **놀라게 하다** _____ kids

달걀
프 라 이 가
튼 튼한 사람을
겁 먹 게
하 다

---

16 **physical**
□ [fízikəl 피지컬]

physically 부 신체적으로, 물리적으로

형 ① 신체의, 육체의 ② 물리적인

▸ **신체적** 어려움 _____ difficulty
▸ **물리적** 환경
the _____ environment

피 자와 뮤
지 컬로
신 체 의 피로를 풀었다.

---

17 **precious**
□ [préʃəs 프레셔스]

형 ① 귀중한, 값비싼 ② 소중한

▸ 매우 **귀중한** 보석
highly _____ jewelry
▸ **소중한** 시간을 낭비하다
waste _____ time

프 레 디 머큐리의
셔 스 (셔츠)는
귀 중 한
물건이다.

---

18 **abstract**
□ [æbstrǽkt 앱스트랙트]

형 추상적인

▸ **추상** 미술 _____ art
▸ **추상적인** 개념 an _____ concept

앱
스
트
랙
트
추 상 적 인

19 extreme
[ikstríːm 익스트뤼~임]

extremely 🔳 극도로

형 **극도의, 극심한**

▸ **극도의** 압력 _____ pressure

▸ **극심한** 더위 _____ heat

익
스
트
뤼
임

극 도 의

20 odd
[ɑːd 아~드]

형 ① **이상한** ② **홀수의**

▸ **이상한** 사람 an _____ person

▸ **홀수** _____ numbers

아 들아,
드 래곤은
이 상 한
상상의 동물이란다.

21 urban
[ə́ːrbən 어~번]

(반) rural 형 시골의

형 **도시의**

▸ **도시** 지역 _____ areas

▸ **도시** 개발 _____ development

어 지러운
번 개는
도 시 의
적이다.

22 contrast
[kɑ́ntræst 컨트뤠스트]

명 **대조, 차이**

동 [kəntrǽst] **대조하다, 대비하다**

▸ 뚜렷한 **대조** a sharp _____

▸ 비교하고 **대조하다**
  compare and _____

컨
트
뤠
스
트

대 조

23 insult
[insʌ́lt 인썰트]

동 **모욕하다**

명 [ínsʌlt] **모욕(적인 말과 행동)**

▸ 넌 나를 **모욕했어.** You _____ed me.

▸ 서로에게 **모욕적인 말을** 퍼붓다
  shout _____ s at each other

인
썰
트

모 욕 하 다

24 suspect
[səspékt 서스펙트]

suspicious 형 의심스러운,
          의심스러워하는

동 **의심하다** 명 [sʌ́spekt] **용의자**

▸ **의심하기** 시작하다 begin to _____

▸ 살인 **용의자** a murder _____

서 류와 다른
스 펙을 가진
트 럭 기사를
의 심 하 다

25 graduate
[grǽdʒuèit 그래주에잇]
graduation 명 졸업

동 졸업하다 명 [grǽdʒuət] 졸업생
▸ 중학교를 졸업하다
_____ from middle school
▸ 대학 졸업생 a college _____

그 래 주 (그래도)
에 잇!
졸 업 하 긴
해야지!

---

26 risk
[risk 뤼스크]
risky 형 위험한

명 위험
동 ~의 위험을 무릅쓰다, 위태롭게 하다
▸ 높은 위험 a high _____
▸ 경기에서 질 위험을 무릅쓰다
_____ losing the game

뤼 (리)조토를 먹으며
스 크 (스키)를 타는
위 험 을 무릅썼다.

---

27 influence
[ínfluəns 인플루언스]

명 영향력, 영향 동 영향을 주다
▸ 엄청난 영향력 a great _____
▸ 생각에 영향을 주다
_____ one's thoughts

인 플 루 엔자는
언 제든
스 치면 퍼질 수 있는
영 향 력 을 가진다.

---

28 witness
[wítnəs 위트너스]

명 증인, 목격자 동 목격하다
▸ 목격자의 진술 a _____ statement
▸ 사건을 목격하다 _____ an incident

위 에 좋은 피
트 너 스 로 효과를 본
증 인 들이
많다.

---

29 debate
[dibéit 디베이트]

명 토론 동 토론하다
▸ 토론 동아리에 가입하다
join a _____ club
▸ 쟁점에 대해 토론하다 _____ an issue

디
베
이
트
토 론

---

30 current
[kə́ːrənt 커~뤈트]
currently 부 현재는

형 현재의, 최신의 명 해류, 기류
▸ 최신 뉴스 _____ news
▸ 난류 a warm _____

커 다란
뤈 트 카(렌트카)는
현 재 의
우리 집이다.

과거 현재 미래

DAY 54 일일 테스트

A 영어는 우리말로, 우리말은 영어로 쓰세요.

01 income _____ 07 극도의, 극심한 _____

02 courage _____ 08 대조, 대조하다 _____

03 wound _____ 09 모욕하다, 모욕 _____

04 reflect _____ 10 의심하다, 용의자 _____

05 measure _____ 11 토론, 토론하다 _____

06 satisfy _____ 12 현재의, 해류 _____

B 빈칸에 알맞은 단어를 적어 어구를 완성하세요.

13 도시 거주자 a city _____ 19 귀중한 반지 a _____ ring

14 벽돌 건축물 a brick _____ 20 이상한 복장 an _____ outfit

15 전쟁의 비극 the _____ of war 21 도시의 환경 an _____ environment

16 긍정적으로 영향을 미치다 positively _____ 22 최근 졸업생 a recent _____

17 쉽게 겁먹는 easily _____ed 23 위험을 피하다 avoid a _____

18 신체 활동 a _____ activity 24 나쁜 영향 a bad _____

C 보기에서 알맞은 단어를 골라 문장을 완성하세요.

| 보기 | witness resource appreciate grave abstract satellite |

25 The _____ is decorated with flowers. 그 무덤은 꽃으로 장식되어 있다.

26 Coal is one of the country's natural _____s. 석탄은 그 나라의 천연자원 중 하나이다.

27 The company launched its first _____. 그 회사는 그곳의 첫 번째 **인공 위성**을 발사했다.

28 I would really _____ it if you could come. 네가 올 수 있다면 나는 정말 **고마울** 거야.

29 The museum displays pieces of _____ art. 박물관이 **추상** 미술 작품들을 전시한다.

30 The lawyer asked the _____ questions. 변호사는 **증인**에게 질문을 했다.

점수: / 30

정답 p.390

DAY 55

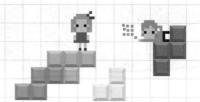

발음 익히기

| 1타 읽으며 기억하기 » | 2타 써 보며 기억하기 » | 3타 연상법으로 강화하기 |

01 element
[éləmənt 엘러멘트]
elementary 혱 초보의

명 요소, 성분
▸ 성공의 **요소** an _____ of success
▸ 필수 **요소** essential _____ s

엘 러 (엘리)베이터의
멘 트 는 중요한
요 소 이다.

---

02 psychology
[saiká:lədʒi 싸이칼~러지]
psychologist 명 심리학자

명 심리학, 심리
▸ **심리학**을 공부하다 study _____
▸ 동물의 **심리**
  the _____ of animals

싸 고
이 쁘고
칼 러 (컬러)가 다양한
지 도가 그려진
심 리 학 책

---

03 content
[ká:ntent 컨~텐트]
contain 동 ~이 들어 있다

명 내용물, 내용
▸ 가방의 **내용물**
  the _____ s of the bag
▸ 책의 **내용** the _____ of the book

컨
텐
트
내 용 물

---

04 curve
[kə:rv 커~브]

명 곡선, 커브
▸ 도로의 **곡선** a _____ in the road
▸ **곡선**을 그리다 draw a _____

커 다랗고
브 (부)드러운
곡 선

---

05 feature
[fí:tʃər 피처]

명 특징, 특성
▸ 흥미로운 **특징** an interesting _____
▸ 얼굴의 **특징** facial _____ s

피 자
처 럼 치킨의 맛에는 기름진
특 징 이 있다.

---

06 trial
[tráiəl 트라이얼]

명 재판, 공판
▸ 공정한 **재판** a fair _____
▸ **재판**을 받다 go on _____

트
롸
이
얼
재 판

07 consequence
[kάːnsəkwèns 컨~스퀀스]

명 결과, 대가
▸ 행동의 **결과**
  a _____ of one's actions
▸ **대가**를 지불하다
  pay the _____ s

컨
스
퀀
스
결 과

---

08 desire
[dizáiər 디자이어]

명 욕구, 갈망
▸ 강한 **욕구** a strong _____
▸ 명성에 대한 **갈망** a _____ for fame

디 (되)게 멋진
자 가 되어서
이
어 려운 일을 해내고 싶은
욕 구

---

09 disaster
[dizǽstər 디재스터]

명 재난, 재해
▸ **재난**을 막다 prevent a _____
▸ 환경 **재해**
  an environmental _____

디 (되)게
재 스 (수)없게
터 진
재 난

---

10 economy
[ikάːnəmi 이카~너미]
economical 형 경제적인

명 경제, 경기
▸ 성장하는 **경제** a growing _____
▸ 세계 **경제** the world _____

이 렇게
카 (가)만히 있는
너 에게도
미 치는
경 제 의 위기

나라경제

---

11 belong
[bilɔ́ːŋ 빌로~옹]

동 (~에) 속하다, (~의) 소유이다
▸ 집단에 **속하다** _____ to a group
▸ 그 목걸이는 내 **거야.**
  The necklace _____ s to me.

빌
로
옹
속 하 다

---

12 devote
[divóut 디보트]

동 헌신하다, 바치다
▸ 국가에 **헌신하다**
  be _____d to one's country
▸ 연기하는 데 시간을 **바치다**
  _____ time to acting

디 자이너가 로
보 트 제작에
헌 신 하 다

13 ignore
[ignɔ́ːr 익노~얼]

[동] 무시하다, 못 본 척하다

▸ 경고를 무시하다 _____ a warning
▸ 완전히 못 본 척하다
  completely _____

익
노
얼
무 시 하 다

Hey

---

14 observe
[əbzə́ːrv 옵저~브]

observation [명] 관찰

[동] 관찰하다

▸ 별을 관찰하다 _____ stars
▸ 실험을 관찰하다
  _____ an experiment

옵 티머스 프라임이
저 기서
브 이를 하는 것을
관 찰 하 다

---

15 preserve
[prizə́ːrv 프리저~브]

preservation [명] 보전, 보호

[동] 지키다, 보호하다

▸ 평화를 지키다 _____ the peace
▸ 야생 동물을 보호하다 _____ wildlife

프 랑스
리 옹의
저 택을
브 (부)러워하며
지 키 다

---

16 expose
[ikspóuz 익스포즈]

[동] 드러내다, 폭로하다, 노출시키다

▸ 거짓말을 폭로하다 _____ a lie
▸ 위험에 노출시키다 _____ to danger

익 살
스 러운
포 즈 를 취하며 치아를
드 러 내 다

---

17 release
[rilíːs 릴리스]

[동] ① 풀어 주다, 해방하다
    ② 발표하다, 공개하다

▸ 감옥에서 석방하다 _____ from jail
▸ 신곡을 발표하다 _____ a new song

릴 리 (릴리)가
스 네이프 교수를
풀 어
주 다

---

18 combine
[kəmbáin 컴바인]

combination [명] 조합

[동] ① 결합시키다, 결합하다
    ② 연합시키다, 연합하다

▸ 화학 물질을 결합시키다
  _____ chemicals
▸ 두 부대를 연합시키다
  _____ two armies

컴 퓨터를 사고
바 로
인 터넷 선을
결 합 시 키 다

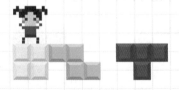

익 노 얼
무 시 하 다

Never ignore a gut feeling.
절대 직감을 무시하지 마라.

19 confuse
[kənfjúːz 컨퓨~즈]

confusion 몡 혼란, 혼동

통 혼란시키다, 혼동하다

▸ 그 퍼즐은 나를 **혼란시켰다**.
The puzzle _____d me.

▸ 사과와 오렌지를 **혼동하다**
_____ apples and oranges

컨(건)드리지마,
퓨 즈를! 전류를
혼 란 시 키 잖 아!

20 distinguish
[distíŋgwiʃ 디스팅귀쉬]

통 구별하다, 분간하다

▸ **구별하기** 어렵다 hard to _____

▸ 두 색깔을 **구별하다**
_____ between two colors

디 스 팅 귀 쉬
구 별 하 다

21 innocent
[ínəsənt 이너선트]

innocence 몡 순진함, 결백

형 ① 순진한 ② 결백한, 무죄인

▸ **순진한** 미소 an _____ smile

▸ 나는 그 남자가 **무죄인** 것을 확신해.
I'm sure the man is _____.

이런
너의
선하고
트(티) 없는
순 진 한 인상

22 effective
[iféktiv 이펙티브]

effectively 튀 효과적으로

형 효과적인

▸ **효과적인** 약 an _____ pill

▸ **효과적인** 해결책 an _____ solution

이 마스크
펙(팩)의 인기는
티 브이에서 한
효 과 적 인
광고 덕분이다.

23 appropriate
[əpróupriət 어프로프리엇]

형 적절한, 알맞은

▸ **적절한** 사과
an _____ apology

▸ **알맞은** 양 an _____ amount

어제
프 로 축구 선수가
프 리 킥을 할 때
엇 나가지 않게
적 절 한 각도에서 공을 찼다.

24 eager
[íːgər 이~거]

형 ① 열렬한, 열망하는
② (~ to do) ~하고 싶어하는

▸ **열렬한** 군중 an _____ crowd

▸ 배우고 **싶어하는** _____ to learn

이 거
거의
열 렬 한
BTS 팬인데?

Part 3 해커스 고등 영단어 DAY 55 해커스 3연타 중학영단어

25 monitor
[mɑ́:nətər 마~너터]

명 화면, 모니터 동 감시하다, 관리하다
▸ 컴퓨터 **화면** a computer _____
▸ 건강을 **관리하다** _____ one's health

마
너
터
화 면

26 struggle
[strʌ́gl 스트러글]

명 ① 투쟁, 싸움 ② 힘든 일
동 투쟁하다, 싸우다
▸ 자유를 위한 **투쟁** a _____ for freedom
▸ 살아남기 위해 **투쟁하다**
_____ to survive

스
트
러
글
투 쟁

급식에
소시지 반찬을
넣어달라!!

투쟁

27 quarrel
[kwɔ́:rəl 쿼~뤌]

명 다툼, 싸움
동 다투다, 언쟁을 벌이다
▸ **다툼**을 시작하다 start a _____
▸ 돈 문제로 **다투다** _____ about money

쿼
뤌
다 툼

28 concern
[kənsə́:rn 컨~선]

명 우려, 걱정
동 ① 걱정시키다
② 영향을 미치다, ~에 관계하다
▸ 깊은 **우려** a deep _____
▸ 그녀는 성적에 대해 **걱정했다**.
She was _____ed about her grade.

컨
선
우 려

테이너가
박에 떨어질까 봐
안 하셔도
됩니다.

SAFE!

29 force
[fɔ:rs 포~스]

동 강요하다 명 힘
▸ 일하도록 **강요하다** _____ to work
▸ 중력 the _____ of gravity

포
스
강 요 하 다

비가 뽀로로에게
키를 타도록

30 complex
[kəmpléks 컴플렉스]

형 복잡한
명 [kámpleks] 복합 건물, 단지
▸ **복잡한** 문장 a _____ sentence
▸ 아파트 **단지** an apartment _____

컴
플
렉
스
복 잡 한

DAY 55 일일 테스트

A 영어는 우리말로, 우리말은 영어로 쓰세요.

01 content   _____

02 curve   _____

03 desire   _____

04 belong   _____

05 ignore   _____

06 observe   _____

07 지키다, 보호하다   _____

08 풀어 주다, 발표하다   _____

09 혼란시키다, 혼동하다   _____

10 효과적인   _____

11 적절한, 알맞은   _____

12 화면, 감시하다   _____

B 빈칸에 알맞은 단어를 적어 어구를 완성하세요.

13 업무의 요소   an _____ of the job

14 경기의 특성   a _____ of the game

15 재판에 참석하다   attend a _____

16 결과를 받아들이다   face the _____s

17 나라의 경제   the nation's _____

18 가정에 헌신하다   _____ oneself to family

19 단어를 결합시키다   _____ words

20 쌍둥이를 구별하다   _____ between twins

21 순진한 목소리   an _____ voice

22 큰 소리로 언쟁을 벌이다   _____ loudly

23 큰 걱정   a major _____

24 복잡한 상황   a _____ situation

C 보기에서 알맞은 단어를 골라 문장을 완성하세요.

| 보기 | expose   force   disaster   psychology   eager   struggle |

25 _____ explains everyday things.   심리학은 일상다반사를 설명한다.

26 The oil spill was an environmental _____.   그 기름 유출은 환경 **재해**였다.

27 The farm animals are _____d to the cold.   농장 동물들은 추위에 **노출되어** 있다.

28 She was _____ to meet her favorite singer.   그녀는 자기가 좋아하는 가수를 만나고 **싶어했다.**

29 The beginning of the semester can be a _____.   학기 초는 **힘든 시기**가 되기도 한다.

30 The _____ of the wind was extreme.   바람의 **힘**이 극심했다.

점수: / 30

정답 p.390

DAY 56

발음 익히기

1타 읽으며 기억하기 »	2타 써 보며 기억하기 »	3타 연상법으로 강화하기

01 faith
[feiθ 페이쓰]
faithful 휑 충실한, 신의 있는

똉 믿음, 신뢰
▸ 누군가에 대한 **신뢰**를 잃다
  lose _____ in someone
▸ 나는 너를 **믿어**. I put my _____ in you.

페 이지에 출처가
쓰 여 있으면
믿 음이
간다.

02 pride
[praid 프라이드]
proud 휑 자랑스러워하는

똉 자부심, 긍지
▸ 이것은 **자부심**의 문제이다.
  This is a matter of _____.
▸ 일에 **긍지**를 가지다
  take _____ in one's work

프 랑스에서
라 (라)면을 파는
이 들의
드 높은
자 부 심

03 revolution
[rèvəlúːʃən 뤠볼루~션]

똉 혁명
▸ **혁명**을 일으키다 start a _____
▸ 평화적인 **혁명** a peaceful _____

뤠 (레)몬즙을
볼 에 바르는
루 션 (로션)으로 만든 것은
혁 명이다.

04 strategy
[strǽtədʒi 스트뤠터지]

똉 전략, 계획
▸ 생존 **전략** a survival _____
▸ **계획**을 세우다 establish a _____

스 트 뤠 (레)스가
터 지 지 않으려면
전 략이
필요하다.

05 victim
[víktim 빅팀]

똉 피해자, 희생자
▸ **피해자**를 위로하다 comfort a _____
▸ 홍수 **피해자** _____ s of the flood

빅
팀
피 해 자

06 standard
[stǽndərd 스탠더드]

똉 기준, 수준
▸ 성공의 **기준** the _____ for success
▸ 생활 **수준** living _____ s

스 탠 드를
더 럽히지 않고
드 는 것의
기 준은?

07 weapon
[wépən 웨펀]

명 무기
▸ 불법 무기   an illegal _____
▸ 무기를 발사하다   fire a _____

웨
펀
무 기

08 enable
[inéibl 인에이블]

동 할 수 있게 하다, 가능하게 하다
▸ 언어는 사람이 의사소통할 수 있게 한다.
  Language _____ s people to communicate.
▸ 환자를 회복 가능하게 하다
  _____ a patient to recover

인 간이
에 이드를
블 리나케(부리나케) 빨리 마실
수   있 게
하 다

09 interpret
[intə́:rprit 인터~프릿]
interpretation 명 설명, 해석

동 (의미를) 설명하다, 해석하다
▸ 결과를 설명하다   _____ the results
▸ 꿈을 해석하다   _____ a dream

인 터 넷에서
프 랑스의 흐
릿 한 날씨를
설 명 하 다

10 pretend
[priténd 프뤼텐드]

동 ~인 척하다
▸ 자는 척하다   _____ to sleep
▸ 아픈 척하다   _____ to be sick

프
뤼
텐
드
~ 인   척 하 다

11 resist
[rizíst 뤼지스트]
resistance 명 저항

동 ① 저항하다 ② 참다, 견디다
▸ 압박에 저항하다   _____ pressure
▸ 참을 수가 없어.   I can't _____.

뤼
지
스
트
저 항 하 다

스 트 뤠 터 지
전 략

A good strategy is often about choosing what not to do.
좋은 전략은 종종 하지 말아야 할 것에 대해 선택하는 일이다.

12 swallow
[swá:lou 스왈~로우]

[동] (음식 등을) 삼키다
- 음식을 삼키다 _____ food
- 알약을 삼키다 _____ a pill

스 왈 로 우 삼 키 다

13 wipe
[waip 와이프]

[동] 닦다
- 유리창을 닦다 _____ a glass window
- 코를 닦다 _____ one's nose

와 이 프 닦 다
이파이가 안 되는
랑스 레스토랑에서 창문을
NO wifi

14 respond
[rispá:nd 뤼스판~드]

response [명] 대답, 반응

[동] ① 대답하다, 답장을 보내다
② 반응하다, 대응하다
- 질문에 대답하다 _____ to a question
- 변화에 대응하다 _____ to a change

뤼 스 판 드 대 답 하 다
Hey! Me?

15 elect
[ilékt 일렉트]

election [명] 선거, 당선

[동] 선출하다, 선택하다
- 새로 선출된 지도자
  the newly _____ed leader
- 후보자를 선택하다 _____ a candidate

일 렉 트 선 출 하 다
시장선거 ABC

16 establish
[istǽbliʃ 이스태블리쉬]

[동] 설립하다, 수립하다
- 회사를 설립하다 _____ a company
- 정부를 수립하다
  _____ a government

이 스 태 블 리 쉬 설 립 하 다
신생회사 Start

17 obtain
[əbtéin 업테인]

[동] 얻다, 손에 넣다
- 과학에 대한 지식을 얻다
  _____ knowledge about science
- 정확한 정보를 손에 넣다
  _____ accurate information

업 테 인 얻 다

18 commit
[kəmít 커밋]

동 ① (범죄를) 저지르다
② ~에 전념하다

▸ 범죄를 저지르다 _____ a crime
▸ 목표에 전념하다 _____ to one's goal

커 피를
밋 (밑)에 쏟는 실수를
저 지 르 다

19 deny
[dinái 디나이]

동 부인하다, 부정하다

▸ 강하게 **부인하다** strongly _____
▸ 소문을 **부정하다** _____ a rumor

디
나
이
부 인 하 다

20 entire
[intáiər 인타이어]

entirely 閉전적으로, 완전히

형 전체의

▸ **전체** 인구 the _____ population
▸ **전체** 과정을 재검토하다
review the _____ process

인 상된
타 이 어
전 체 의
가격

가격표
$30 → $40
$40 → $60
$50 → $80

21 instant
[ínstənt 인스턴트]

instantly 閉즉시

형 ① 즉각적인, 즉시의
② 인스턴트, 즉석의

▸ **즉각적인** 대답 an _____ reply
▸ **인스턴트** 식품 _____ food

인 간 극장에 나온
스 턴 트 맨은
즉 각 적 인
관심을 받았다.

22 specific
[spəsífik 스퍼시픽]

형 명확한, 구체적인, 특정한

▸ **명확한** 지시 _____ instructions
▸ **구체적인** 이유 a _____ reason

스
퍼
시
픽
명 확 한

엄마
상상해보이는
당근과 사과
를 묻어있는게
말았지?
카레에먹게

23 rapid
[rǽpid 뤠피드]

rapidly 閉빠르게

형 빠른, 신속한

▸ **빠른** 변화 _____ change
▸ **빠른** 인구 증가
a _____ population increase

뤠
피
드
빠 른

24 harvest
[háːrvist 하~비스트]

명 수확, 추수 동 수확하다

▸ 가을 **수확** a fall _____
▸ 작물을 **수확하다** _____ a crop

하 루라도
비 료를 주지 않으면
스 트로베리
수 확 을 할 수 없다.

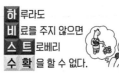

25 claim
[kleim 클레임]

동 주장하다 명 주장

▸ 그는 정답을 안다고 **주장했다.**
He _____ed to know the answer.
▸ 잘못된 **주장** a false _____

언제
클 레 (클래)? 라고 물었더니
임 (이)미 다 컸어! 라고
주 장 했 다

26 export
[ikspɔ́ːrt 익스폴~트]
(반) import 동 수입하다 명 수입, 수입품

동 수출하다 명 [ékspɔːrt] 수출, 수출품

▸ 자동차를 외국에 **수출하다**
_____ cars to foreign countries
▸ **수출을 늘리다** increase _____s

익
스
폴
트
수 출 하 다

27 manufacture
[mæ̀njufǽktʃər 매뉴팩철]
manufacturer 명 제조자, 생산 회사

동 제조하다, 생산하다 명 제조, 제조업

▸ 고무를 **제조하다** _____ rubber
▸ 유리 **제조업** glass _____

매
뉴
팩
철
제 조 하 다

28 moral
[mɔ́ːrəl 모~럴]

형 도덕적인, 윤리의 명 교훈

▸ **도덕적인** 문제 a _____ issue
▸ 이야기의 **교훈** the _____ of a story

모
럴
도 덕 적 인

29 military
[mílitèri 밀리터뤼]

형 군사의 명 군대, 군인들

▸ **군사** 지역 a _____ area
▸ 입대하다 join the _____

밀
리
터
뤼
군 사 의

군사용
가방이야

30 overseas
[òuvərsíːz 오버씨~즈]

형 해외의 부 해외에, 해외로

▸ **해외** 지사 an _____ branch
▸ **해외에** 살다 live _____

오
버
씨
즈
해 외 의
국내
나 해외에
있어

DAY 56 일일 테스트

A 영어는 우리말로, 우리말은 영어로 쓰세요.

01 revolution _____

02 weapon _____

03 enable _____

04 interpret _____

05 resist _____

06 swallow _____

07 선출하다, 선택하다 _____

08 얻다, 손에 넣다 _____

09 부인하다, 부정하다 _____

10 명확한, 구체적인 _____

11 주장하다, 주장 _____

12 도덕적인, 교훈 _____

B 빈칸에 알맞은 단어를 적어 어구를 완성하세요.

13 기준을 낮추다   lower one's _____s

14 자부심   a sense of _____

15 해외 투자   _____ investments

16 군대에 자원하다   volunteer for the _____

17 공장에서 생산하다   _____ at a factory

18 전략을 개발하다   develop a _____

19 빠른 성장   _____ growth

20 표면을 닦다   _____ off the surface

21 수출품   goods for _____

22 열심히 공부하는 척하다   _____ to study hard

23 자신에 대한 믿음   _____ in oneself

24 새로운 규칙을 수립하다   _____ new rules

C 보기에서 알맞은 단어를 골라 문장을 완성하세요.

보기	commit	victim	harvest	entire	Instant	respond

25 The fall _____ was better than expected.   가을 **추수**는 기대했던 것보다 나았다.

26 She did not _____ the crime.   그녀는 그 범죄를 **저지르지** 않았어.

27 He _____ed to the question by e-mail.   그는 질문에 이메일로 **답장을** 보냈다.

28 The _____ class will take an exam.   반 **전체**가 시험을 볼 것이다.

29 _____ food is easy to prepare.   **인스턴트** 식품은 준비하기 쉽다.

30 Funds are being raised for _____s of the flood.   홍수 **피해자**들을 위한 기금이 모이고 있다.

점수: / 30

정답 p.390

DAY 57

발음 익히기

1타 읽으며 기억하기 »	2타 써 보며 기억하기 »	3타 연상법으로 강화하기

01 institute
[ínstətjùːt 인스터튜~트]

명 협회, 기관
▸ **협회**를 설립하다 found an _____
▸ 연구 **기관** a research _____

인
스
터
튜
트
협회

02 aspect
[ǽspekt 애스펙트]

명 측면, 양상
▸ 삶의 모든 **측면** every _____ of life
▸ 모든 **측면**을 다루다 cover all _____s

애 니가
스 펙 경쟁에 대한
트 (토)론에서 여러
측 면 을 다루었다.

03 crisis
[kráisis 크라이시쓰]

명 위기
▸ 경제 **위기** an economic _____
▸ **위기**에 대한 해결책
  a solution to the _____

크
라
이
시
쓰
위기

04 democracy
[dimáːkrəsi 디마~크뤄씨]
democratic 형 민주주의의

명 민주주의
▸ **민주주의**를 위해 싸우다
  fight for _____
▸ **민주주의**에 대한 위협
  a threat to _____

디
마
크
뤄
씨
민 주 주 의

05 remark
[rimáːrk 리마~크]
remarkable 형 놀라운, 주목할 만한

명 발언, 언급
▸ 직접적인 **발언** a direct _____
▸ 날씨에 대한 **언급**
  a _____ about the weather

리 사는
마 크 에 대한
발언 을
했다.

06 theory
☐ [θíːəri 띠~어뤼]

명 이론, 학설

▸ **이론**을 실험해 보다   test out a _____

▸ **학설**을 설명하다   explain a _____

띠
어
뤼
이 론

07 compose
☐ [kəmpóuz 컴포우즈]

동 ① 작곡하다 ② 구성하다

▸ 노래를 **작곡하다** _____ a song

▸ 그 그룹은 5명의 멤버로 **구성되어** 있다.
The group is _____d of five members.

컴
포
우
즈
작 곡 하 다

08 assist
☐ [əsíst 어씨스트]

assistance 명 도움, 원조

동 돕다

▸ 선생님을 **돕다** _____ the teacher

▸ 과제를 **돕다** _____ with a task

어?
씨 스 트 (시스터)!
도 와 줄 까?

09 criticize
☐ [krítisàiz 크뤼티싸이즈]

critical 형 비난하는, 비판적인

동 ① 비난하다 ② 비평하다

▸ 정책을 **비난하다** _____ a policy

▸ 시를 **비평하다** _____ a poem

크
뤼
티
싸
이
즈
비 난 하 다

10 contribute
☐ [kəntríbjuːt 컨트뤼뷰~트]

contribution 명 기부금

동 ① 기부하다, 기증하다
② 기여하다, 공헌하다

▸ 자금을 **기부하다** _____ funds

▸ 과학의 발전에 **기여하다**
_____ to developing science

컨
트
뤼
뷰
트
기 부 하 다

11 absorb
☐ [əbsɔ́ːrb 업솔~브]

동 흡수하다

▸ 물을 **흡수하다** _____ water

▸ 지식을 **흡수하다** _____ knowledge

업
솔
브
흡 수 하 다

Part 3 왜냐 고등 영단어

DAY 57

왜냐스 3연타 중학영단어

12 chase
[tʃeis 췌이쓰]

동 ① 뒤쫓다 ② 추구하다

▸ 사냥감을 **뒤쫓다** _____ prey

▸ 명예와 부를 **추구하다**
_____ fame and fortune

췌
이
쓰
뒤 쫓 다

13 cooperate
[kouɑ́:pərèit 코아~퍼뤠이트]
cooperation 명 협력, 합동

동 협력하다

▸ 경찰과 **협력하다**
_____ with the police

▸ 조별 과제에 **협력하다**
_____ on a group project

코
아
퍼
뤠
이
트
협 력 하 다

14 cease
[si:s 시~쓰]

동 중단되다, 그치다

▸ 음악이 **중단되었다.** The music _____d.

▸ 폭풍이 **그쳤다.** The storm _____d.

시
쓰
중 단 되 다

15 forbid
[fərbíd 포비드]

동 금지하다

▸ 입장을 **금지하다** _____ entrance

▸ 휴대 전화 사용을 **금지하다**
_____ the use of cell phones

포 장을 뜯은
비 싼
드 론 환불을
금 지 하 다

개봉 후
환불 X

16 reject
[ridʒékt 뤼젝트]
rejection 명 거절

동 거절하다, 거부하다

▸ 제안을 **거절하다** _____ an offer

▸ 단호히 **거절하다** firmly _____

뤼
젝
트
거 절 하 다

No
Thanks

17 accuse
[əkjúːz 어큐~즈]

동 고발하다, 혐의를 제기하다

▸ 학생을 부정행위로 **고발하다**
_____ a student of cheating

▸ 증거 없이 **혐의를 제기하다**
_____ without evidence

어
큐
즈
고 발 하 다

검사

18 adopt
[ədá:pt 어답~트]
adoption 명 입양, 채택

동 ① 입양하다 ② 채택하다, 선택하다
▸ 아이를 입양하다 _____ a child
▸ 제안을 채택하다 _____ a suggestion

어 답 트 입양하다

19 conduct
[kəndʌ́kt 컨덕트]

동 ① 지휘하다 ② 실시하다
▸ 오케스트라를 지휘하다
_____ an orchestra
▸ 연구를 실시하다 _____ research

컨 덕 트 지휘하다

20 aware
[əwɛ́ər 어웨어]
be aware of ~을 알다

형 (~을) 알고 있는
▸ 문제를 알고 있는 _____ of a problem
▸ 알게 되다 become _____

어? 웨 (왜) 어 차피 답을 알고 있는 사람이 질문늘 하지?

21 nuclear
[njú:kliər 뉴~클리얼]

형 원자력의, 핵(무기)의
▸ 원자력 _____ energy
▸ 핵폭탄 a _____ bomb

뉴 클 리 얼 원자력의

22 severe
[sivíər 시비어]
severely 부 심하게, 엄격하게

형 극심한, 심각한
▸ 극심한 가난 _____ poverty
▸ 그의 상처는 심각하다.
His injury is _____.

시 임장(심장)이 비 어 있는 것 같은 극 심 한 고통

23 artificial
[à:rtəfíʃəl 아~티피셜]

형 인공의, 인조의
▸ 인공 조미료 an _____ flavor
▸ 인공 지능 _____ intelligence

아 티스트의 피 가 흐르는 셜 록 홈즈의 두뇌를 인 공 지능으로도 따라갈 수 없다.

24 primary
[práimeri 프라이메리]

형 ① 주된, 주요한 ② 초기의, 최초의
▸ 주된 목표 the _____ aim
▸ 초기 단계 the _____ stage

계란 프 라 이를 먹은 것이 빠른 메 리 (머리)회전의 주 된 원인이었다.

25 sufficient
[səfíʃənt 써피션트]

형 충분한
▸ 충분한 임금 a _____ wage
▸ 충분한 자료를 수집하다
  collect _____ data

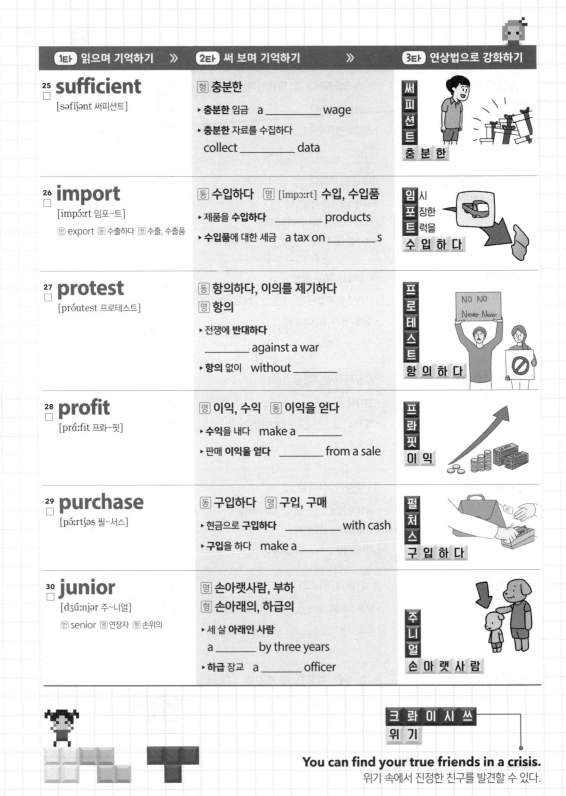

써
피
션
트
충 분 한

26 import
[impɔ́ːrt 임포~트]
반 export 동 수출하다 명 수출, 수출품

동 수입하다 명 [ímpɔːrt] 수입, 수입품
▸ 제품을 수입하다 _____ products
▸ 수입품에 대한 세금 a tax on _____ s

임 시
포 장한
트 력을
수 입 하 다

27 protest
[próutest 프로테스트]

동 항의하다, 이의를 제기하다
명 항의
▸ 전쟁에 반대하다
  _____ against a war
▸ 항의 없이 without _____

프
로
테
스
트
항 의 하 다

NO NO
Never Never

28 profit
[prá:fit 프라~핏]

명 이익, 수익 동 이익을 얻다
▸ 수익을 내다 make a _____
▸ 판매 이익을 얻다 _____ from a sale

프
라
핏
이 익

29 purchase
[pə́ːrtʃəs 펄~서스]

동 구입하다 명 구입, 구매
▸ 현금으로 구입하다 _____ with cash
▸ 구입을 하다 make a _____

펄
처
스
구 입 하 다

30 junior
[dʒúːnjər 주~니얼]
반 senior 명 연장자 형 손위의

명 손아랫사람, 부하
형 손아래의, 하급의
▸ 세 살 아래인 사람
  a _____ by three years
▸ 하급 장교 a _____ officer

주
니
얼
손 아 랫 사 람

크 롸 이 시 쓰
위 기

You can find your true friends in a crisis.
위기 속에서 진정한 친구를 발견할 수 있다.

DAY 57 일일 테스트

A 영어는 우리말로, 우리말은 영어로 쓰세요.

01	democracy	_____	
02	criticize	_____	
03	contribute	_____	
04	accuse	_____	
05	conduct	_____	
06	nuclear	_____	

07	극심한, 심각한	_____
08	수입하다, 수입	_____
09	항의하다, 항의	_____
10	이익, 이익을 얻다	_____
11	구입하다, 구입	_____
12	손아랫사람, 손아래의	_____

B 빈칸에 알맞은 단어를 적어 어구를 완성하세요.

13 주된 이유   the _____ reason

14 새로운 학설을 세우다   found a new _____

15 정치적 위기   a political _____

16 액체를 흡수하다   _____ liquid

17 오페라를 작곡하다   _____ an opera

18 발언을 하다   make a _____

19 용의자를 뒤쫓다   _____ a suspect

20 인공 위성   an _____ satellite

21 흡연을 금지하다   _____ smoking

22 긴밀하게 협력하다   _____ closely

23 장애인을 돕다   _____ disabled people

24 단호히 거절하다   firmly _____

C 보기에서 알맞은 단어를 골라 문장을 완성하세요.

보기	aware	aspect	sufficient	adopt	institute	cease

25 The couple decided to _____ a child.   그 부부는 아이를 **입양하기**로 결정했다.

26 Technology affects every _____ of life.   기술은 삶의 모든 **측면**에 영향을 미친다.

27 His apology was not _____.   그의 사과가 **충분하**지 않았다.

28 The government _____d burning coal.   정부는 석탄을 태우는 것을 **중단했다.**

29 The graduate applied for a job at a research _____.   그 졸업생은 연구 **기관**의 일자리에 지원했다.

30 The crowd was not yet _____ of the emergency.   군중은 비상사태에 대해 아직 **알고 있지** 않았다.

점수:	/ 30

정답 p.391

DAY 58

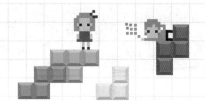

발음 익히기

| **1타** 읽으며 기억하기 » | **2타** 써 보며 기억하기 » | **3타** 연상법으로 강화하기 |

01 □ anxiety
[æŋzáiəti 앵자이어티]
anxious 형 불안해하는, 불안한

명 불안, 염려
▸ 죽음에 대한 **불안**　_____ about death
▸ 부모님께 **염려**를 끼치다
　give one's parents _____

앵 자 이 어 티 **불안**

02 □ context
[káːntekst 컨~텍스트]

명 문맥, 맥락
▸ **문맥**을 벗어나다　be out of _____
▸ **맥락**을 이해하다
　understand the _____

컨 셉을 제대로 이해하려면 **텍 스 트**를 읽고 **문 맥**을 파악해야 해.
A→B B→C
A→C

03 □ facility
[fəsíləti 퍼실러티]

명 시설, 기관
▸ **시설**을 임대하다　rent a _____
▸ 스포츠 **시설**　a sports _____

퍼 실 러 티 **시 설**
관리시설

04 □ extend
[iksténd 익스텐드]

동 ① 연장하다 ② 확대하다, 확장하다
▸ 기한을 **연장하다**　_____ a deadline
▸ 영향력을 **확대하다**
　_____ one's influence

익 스 텐 드 **연 장 하 다**
더 길게!

05 □ propose
[prəpóuz 프로포즈]
proposal 명 제안, 청혼

동 ① 제안하다 ② 청혼하다
▸ 해결책을 **제안하다**　_____ a solution
▸ **청혼하다**　_____ marriage

프 로 답게 무릎 꿇는 포 즈 로 결혼을 **제 안 하 다**

06 reveal
[riví:l 리비~일]

동 드러내다, 밝히다
▶ 대중에게 **드러내다**
　_____ to the public
▶ 진실을 **밝히다** _____ the truth

리비일
드 러 내 다

07 seek
[si:k 씨~익]

동 찾다, 구하다
▶ 단서를 **찾다** _____ clues
▶ 조언을 **구하다** _____ advice

씨익
찾 다

08 acquire
[əkwáiər 어콰이얼]
acquisition 명 습득

동 습득하다, 획득하다
▶ 기술을 **습득하다** _____ skills
▶ 언어를 **습득하다** _____ a language

어
콰
이
얼
습 득 하 다

09 adapt
[ədǽpt 어댑트]

동 적응하다, 맞추다
▶ 새로운 환경에 **적응하다**
　_____ to a new environment
▶ 변화에 빠르게 **적응하다**
　_____ quickly to changes

어
댑
트
적 응 하 다

10 alter
[ɔ́:ltər 얼~터]
alternative 명 대안 형 대체 가능한

동 바꾸다, 고치다
▶ 성격을 **바꾸다** _____ one's personality
▶ 일정을 **바꾸다** _____ a schedule

얼
터
바 꾸 다

11 assume
[əsú:m 어쑴]
assumption 명 추정

동 추정하다, 가정하다
▶ 나는 우리가 이길 거라고 **추정했다**.
　I _____d that we would win.
▶ 항상 최악을 **가정하진** 마.
　Don't _____ the worst.

어 린이들이
쑴 (숨)바꼭질하면서 숨은 곳을
추 정 하 다

12 confess
[kənfés 컨페스]
confession 명 자백

동 자백하다
▶ 범행을 **자백하다** _____ to a crime
▶ **자백하도록** 설득하다
　persuade someone to _____

컨 닝
페 이퍼를 만들었다고
스 스로
자 백 하 다

13 construct
[kənstrʌ́kt 컨스트럭트]
construction 명 건설

동 건설하다, 세우다
- 댐을 건설하다 _____ a dam
- 건물을 세우다 _____ a building

컨스트럭트 건설하다

14 descend
[disénd 디쎈드]
descendent 명 후손

동 내려가다, 내려오다
- 계곡을 내려가다 _____ into a valley
- 계단을 내려가다 _____ down stairs

디쎈드 내려가다
디자인이 너무 (쎈) 드릴의 판매율이 내려가다
판매율

15 distribute
[distríbju:t 디스트뤼뷰~트]
distribution 명 분배

동 나누어 주다, 분배하다
- 무료 샘플을 나누어 주다
  _____ free samples
- 균등하게 분배하다 _____ evenly

디스트뤼뷰트 나누어 주다

16 encounter
[inkáuntər 인카운터]

동 마주치다, 부딪히다
- 적과 마주치다 _____ an enemy
- 문제에 부딪히다 _____ problems

인카운터 마주치다
인사하다가 카운터 직원의 등짝과 마주치다

17 expand
[ikspǽnd 익스팬드]

동 확대하다, 확장하다, 팽창시키다
- 사업을 확대하다 _____ a business
- 공기를 넣어 팽창시키다 _____ with air

익스팬드 확대하다

18 generate
[dʒénərèit 제너레이트]

동 발생시키다, 만들어 내다
- 전기를 발생시키다 _____ electricity
- 동력을 만들어 내다 _____ power

제너레이트 발생시키다
제너럴 호 선장이 레이저를 쏘고 트로트를 틀어 문제를 발생시키다

19 conscious
[kάːnʃəs 칸~셔쓰]

형 ① 의식이 있는
② 자각하는, 의식하는

▸ 의식이 있는 환자　a _____ patient

▸ 나는 그 문제를 의식하고 있어.
I am _____ of the problem.

칸
셔
쓰
의식이 있는

20 aggressive
[əgrésiv 어그뤠씨브]

형 공격적인

▸ 공격적인 태도　an _____ attitude

▸ 공격적인 행동　an _____ action

어
그
뤠
씨
브
공격적인

21 concrete
[kάːnkriːt 칸~크뤼~트]

형 ① 구체적인 ② 콘크리트로 된

▸ 구체적인 증거　_____ evidence

▸ 콘크리트 벽　a _____ wall

칸
크
뤼
트
구체적인

22 contrary
[kάːntreri 칸~트래리]

형 ~와는 다른, 반대되는

▸ 일반적인 생각과 다른
_____ to popular belief

▸ 반대되는 의견　_____ opinions

칸 트 가 보기에
래 가
리
와 는 다른
글자일까?

23 immediate
[imíːdiət 이미~디어트]
immediately 부 즉시

형 즉각적인

▸ 즉각적인 효과　an _____ effect

▸ 즉각적인 조치를 취하다
take _____ action

이
미
디
어
트
즉각적인

24 gradually
[grǽdʒuəli 그뤠주얼리]

부 서서히, 차츰

▸ 날씨가 서서히 좋아졌다.
The weather _____ improved.

▸ 물이 서서히 더 깊어졌다.
The water deepened _____.

그
뤠
주
얼
리
서서히

25 estimate
[éstəmèit 에스티메이트]

동 추정하다 명 [éstəmət] 견적

▸ 가치를 추정하다 _____ the value

▸ 대략적인 견적 a rough _____

에스티로더
메이크업으로
트러블 케어를 받는 가격을
추정하다

26 impact
[ímpækt 임팩트]

명 영향, 충격 동 [impǽkt] 영향을 주다

▸ 직접적인 영향을 끼치다
have a direct _____

▸ 산업에 영향을 주다
_____ an industry

임
팩
트
영향

27 ban
[bæn 밴]

동 금지하다 명 금지(법)

▸ 약물을 금지하다 _____ a drug

▸ 금지법을 발표하다 announce a _____

밴드 공연을
금지하다

28 command
[kəmǽnd 커맨드]

동 명령하다, 지시하다
명 명령, 지휘

▸ 군인에게 돌아올 것을 명령하다
_____ a soldier to return

▸ 명령을 따르다 obey a _____

커
맨
드
명령하다

Here!
Yes!

29 decline
[dikláin 디클라인]

동 감소하다, 줄어들다
명 감소, 하락

▸ 현저히 감소하다 _____ significantly

▸ 꾸준한 감소 a steady _____

디
클
라
인
감소하다

30 discipline
[dísəplin 디서플린]

명 규율, 훈련
동 징계하다, 훈육하다

▸ 엄격한 규율 strict _____

▸ 학생을 징계하다 _____ a student

교실
디 (뒤)에
서 떠드는 학생들 때문에
플린 (풀린)
규율이
다시 엄격해졌다.

어 쑴
가정하다

Never assume that something obvious is true.
분명한 것이 진실이라고 절대 가정하지 마라.

A 영어는 우리말로, 우리말은 영어로 쓰세요.

01 anxiety _____

02 context _____

03 propose _____

04 reveal _____

05 assume _____

06 confess _____

07 확대하다, 확장하다 _____

08 발생시키다, 만들어 내다 _____

09 서서히, 차츰 _____

10 영향, 영향을 주다 _____

11 명령하다, 명령 _____

12 감소하다, 감소 _____

B 빈칸에 알맞은 단어를 적어 어구를 완성하세요.

13 즉각적인 답장   an _____ reply

14 이점을 찾다   _____ an advantage

15 공격적인 제안   an _____ offer

16 반지를 습득하다   _____ a ring

17 운하를 건설하다   _____ a canal

18 문서를 고치다   _____ a document

19 역사의식이 있는   _____ of history

20 제출 기한을 연장하다   _____ a due date

21 상식과는 다른   _____ to common sense

22 폭풍을 만나다   _____ a storm

23 구체적인 계획   a _____ plan

24 연구 기관   a research _____

C 보기에서 알맞은 단어를 골라 문장을 완성하세요.

보기	estimate distribute adapt discipline ban descend

25 The engineer _____ed the tool for a new purpose.   기술자는 새로운 용도를 위해 도구를 조정했다.

26 _____ is strict at that school.   그 학교는 **규율**이 엄하다.

27 The expert _____d the value of the jewel.   전문가는 그 보석의 가치를 **추정했다**.

28 The hero _____ed from the sky.   영웅은 하늘에서 **내려왔다**.

29 Seeds were _____d to the farmers.   씨앗이 농부들에게 **분배되었다**.

30 There is a _____ on smoking on the train.   열차 안에서의 흡연이 **금지되어** 있다.

점수: / 30

정답 p.391

Part 3 예비 고등 영단어

DAY 58

해커스 3연타 중학영단어

DAY 59

발음 익히기

1타 읽으며 기억하기 ≫	2타 써 보며 기억하기 ≫	3타 연상법으로 강화하기

01 policy
[pá:ləsi 폴~리시]

⑲ 정책, 방침
▸ 정부 **정책** a government _____
▸ **방침**을 정하다 set a _____

폴 란드,
리 비아,
시 리아의
정 책

---

02 reputation
[rèpjutéiʃən 뤠퓨테이션]

⑲ 명성, 평판
▸ **명성**을 쌓다 build a _____
▸ **평판**이 좋다
  have a good _____

뤠 스토랑이
퓨 전 음식
테 이 블을
션 (선)보이는 것으로
명 성 이 자자하다.

---

03 sympathy
[símpəθi 씸퍼씨]
sympathetic ⑱ 동정적인

⑲ 동정, 연민
▸ **동정심**이 없다 have no _____
▸ **연민**을 표현하다 express _____

씸 (심)하게
퍼 센트가 내려갔지만
씨 (시)험 성적에 대한
동 정 을
원하지 않아.

---

04 dynasty
[dáinəsti 다이너스티]

⑲ 왕조
▸ 조선 **왕조** the Joseon D_____
▸ **왕조**를 세우다 found a _____

다 이 너 스 티 왕 조

---

05 merchant
[mə́:rtʃənt 멀~천트]

⑲ 상인, 무역상
▸ 부유한 **상인** a wealthy _____
▸ 향신료 **무역상** a spice _____

멀 리서
천 을 들고 오는
트 ~은튼한
상 인

천 팔아요

---

06 harbor
[há:rbər 하~버]

⑲ 항구
▸ **항구**에 있는 배 a ship in the _____
▸ **항만** 시설 _____ facilities

하 버 드 대학은
항 구 근처에 있나?

---

07 flavor
[fléivər 플레이버]

명 ① 맛 ② 조미료
▸ 단맛 a sweet _____
▸ 인공 조미료 an artificial _____

플레이버 맛

08 principle
[prínsəpl 프린서플]
in principle 원칙적으로

명 원칙, 원리
▸ 민주주의의 원칙들 the _____s of democracy
▸ 과학적 원리 a scientific _____

프린(린)세스에게
서물의
플랜과
원칙을
설명하다.

09 robber
[rá:bər 라~버]
rob 동 도둑질하다, 털다

명 강도, 도둑
▸ 은행 강도 a bank _____
▸ 도둑을 잡다 catch a _____

라(라)디오를
버리는
강도

10 horizon
[həráizən 허라이즌]

명 수평선, 지평선
▸ 수평선 위에 나타나다 appear on the _____
▸ 지평선 너머 beyond the _____

허라이즌
수평선

11 republic
[ripʌ́blik 뤼퍼블릭]

명 공화국
▸ 공화국을 수립하다 establish a _____
▸ 인도 공화국 the R_____ of India

뤼퍼블릭
공화국

12 occupy
[á:kjupài 아~큐파이]

동 ① 차지하다 ② 사용하다
▸ 높은 지위를 차지하다 _____ a high position
▸ 건물을 사용하다 _____ a building

아이 같은
큐피드가
파이를
차지하다
내 차지야!

13 recall
[rikɔ́ːl 뤼콜]

동 ① 상기하다, 생각해내다
　 ② 회수하다, 취소하다

▶ 어떤 순간을 **상기하다** _____ a moment

▶ 결함이 있는 제품을 **회수하다**
　 _____ faulty products

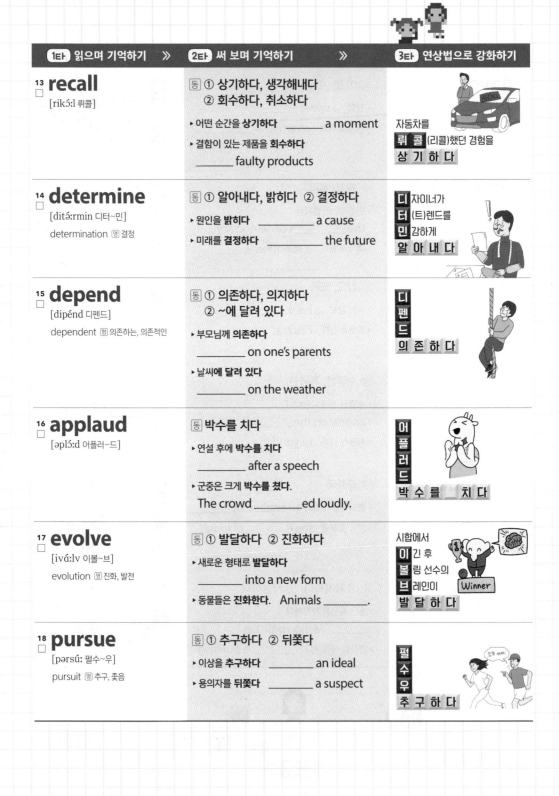

자동차를
뤼 콜 (리콜)했던 경험을
상 기 하 다

---

14 determine
[ditə́ːrmin 디터~민]
determination 명 결정

동 ① 알아내다, 밝히다 ② 결정하다

▶ 원인을 **밝히다** _____ a cause

▶ 미래를 **결정하다** _____ the future

디 자이너가
터 (트)렌드를
민 감하게
알 아 내 다

---

15 depend
[dipénd 디펜드]
dependent 형 의존하는, 의존적인

동 ① 의존하다, 의지하다
　 ② ~에 달려 있다

▶ 부모님께 **의존하다**
　 _____ on one's parents

▶ 날씨에 **달려 있다**
　 _____ on the weather

디
펜
드
의 존 하 다

---

16 applaud
[əplɔ́ːd 어플러~드]

동 박수를 치다

▶ 연설 후에 **박수를 치다**
　 _____ after a speech

▶ 군중은 크게 **박수를 쳤다.**
　 The crowd _____ed loudly.

어
플
러
드
박 수 를　치 다

---

17 evolve
[iválv 이볼~브]
evolution 명 진화, 발전

동 ① 발달하다 ② 진화하다

▶ 새로운 형태로 **발달하다**
　 _____ into a new form

▶ 동물들은 **진화한다.** Animals _____.

시합에서
이 긴 후
볼 링 선수의
브 레인이
발 달 하 다

Winner

---

18 pursue
[pərsúː 펄수~우]
pursuit 명 추구, 좇음

동 ① 추구하다 ② 뒤쫓다

▶ 이상을 **추구하다** _____ an ideal

▶ 용의자를 **뒤쫓다** _____ a suspect

펄
수
우
추 구 하 다

19 depress
☐
[diprés 디프레스]

depressed 형 우울한

동 우울하게 만들다

▸ 그 소식에 우리는 **우울해졌다**.
The news _____ed us.

▸ 안 좋은 날씨는 나를 **우울하게 만든다**.
The bad weather _____es me.

디프레스 우울하게 만들다

20 legal
☐
[líːɡəl 리~글]

legally 부 법률적으로, 합법적으로

형 법률상의, 합법적인

▸ **법률상의** 조언을 구하다
seek _____ advice

▸ **합법적인** 운전 가능 연령
the _____ driving age

리 글 (이글)이글거리게 하는
법률상의
문제들
LAW

21 precise
☐
[prisáis 프뤼싸이스]

precisely 부 정확히, 꼭

형 정확한, 정밀한

▸ **정확한** 답 a _____ answer

▸ **정확히** 말하면 to be _____

프뤼싸이스 정확한

22 rural
☐
[rúərəl 루뤌]

반 urban 형 도시의

형 시골의, 지방의

▸ **시골** 생활 _____ life

▸ **지방** 경제 a _____ economy

루뤌 시골의

23 vast
☐
[væst 배스트]

형 거대한, 어마어마한

▸ **거대한** 바다 a _____ ocean

▸ **어마어마한** 양의 돈
_____ sums of money

배와 스포츠카와 트럭 중에 더
제일 거대한 것은?
거대한 것은?

24 curious
☐
[kjúəriəs 큐뤼어스]

curiosity 명 호기심, 진기한 것

형 호기심이 강한, 궁금한

▸ **호기심이 강한** 아이 a _____ child

▸ 나는 시험 결과가 **궁금해**.
I'm _____ about the exam results.

큐뤼어스 호기심이 강한

25 diligent
[díládʒənt 딜리전트]
diligence 명 근면, 성실

형 근면한, 성실한
▸ 근면한 학생 a _____ student
▸ 자기 일에 성실한
  _____ in one's work

딜 **리** 버리 배달부가
전 력으로 달려서
트 럭보다 일찍 오자
근 면 한 직원상을 받았다.

26 civil
[sívəl 씨블]

형 시민(들)의, 민간의
▸ 시민권 _____ rights
▸ 민법 _____ law

씨 (시)청 앞
블 (불)을 든
시 민 들 의
소망

27 shift
[ʃift 쉬프트]

명 변화 동 옮기다, 이동하다
▸ 태도의 변화 a _____ in attitude
▸ 가구를 옮기다 _____ some furniture

쉬
프
트
변 화

28 burden
[bə́ːrdn 벌~든]

명 부담, 짐 동 부담을 지우다
▸ 부담을 줄이다 reduce a _____
▸ 빚으로 부담을 지다
  be _____ed by debt

벌
든
부 담

29 sacrifice
[sǽkrəfàis 새크리파이스]

명 희생, 제물
동 희생하다, 희생시키다
▸ 희생을 하다 make a _____
▸ 자신을 희생하다 _____ oneself

새 로운
크 리스탈을 얻기 위해
파 이터
스 무 명이
희 생 을 했다.

30 exhibit
[igzíbit 익지빗]

동 전시하다 명 전시품, 전시회
▸ 미술품을 전시하다 _____ artwork
▸ 전시회를 열다 hold an _____

익
지
빗
전 시 하 다

전시회

새 크 리 파 이 스
희 생

Great achievement is born of great sacrifice.
위대한 업적은 큰 희생으로부터 탄생한다.

DAY 59 일일 테스트

A 영어는 우리말로, 우리말은 영어로 쓰세요.

01 harbor   _____

02 civil   _____

03 depress   _____

04 horizon   _____

05 republic   _____

06 depend   _____

07 박수를 치다   _____

08 발달하다, 진화하다   _____

09 추구하다, 뒤쫓다   _____

10 원칙, 원리   _____

11 맛, 조미료   _____

12 희생, 희생하다   _____

B 빈칸에 알맞은 단어를 적어 어구를 완성하세요.

13 정책 변경 _____ changes

14 명예를 훼손하다 destroy a _____

15 깊은 연민 great _____

16 당 왕조 the Tang _____

17 땅을 차지하다 _____ land

18 세부 사항을 상기하다 _____ the details

19 운명을 결정하다 _____ one's destiny

20 법률상의 문제들 _____ problems

21 정확한 시간 the _____ time

22 지방 인구 a _____ population

23 어마어마한 군중 a _____ crowd

24 주의를 이동시키다 _____ attention

C 보기에서 알맞은 단어를 골라 문장을 완성하세요.

> **보기**   burden   diligent   robber   curious   merchant   exhibit

25 She was a wealthy _____ who traded in silk.   그녀는 비단을 거래했던 부유한 **상인**이었다.

26 The police finally caught the _____.   경찰은 마침내 **강도**를 잡았다.

27 He gave the stranger a _____ look.   그는 낯선 사람을 보며 **궁금해하는** 표정을 지었다.

28 The _____ employee was praised for his work.   그 **성실한** 직원은 그의 일에 대해 칭찬을 받았다.

29 The museum will _____ artwork next week.   박물관은 다음 주에 미술품을 **전시할** 것이다.

30 Many young people are _____ed with debt.   많은 젊은 사람들이 빚으로 **부담을 지고 있다.**

점수: / 30

정답 p.391

DAY 60

발음 익히기

1타 읽으며 기억하기 》	2타 써 보며 기억하기 》	3타 연상법으로 강화하기

01 license
[láisəns 라이선쓰]

명 면허
▸ 운전면허 a driver's _____
▸ 면허 소지자 a _____ holder

라이선쓰 면허

02 glory
[glɔ́:ri 글로~뤼]

명 영광, 영예
▸ 영광을 얻다 get _____
▸ 영예의 순간 a moment of _____

글로뤼 영광

03 optimist
[á:ptəmist 압~티미스트]
optimistic 형 낙관적인

명 낙천주의자, 낙관론자
▸ 나는 낙천주의자이다. I'm an _____.
▸ 타고난 낙관론자 a born _____

압 정을 밟고
티 눈이 생겨도
미 스트 만 뿌리는 너는
낙 천 주 의 자 다. HAHA~

04 submarine
[sʌ̀bmərí:n 썹머~륀]

명 잠수함
▸ 오래된 잠수함 an old _____
▸ 거대한 잠수함 a giant _____

썹머륀 잠수함

05 proverb
[prá:vəːrb 프라~벌~브]

명 속담
▸ 유명한 속담 a famous _____
▸ 속담에 이르기를 as the _____ goes

프라벌브 속담

No pain no gain
proverb 50

06 labor
[léibər 레이벌]

명 노동, 근로
▸ 육체적 노동 physical _____
▸ 노동법 _____ law

레이벌 노동

07 conscience
[kɑ́:nʃəns 칸~션쓰]

명 양심

▸ 양심의 가책(죄책감)   a guilty _____

▸ 양심에 호소하다
  appeal to one's _____

칸
션
쓰
양 심

08 haste
[heist 헤이스트]

명 서두름, 급함

▸ 서두르다   make _____

▸ 급히 쓴 편지   a letter written in _____

헤 이!
스 트 리트에서는
서 두 름 없이
천천히 가야 해!

09 associate
[əsóuʃièit 어소시에잇]

association 명 연상, 연관성, 협회

동 ① 연상하다, 연관 짓다
    ② (사람들과) 어울리다

▸ 단어를 이미지와 연상하다
  _____ a word with an image

▸ 가깝게 어울리다   _____ closely

어 니언 수프와
소 시 지 그리고
에 그타르트가
잇 (있)는 걸 보고 호텔 조식을
연 상 하 다

10 afford
[əfɔ́:rd 어폴~드]

동 ① (~할) 여유가 되다 ② 제공하다

▸ 나는 새 차를 살 여유가 된다.
  I can _____ a new car.

▸ 피난처를 제공하다   _____ shelter

어
폴
드
여 유 가   되 다

11 consult
[kənsʌ́lt 컨썰트]

동 상담하다, 상의하다

▸ 의사와 상담하다   _____ a doctor

▸ 선생님과 진로에 대해 상의하다
  _____ a teacher about one's
  career

컨 디션이 안 좋다고
썰 (설)명하며
트 (특)이사항에 대해
상 담 하 다

12 dispose
[dispóuz 디스포우즈]

동 ① 처리하다 ② (쓰레기를) 버리다

▸ 유독성 폐기물을 처리하다
  _____ of toxic waste

▸ 쓰레기를 바깥에 버리다
  _____ outside

디
스
포
우
즈
처 리 하 다

13 evaluate
[ivǽljuèit 이밸류에잇]
evaluation 몡 평가

동 평가하다
▸ 집의 가치를 **평가하다**
_____ the value of a house
▸ 정확하게 **평가하다** _____ accurately

이 번 해 성과는
밸 류 (별로) 없었어.
에 잇, 다음 해 성과로
평 가 하 자

14 exclude
[iksklúːd 익스클루~드]
exclusive 혱 독점적인, 배타적인

동 제외하다, 배제하다
▸ 한 사람을 무리에서 **제외하다**
_____ a person from a group
▸ 가능성을 **배제하다** _____ a possibility

익 명의
스 파이에 대한
클 루 드 (도) 못 찾아서
제 외 하 다

15 infect
[infékt 인펙트]

동 감염시키다
▸ 병에 **감염되다**
be _____ed with a disease
▸ 컴퓨터를 바이러스로 **감염시키다**
_____ a computer with a virus

인
펙
트
감 염 시 키 다

16 neglect
[niglékt 니글렉트]

동 방치하다, 무시하다
▸ **방치**된 정원 a _____ed garden
▸ 다른 사람의 조언을 **무시하다**
_____ someone's advice

니 글 거리는 속으로
렉 서스를 타고
트 럭은
방 치 하 다

17 perceive
[pərsíːv 퍼시~브]
perception 몡 인지

동 인지하다, 감지하다
▸ 문제를 **인지하다** _____ a problem
▸ 변화를 **감지하다** _____ a change

퍼 주다가
시 든
브 로콜리처럼 된 걸 이제
인 지 하 다

18 relieve
[rilíːv 릴리~브]
relief 몡 완화, 안도

동 완화하다, 줄이다
▸ 스트레스를 **완화하다** _____ stress
▸ 빈곤을 **줄이기** 위한 노력
efforts to _____ poverty

릴 리 꽃 향기는 몸을
브 (부)드럽게 해서 긴장을
완 화 한 다

19 embarrass
[imbǽrəs 임배뤄스]
embarrassed 형 당황스러운, 어색한

동 당황스럽게 만들다, 곤란하게 만들다
▸ 친구를 당황스럽게 만들다
_____ a friend
▸ 몹시 곤란하게 만들다 _____ badly

임 팔라가
배 뤼(베리)를 뱉어서
스 미스 씨를
당 황 스 럽 게
만 들 다

20 refer
[rifə́:r 리퍼]
reference 명 언급, 참고

동 ① 언급하다 ② 참조하다
③ 나타내다
▸ 문제를 언급하다 _____ a matter
▸ 사전을 참조하다 _____ to a dictionary

리 더가
퍼 즐에 대해
언 급 하 다

21 consist
[kənsíst 컨씨스트]

동 구성되다, 이루어지다
▸ 내 아침 식사는 주로 달걀과 토스트로 **구성된다**.
My breakfast usually _____s of eggs and toast.
▸ 그 팀은 4명의 사람들로 **이루어진다**.
The team _____ s of four people.

컨
씨
스
트
구 성 되 다

22 leap
[li:p 리~프]

동 ① 뛰어오르다, 넘다 ② 급증하다
▸ 울타리를 넘다 _____ over a fence
▸ 가격이 급증하다 _____ in price

리
프
뛰 어 오 르 다

23 analyze
[ǽnəlàiz 애널라이즈]
analysis 명 분석

동 분석하다, 검토하다
▸ 자료를 분석하다 _____ data
▸ 문제를 검토하다 _____ an issue

애
널
라
이
즈
분 석 하 다

24 isolate
[áisəlèit 아이썰레이트]
isolation 명 고립, 격리

동 고립시키다, 격리하다
▸ 사회로부터 고립시키다
_____ from society
▸ 환자를 격리하다 _____ a patient

아
이
썰
레
이
트
고 립 시 키 다

25 migrate
[máigreit 마이그뤠이트]
migration 명 이동, 이주

동 이동하다, 이주하다
› 제비는 겨울에 남쪽으로 **이동한다**.
  Swallows _____ south in the winter.
› 다른 나라로 **이주하다**
  _____ to another country

마이그뤠이트
이 동 하 다

26 paralyze
[pǽrəlàiz 패뤌라이즈]

동 마비시키다
› 다리를 **마비시키다** _____ one's legs
› 사고로 **마비되다**
  be _____d in an accident

패뤌라이즈
마 비 시 키 다

27 subtle
[sʌ́tl 써틀]

형 미묘한, 감지하기 힘든
› **미묘한** 차이 a _____ difference
› **감지하기 힘든** 냄새 _____ smells

써핑을 하다가
틀니가 빠져
미 묘 한
표정을 지었다.

28 excess
[iksés 익쎄스]
excessive 형 지나친, 과도한

명 초과, 과잉 형 초과한, 과도한
› 공급 **과잉** an _____ of supply
› **초과** 지출 _____ spending

삐-
익!
쎄 (세) 대의
스 포츠카를 샀더니 한도
초 과!

29 memorial
[məmɔ́:riəl 머모~뤼얼]

명 기념비 형 기념하기 위한
› 전쟁 **기념비** a war _____
› 현충일 M_____ Day

머모뤼얼
기 념 비

30 tame
[teim 테임]

동 길들이다 형 길들여진
› 동물을 **길들이다** _____ an animal
› **길들여진** 원숭이 a _____ monkey

테 (태)연하게
임 팔라를
길 들 이 다

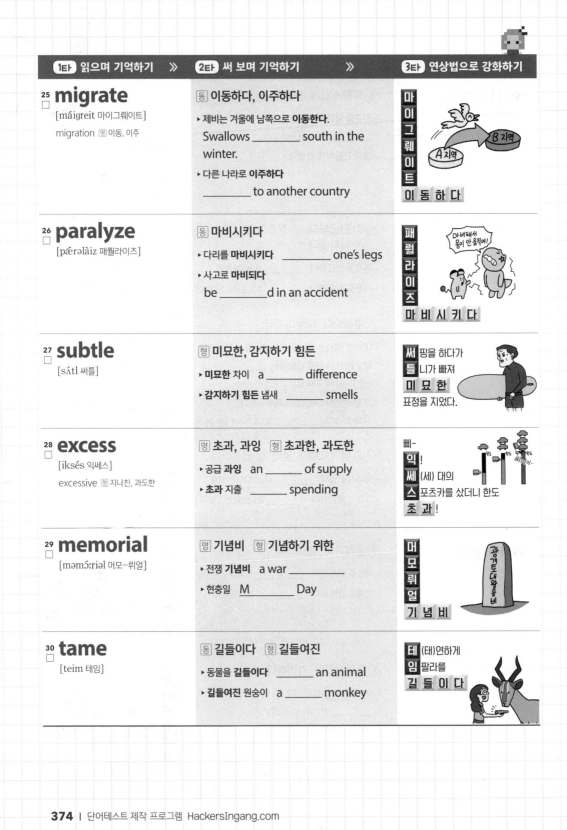

DAY 60 일일 테스트

A 영어는 우리말로, 우리말은 영어로 쓰세요.

01 optimist _____
02 labor _____
03 conscience _____
04 haste _____
05 associate _____
06 consist _____

07 뛰어오르다, 급증하다 _____
08 (~할) 여유가 되다 _____
09 고립시키다, 격리하다 _____
10 이동하다, 이주하다 _____
11 마비시키다 _____
12 감염시키다 _____

B 빈칸에 알맞은 단어를 적어 어구를 완성하세요.

13 면허를 갱신하다   renew a _____
14 영예를 얻다   obtain _____
15 잘 알려진 속담   a well-known _____
16 도표를 분석하다   _____ a graph
17 변호사와 상담하다   _____ a lawyer
18 가구를 버리다   _____ of furniture

19 결과를 평가하다   _____ a result
20 단호히 배제하다   firmly _____
21 미묘한 변화   a _____ change
22 학업을 방치하다   _____ one's studies
23 기념 건축물   a _____ building
24 과도한 커피 섭취   _____ coffee intake

C 보기에서 알맞은 단어를 골라 문장을 완성하세요.

보기	perceive	embarrass	tame	relieve	submarine	refer

25 The country has built a nuclear _____.   그 나라는 핵 **잠수함**을 만들었다.

26 He _____d a change.   그는 변화를 **감지했다.**

27 Try doing exercise to _____ stress.   스트레스를 **완화하기** 위해 운동을 해보세요.

28 The mistake at work _____ed him badly.   직장에서의 실수는 그를 몹시 **곤란하게** 만들었다.

29 This line in the poem _____s to the author's sister.   시에서 이 행은 저자의 여자 형제를 **나타낸다.**

30 It's not always easy to _____ an animal.   동물을 **길들이는** 것이 언제나 쉬운 것은 아니다.

점수: / 30

정답 p.391

Review Test DAY 46~60

MP3 |

A 단어를 듣고 빈칸에 알맞은 영어 단어를 쓰세요. 🎧

01 _____	06 _____	11 _____
02 _____	07 _____	12 _____
03 _____	08 _____	13 _____
04 _____	09 _____	14 _____
05 _____	10 _____	15 _____

B 어구 또는 문장을 듣고 빈칸에 알맞은 영어 단어를 쓰세요. 🎧

16 Don't _____ me.

17 Why don't we _____ gifts?

18 donate to _____

19 the _____ to fight

20 hold an _____

내신 Up!

객관식 다음 단어의 영영 풀이로 알맞지 <u>않은</u> 것은?

① witness — see something happen

② satellite — an object moving around the earth in space

③ anxious — worried about something

④ accurate — with mistakes

⑤ seek — look for

주관식 다음 빈칸에 공통으로 들어갈 단어를 쓰세요.

> • The _____ gave me a prize for winning a school contest.
> • I study hard to achieve my dream. What is your _____ reason for studying?

점수: / 22

정답 p.391

Word Game

[**Mystery Word Game**]

앞에서 배운 단어를 기억하며 글자를 채우고, ▢ 에 들어갈
글자를 연결해서 비밀 단어를 찾아 보세요.

1. o b ▢ e c __ __   물건

2. l __ t __ r __ t ▢ r e   문학

3. k ▢ o __ l e __ g e   지식

4. d __ __ l ▢ g __ n t   성실한

5. r __ __ c ▢ g n __ z e   알아보다

6. g ▢ a __ u a t __   졸업하다

7. o ▢ e r __ o __ e   극복하다

8. p ▢ l __ t __ c s   정치

9. ▢ r u e __   잔인한

10. __ ▢ i t h   믿음

 ▢ ▢ ▢ ▢ ▢ ▢   ▢ ▢ ▢ ▢

정답 p.392

내가 원하는 대로 만들어 테스트하는
해커스인강 "단어테스트 제작 프로그램"
HackersIngang.com

해커스 3연타 중학영단어

VOCABULARY

정답

DAY 01~15

일일 테스트 😊

11 among **12** smell

13 proud **14** fight **15** report **16** pale
17 taste **18** delicious **19** season **20** step
21 raise **22** event **23** rule **24** promise

25 introduce **26** bone **27** land **28** voice
29 nervous **30** secret

DAY 14   p.89

01 성적, 학년, 등급 **02** 문제, 어려움 **03** 역할
04 불다, 날리다 **05** (수를) 세다, 계산하다
06 제거하다, 없애다 **07** shine **08** create
09 thick **10** shy **11** tear **12** judge

13 ocean **14** gym **15** character **16** weight
17 seem **18** lead **19** block **20** solve
21 serious **22** drop **23** excuse **24** calm

25 result **26** Shake **27** fix **28** brave
29 cough **30** waste

DAY 15   p.95

01 마당, 뜰 **02** 환경 **03** 주의, 주목 **04** 타다,
태우다, 화상을 입다 **05** 발명하다 **06** 발견하다
07 law **08** succeed **09** honest **10** certain
11 abroad **12** act

13 regular **14** relax **15** tiny **16** bite **17** press
18 leaf **19** greet **20** rise **21** flood
22 continue **23** hunt **24** reply

25 huge **26** president **27** hide **28** habit
29 review **30** weak

Review Test 👦   p.96

01 country **02** question **03** travel **04** wrong
05 holiday **06** restaurant **07** mean
08 simple **09** exercise **10** hobby **11** bright
12 several **13** event **14** character **15** honest
16 wear **17** second **18** dessert **19** prize

20 certain

객관식 ④
주관식 cook

해석
A: Suzy야, 너는 취미가 뭐니?
B: 나는 **요리하는** 것을 좋아해.
A: 우아, 네가 가장 좋아하는 음식은 무엇이니?
B: 나는 스파게티를 가장 좋아해.
A: 너는 **요리사**가 되고 싶니?
B: 응. 나는 이탈리아 식당에서 일하고 싶어.

Word Game 👦   p.97

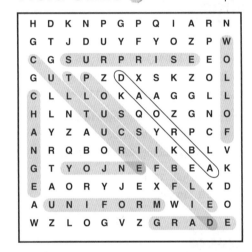

DAY 16~30

일일 테스트 👦

DAY 16   p.105

01 열 **02** 볼, 뺨 **03** 별명 **04** 무지개
05 (생물의) 종 **06** 시장 **07** advertise **08** grab
09 congratulate **10** native **11** cause **12** male

13 climate 14 pond 15 soil 16 spread
17 roof 18 fasten 19 express 20 cheer
21 settle 22 broad 23 global 24 medium

25 custom 26 dozen 27 subway 28 trash
29 absent 30 wise

DAY 17 p.111

01 과목, 주제 02 날짜 03 열쇠, 비결
04 ~도, ~조차, 훨씬, 평평한, 동등한, 짝수의
05 모든 것 06 과학 07 line 08 bake 09 real
10 mark 11 fine 12 business

13 cool 14 bar 15 clever 16 bank
17 sentence 18 busy 19 smoke
20 university 21 bath 22 way 23 balloon
24 art

25 sign 26 own 27 just 28 tour
29 dictionary 30 sheep

DAY 18 p.117

01 행운, 운 02 고통, 통증 03 경우, 사례, 용기, 통
04 이상한 05 거울 06 웃기는, 재미있는, 희극적인
07 final 08 clear 09 set 10 check 11 wish
12 lovely

13 soft 14 true 15 project 16 angry 17 lie
18 else 19 large 20 free 21 library 22 dirty
23 fan 24 seat

25 anymore 26 instead 27 mistake 28 text
29 stage 30 temperature

DAY 19 p.123

01 아무도 ~ 않다 02 봄, 샘, 용수철 03 장난감
04 신, 창조주 05 손님 06 자정, 한밤중
07 danger 08 storm 09 thousand
10 especially 11 ever 12 least

13 brain 14 million 15 circle 16 elementary
17 level 18 fantastic 19 round 20 various

21 chat 22 post 23 model 24 daily

25 type 26 crowd 27 telephone 28 discuss
29 prepare 30 pack

DAY 20 p.129

01 모험 02 만화 03 100년, 세기 04 대학
05 손님, 고객 06 봉투 07 exit 08 puzzle
09 upstairs 10 pity 11 order 12 yet

13 drawer 14 memory 15 playground
16 screen 17 blanket 18 furniture 19 wheel
20 honey 21 quite 22 ring 23 coach
24 slice

25 chef 26 dead 27 normal 28 whole
29 anywhere 30 since

DAY 21 p.135

01 지폐, 계산서, 청구서 02 아마도, 어쩌면
03 누구든지, 아무나 04 상사 05 기술자, 기사
06 (여성용) 지갑, 핸드백 07 rubber
08 sightseeing 09 scissors 10 lay
11 underground 12 mad

13 bit 14 war 15 channel 16 area
17 capital 18 receipt 19 instruction
20 lower 21 extra 22 somewhere 23 badly
24 fit

25 journey 26 site 27 offer 28 lend
29 modern 30 probably

DAY 22 p.141

01 영혼, 정신 02 그물, 망사 03 훔치다, 도둑질하다
04 두 배의, 2인용의 05 전기의
06 (문·창문 등을) 닫다 07 autumn 08 pool
09 path 10 secretary 11 castle 12 pardon

13 single 14 Department 15 rent 16 leather
17 sort 18 repair 19 chemistry 20 engine
21 sheet 22 passport 23 immediately

24 pleasant

25 entrance **26** usual **27** such **28** headache
29 except **30** shame

DAY 23   p.147

01 줄무늬 **02** 재활용하다 **03** 똑똑한, 영리한
04 잠이 든, 자고 있는 **05** 단정한, 정돈된
06 궁금해하다, 궁금하다, 놀라다, 놀라움, 놀라운 일
07 coin **08** while **09** kid **10** wallet **11** excite
12 scene

13 rock **14** hero **15** ground **16** tip
17 reduce **18** suit **19** shape **20** power
21 stick **22** store **23** sand **24** tidy

25 through **26** skin **27** contest **28** talent
29 without **30** item

DAY 24   p.153

01 쌍둥이 **02** 지도자, 선장 **03** 깃발 **04** 우주
05 사람들, 가족, 민속의 **06** 인간의, 인간
07 helpful **08** breath **09** dig
10 communicate **11** beauty **12** shade

13 hole **14** everyday **15** hang **16** joke
17 social **18** someday **19** protect **20** choice
21 speech **22** weigh **23** outdoor **24** main

25 fur **26** bitter **27** opinion **28** common
29 palace **30** pill

DAY 25   p.159

01 우정 **02** 관심, 흥미 **03** 시 **04** 기술, 능력
05 감옥, 교도소 **06** 일몰, 해 질 녘, 저녁 노을
07 lonely **08** ordinary **09** score **10** hug
11 experience **12** female

13 alarm **14** direction **15** knee **16** pork
17 shadow **18** accept **19** deliver **20** strike
21 sharp **22** ahead **23** respect **24** speed

25 disease **26** situation **27** dive **28** reach
29 forever **30** hike

DAY 26   p.165

01 식료품점, 식료품 **02** 법정, 법원, (테니스·배구
등의) 코트 **03** 적군, 적 **04** 굶주림, 기아, 배고픔
05 불평하다, 고통을 호소하다 **06** 얼다, 얼리다
07 imagine **08** inform **09** bold **10** deaf
11 apart **12** elder

13 branch **14** challenge **15** height
16 control **17** fold **18** colorful **19** northern
20 trick **21** crash **22** gain **23** general
24 giant

25 hometown **26** birth **27** chance **28** active
29 paste **30** awake

DAY 27   p.171

01 절, 사원 **02** 전환, 변경, (전기) 스위치, 전환하다,
바꾸다 **03** 계곡, 골짜기 **04** 날개 **05** 젊은 시절,
젊음, 청춘 **06** 지역, 구역 **07** spaceship **08** tag
09 clap **10** spoil **11** thumb **12** system

13 prison **14** trust **15** booth **16** produce
17 pure **18** rough **19** silent **20** stupid
21 sense **22** trade **23** roll **24** average

25 bug **26** officer **27** throat **28** cart
29 similar **30** search

DAY 28   p.177

01 면직물, 솜, 목화 **02** 양, 액수 **03** ~이지만
04 결정 **05** 파괴하다 **06** 허락하다 **07** decorate
08 handsome **09** forward **10** fortunately
11 tap **12** cage

13 handle **14** metal **15** monster **16** solution
17 patient **18** dot **19** flow **20** mystery
21 condition **22** appear **23** crew **24** track

25 support **26** lock **27** expect **28** soldier

29 truth **30** erase

01 가루, 분말 **02** 일상, 일과, 일상적인
03 제목, 명칭, 호칭 **04** 배경 **05** 동굴 **06** 먼지
07 slip **08** refuse **09** pregnant **10** sail
11 direct **12** besides

13 success **14** fancy **15** accent **16** research
17 row **18** display **19** peace **20** pattern
21 damage **22** tax **23** original **24** fear

25 false **26** product **27** escape
28 Nowadays **29** jar **30** maximum

01 가치 **02** 벽장 **03** 해안, 연안 **04** 죽음, 사망
05 불리한 점, 약점 **06** 즐거움, 기쁨 **07** warn
08 bet **09** unknown **10** alive **11** ashamed
12 scream

13 exact **14** private **15** topic **16** couple
17 thief **18** western **19** plenty **20** familiar
21 cancer **22** base **23** fountain **24** fuel

25 period **26** humor **27** fault **28** connect
29 former **30** blank

Review Test 🙂　　　　　　　p.190

01 custom **02** dictionary **03** strange
04 guest **05** chef **06** extra **07** rent
08 excite **09** speech **10** ordinary **11** imagine
12 pure **13** fortunately **14** product **15** alive

16 just **17** crowd **18** ground **19** experience
20 Besides

객관식 ③

해석
① 카페에는 많은 손님들이 있었다.
② 나는 지난주에 나의 여권을 잃어버렸다.
③ 우리는 아침에 **일몰**을 보았다.

④ 나는 천 원을 가지고 있다.
⑤ 내가 가장 좋아하는 계절은 가을이다.
주관식 palace
해석
왕과 여왕이 사는 큰 건물

Word Game 🙂　　　　　　　p.191

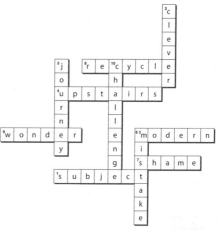

해석

　가로

1 Jessica는 수학이 그녀가 가장 좋아하는 과목이라고
　말했다.
4 이 집의 침실은 위층에 있다.
6 현대의 전화기는 작은 컴퓨터와 같다.
7 그는 자기의 수치심을 감추기 위해 거짓말을 하고 있다.
8 몇몇 도시들은 폐지를 재활용한다.
9 나는 내가 시험에 합격할 수 있을지 궁금하다.

　세로

2 영리한 강아지는 우리가 말하는 것을 이해한다.
3 나는 이번에는 실수하지 않도록 노력할 것이다.
5 안전한 여행하세요!
10 너는 도전을 받아들였니?

DAY 31~45

일일 테스트 🎒

19 garbage 20 skip 21 nod 22 solar
23 process 24 underwater

25 balance 26 layer 27 flash 28 seed
29 shell 30 gather

DAY 37   p.233

01 모습, 상, 인상, 이미지 02 전선, 철사
03 비용, 지출 04 강철, 철강업 05 무덤, 묘
06 10억 07 impression 08 operator
09 bump 10 tough 11 refrigerator 12 chief

13 loaf 14 steam 15 strength 16 tradition
17 favor 18 greenhouse 19 budget 20 rush
21 unique 22 sweat 23 focus 24 major

25 failure 26 rhythm 27 bow 28 hatch
29 spray 30 chemical

DAY 38   p.239

01 암호, 부호 02 임무 03 보물 04 벽돌 05 기쁨
06 부정행위를 하다, 속이다 07 rub 08 impress
09 medical 10 schedule 11 dynamic
12 ideal

13 passion 14 personality 15 rate 16 source
17 device 18 tribe 19 participate 20 beg
21 actual 22 survey 23 comfort 24 harm

25 astronaut 26 behavior 27 root 28 scold
29 lean 30 whistle

DAY 39   p.245

01 조수, 밀물과 썰물, 조류 02 자석 03 밧줄
04 화, 분노 05 재미, 즐거움, 오락, 놀이
06 속삭이다, 귓속말을 하다 07 drown 08 lunar
09 deal 10 panic 11 supply 12 cast

13 faucet 14 brand 15 Kingdom 16 scale
17 nation 18 pressure 19 wealth
20 automobile 21 tropical 22 sudden
23 function 24 official

25 Myth 26 surgery 27 survive 28 vacuum
29 yawn 30 potential

DAY 40   p.251

01 산소 02 총알 03 명성 04 가난, 빈곤
05 견본, 샘플 06 오류, 실수 07 incident 08 tale
09 invade 10 moreover 11 trap 12 mass

13 bush 14 concept 15 legend 16 scent
17 victory 18 heaven 19 tend 20 illegal
21 violent 22 blossom 23 seal
24 characteristic

25 fellow 26 clue 27 stare 28 heal
29 transform 30 Frankly

DAY 41   p.257

01 10년 02 요정 03 노예 04 망치 05 바늘
06 고객, 의뢰인 07 broadcast 08 frustrate
09 examine 10 afterward 11 thus
12 envy

13 honor 14 drug 15 conflict 16 liberty
17 version 18 obey 19 scratch 20 steady
21 awkward 22 minor 23 capable 24 faint

25 proof 26 ash 27 distant 28 appeal
29 delight 30 sigh

DAY 42   p.263

01 매력 02 해군 03 악마 04 일, 사건 05 농업
06 자료, 정보, 데이터 07 amuse 08 significant
09 absolute 10 bare 11 neither 12 beyond

13 dawn 14 flame 15 laundry 16 outline
17 string 18 poison 19 debt 20 calculate
21 dare 22 govern 23 indicate
24 investigate

25 voyage 26 aisle 27 definite 28 target
29 swing 30 acid

01 위협, 협박 02 방어, 수비 03 작별 인사
04 방해하다 05 추적하다, 찾아내다 06 의지하다,
신뢰하다 07 dense 08 loyal 09 mature
10 outstanding 11 marine 12 objective

13 origin 14 finance 15 summary 16 launch
17 chop 18 consume 19 endure 20 vary
21 constant 22 enthusiastic 23 crack
24 beneath

25 theme 26 interfere 27 invest
28 maintain 29 flexible 30 remote

DAY 44 p.275

01 양, 수량 02 석탄 03 천재, 영재 04 지위, 신분
05 자아, 본모습 06 자세를 취하다, 제기하다
07 spin 08 unite 09 scan 10 twist
11 sincere 12 fund

13 straw 14 gesture 15 angle 16 campaign
17 journal 18 palm 19 scare 20 dump
21 grand 22 aboard 23 aid 24 toward

25 empire 26 fabric 27 shuttle 28 imitate
29 holy 30 portable

DAY 45 p.281

01 기둥, 막대기, (지구의) 극 02 서술자, 해설자,
내레이터 03 곡물, (곡식의) 낟알 04 주먹
05 먹이, 사냥감 06 살, 고기 07 infant 08 relate
09 carve 10 overhear 11 random 12 filter

13 harsh 14 possess 15 protein 16 rank
17 acknowledge 18 anticipate 19 digest
20 eliminate 21 foundation 22 instruct
23 log 24 neutral

25 outcome 26 glow 27 somewhat
28 stable 29 upward 30 nest

Review Test 🙂 p.282

01 advantage 02 gentle 03 shore 04 bless
05 master 06 muscle 07 image 08 mission
09 brand 10 transform 11 broadcast
12 aisle 13 constant 14 holy 15 stable

16 operate 17 basement 18 actual
19 amuse 20 gesture

객관식 ⑤
주관식 costume
해석
A: 지민아, 넌 핼러윈을 위한 **의상**을 입을 거니?
B: 물론이지.
A: 무엇으로 분장할 거야?
B: 마녀가 될 거야. 너는?
A: 좀비!
B: 오, 무섭겠다.

Word Game 🙂 p.283

1. LOTAT	TOTAL
2. AORRWN	NARROW
3. ROFSSEPRO	PROFESSOR
4. UEOPLLT	POLLUTE
5. CSOFU	FOCUS
6. EALDMIC	MEDICAL
7. CFIFALIO	OFFICIAL
8. ROMNI	MINOR
9. ESPOSSS	POSSESS
10. EEFXBLLI	FLEXIBLE

DAY 46~60

일일 테스트

06 시도, 시도하다, 애써 해보다　**07** loose
08 anxious　**09** demand　**10** blame
11 approach　**12** reward

13 novel　**14** independent　**15** punish
16 typical　**17** anniversary　**18** atmosphere
19 particular　**20** complicated　**21** profession
22 principal　**23** route　**24** politics

25 Statue　**26** replace　**27** industry　**28** predict
29 charity　**30** disabled

01 재산, 부동산　**02** 폭발하다, 터지다　**03** 고용하다
04 인정하다, 시인하다　**05** 찬성하다, 승인하다
06 포함하다, 관련시키다　**07** pause　**08** accurate
09 guilty　**10** frequent　**11** permit　**12** defeat

13 intend　**14** firm　**15** apply　**16** cruel
17 instance　**18** progress　**19** urgent
20 reserve　**21** religion　**22** continent
23 fee　**24** insist

25 grateful　**26** literature　**27** employ
28 entertain　**29** defend　**30** efficient

01 공동체, 지역 사회　**02** 행운, 재산, 부　**03** 맡은 일,
과제　**04** 정의　**05** 증거　**06** 고통받다, 시달리다
07 occur　**08** represent　**09** react　**10** hesitate
11 mental　**12** sensitive

13 permanent　**14** wage　**15** access
16 candidate　**17** conclusion　**18** convince
19 district　**20** enormous　**21** promote
22 retire　**23** praise　**24** cure

25 host　**26** melt　**27** senior　**28** treat
29 overcome　**30** solid

01 소득, 수입　**02** 용기　**03** 상처, 부상

04 비추다, 반사하다, 반영하다　**05** 측정하다, 재다
06 만족시키다, 충족시키다　**07** extreme
08 contrast　**09** insult　**10** suspect　**11** debate
12 current

13 resident　**14** structure　**15** tragedy
16 affect　**17** frighten　**18** physical
19 precious　**20** odd　**21** urban　**22** graduate
23 risk　**24** influence

25 grave　**26** resource　**27** satellite
28 appreciate　**29** abstract　**30** witness

01 내용물, 내용　**02** 곡선, 커브　**03** 욕구, 갈망
04 (~에) 속하다, (~의) 소유이다　**05** 무시하다,
못 본 척하다　**06** 관찰하다　**07** preserve
08 release　**09** confuse　**10** effective
11 appropriate　**12** monitor

13 element　**14** feature　**15** trial
16 consequence　**17** economy　**18** devote
19 combine　**20** distinguish　**21** innocent
22 quarrel　**23** concern　**24** complex

25 Psychology　**26** disaster　**27** expose
28 eager　**29** struggle　**30** force

01 혁명　**02** 무기　**03** 할 수 있게 하다, 가능하게 하다
04 (의미를) 설명하다, 해석하다　**05** 저항하다, 참다,
견디다　**06** (음식 등을) 삼키다　**07** elect
08 obtain　**09** deny　**10** specific　**11** claim
12 moral

13 standard　**14** pride　**15** overseas
16 military　**17** manufacture　**18** strategy
19 rapid　**20** wipe　**21** export　**22** pretend
23 faith　**24** establish

25 harvest　**26** commit　**27** respond　**28** entire
29 Instant　**30** victim

Review Test p.376

01 brilliant **02** smooth **03** creature
04 encourage **05** annoy **06** independent
07 approve **08** evidence **09** abstract
10 psychology **11** harvest **12** sufficient
13 impact **14** reputation **15** tame

16 bother **17** exchange **18** charity
19 courage **20** exhibit

객관식 ④

해석
① 목격하다 – 무언가가 발생하는 것을 보다
② (인공) 위성 – 우주에서 지구 주위를 도는 물체
③ 불안해하는 – 어떤 것에 대해 걱정하는
④ 정확한 – 실수하여
⑤ 찾다 – 찾다

주관식 principal

해석
• 교내 경연 대회에서 우승하여 교장 선생님께서 내게 상을 주셨다.
• 나는 내 꿈을 이루기 위해 열심히 공부해. 네가 공부하는 주된 이유는 무엇이니?

Word Game 🎮

p.377

1. ob j ec t	물건
2. li te rat u re	문학
3. k n owle d ge	지식
4. dil i g en t	성실한
5. re c o gn i ze	알아보다
6. g r a duat e	졸업하다
7. o v er co m e	극복하다
8. p o li t i cs	정치
9. c rue l	잔인한
10. f a ith	믿음

➡

junior voca

해커스 3연타 중학영단어

VOCABULARY

INDEX

A

able	69
abnormal	126
aboard	274
above	33, 39
abroad	94
absence	103
absent	103
absolute	261
absolutely	261
absorb	353
abstract	336
accent	178
accept	156
acceptable	156
access	332
accident	67
account	298
accurate	325
accuse	354
achieve	306
achievement	306
acid	262
acknowledge	278
acquire	359
acquisition	359
act	94
active	162
activity	162
actual	237
actually	237
adapt	359
add	43
addition	43
address	38
admire	312
admit	324
adopt	355
adoption	355
adult	37
advance	302
advanced	302

advantage	185, 193
advantageous	193
adventure	124
advertise	102
advertisement	102
advice	48, 201
advise	48, 201
affair	259
affect	335
afford	371
afraid	68
afterward	256
age	37
aggressive	361
ago	44
agree	62
agreement	62
agricultural	260
agriculture	260
ahead	157
aid	274
aim	302
air	44
airport	73
aisle	259
alarm	154
alike	208
alive	187
allow	174
allowance	174
almost	51
alone	58
along	57
aloud	202
alphabet	198
already	51
also	26
alter	359
alternative	359
although	220
always	14
among	81

amount	172
amuse	242, 261
amusement	242, 261
analysis	373
analyze	373
ancient	295
anger	241
angle	270
angry	114, 241
anniversary	316
announce	294
announcement	294
annoy	312
annoying	312
annual	213
answer	15
anticipate	278
anxiety	319, 358
anxious	319, 358
anybody	132
anymore	115
anything	13
anytime	201
anyway	70
anywhere	126
apart	163
apologize	298
apology	298
appeal	256
appear	173
applaud	366
application	323
apply	323
appreciate	335
approach	320
appropriate	343
approval	324
approve	324
architect	198
architecture	198
area	131, 317
argue	306

A
B
C
D
E
F
G
H
I
J
K
L
M
N
O
P
Q
R
S
T
U
V
W
X
Y
Z

A
B
C
D
E
F
G
H
I
J
K
L
M
N
O
P
Q
R
S
T
U
V
W
X
Y
Z

A
B
C
D
E
F
G
H
I
J
K
L
M
N
O
P
Q
R
S
T
U
V
W
X
Y
Z

A
B
C
D
E
F
G
H
I
J
K
L
M
N
O
P
Q
R
S
T
U
V
W
X
Y
Z

A
B
C
D
E
F
G
H
I
J
K
L
M
N
O
P
Q
R
S
T
U
V
W
X
Y
Z

A
B
C
D
E
F
G
H
I
J
K
L
M
N
O
P
Q
R
S
T
U
V
W
X
Y
Z

Y

Z